Menin Naimisiin Mystikon Kanssa

Kirsten Buxton

Englanninkielinen alkuteos
I Married a Mystic
Kirsten Buxton

Copyright © 2016
Living Miracles Publications

LIVING MIRACLES

Kaikki oikeudet pidätetään. Mitään tämän kirjan osia ei saa jäljentää tai levittää missään muodossa tai millään välineillä, sähköisillä tai mekaanisilla, ei myöskään kopioimalla, nauhoittamalla tai millään tallentamis- tai hakuvälineellä ilman kirjailijan kirjallista lupaa, paitsi lyhyinä lainauksina esittelytarkoituksessa.

Tämän kirjan on ilolla tuottanut Living Miracles Community – voittoa tuottamaton, inspiroituneiden, heräämiseen omistautuneiden nykyajan mystikoiden yhteisö.

Suomenkielisen laitoksen copyright © 2022
Living Miracles Publication
HC63 Box 8812, Duchesne, UT 84021 USA
publishing@livingmiracles.org
+1 435.709.2535

ISBN 978-1-942253-48-8

Suomennos Reeta Jääskeläinen

Valmistaja: BoD - Books on Demand, Norderstedt, Saksa

Julkaisijan huomautukset:

- Kirsten sanoittaa usein mielensä ajatuksia. Nämä ajatukset ovat kursivoituina.
- "Kurssi" -sanaa ja IOK-lyhennettä käytetään vaihtelevasti viittauksena *Ihmeiden oppikurssiin*.
- Kirstenin toiminta ja sisäiset huomiot Pyhän Hengen kanssa päiväkirjaa kirjoittaessa ovat hakasuluissa.

Lainaukset *Ihmeiden oppikurssin* suomenkielisestä laitoksesta © 2002, 2. painos, Era Nova Publishing

Lainaukset on merkitty seuraavalla tavalla:
T: Teksti
OT: Oppilaan työkirja
OK: Opettajan käsikirja
KS: Käsitteiden selvennykset

Esimerkki:
"Kaikki todellinen mielihyvä tulee Jumalan Tahdon toteuttamisesta."
T-1.VII.1
T-1.VII.1 = Teksti, luku1, alaluku VII, kappale 1

Kirsten Buxton

Kirsten Buxton on omistanut elämänsä *Ihmeiden oppikurssin* opetusten todeksi elämiseen ja havainnollistamiseen. Hän kokee elämän vuorovirtauksena, jossa innostavan yhteistyön ja sisäänpäin kääntymisen mystiset vaiheet vaihtelevat. Kirsten on iloinen voidessaan olla instrumenttina Hengen rakkauden ilmaisuille innostavien projektien välityksellä, jotka sisältävät henkisten keskusten johtamista, neuvontaa ja opetusta laajasti kautta maailman. Hän on ollut myös mukana kehittämässä multimediaalista mielen harjoittamisen ohjelmaa, kirjoittanut lauluja, esiintynyt konserteissa, äänittänyt levyjä ja tuottanut meditaatiosovelluksia ja CD:tä. Hänen aito lähestymisensä heräämiseen on johtanut Hengen syvään ja horjumattomaan luottamukseen – se on lahja, jonka hän tarjoaa jokaiselle tapaamalleen ihmisille. Hän jakaa kokemuksiaan ja oivalluksiaan elokuvakatsausten, musiikin ja nettisivuillaan olevien kirjoitusten kautta.

Kirsten asuu ja elää henkisessä yhteisössä yhdessä David Hoffmeisterin ja muiden heräämiseen omistautuneiden mahtavien kumppanien kanssa.

Alkusanat

Syvällä sisimmässään on jokaisella kaipuu yhteyteen, yhteenliittymiseen ja rakkauteen. Sydän kutsuu jatkuvuuteen ja pysyvään läheisyyden tunteeseen. Matka Jumalan luo on sielun herääminen inhimillisestä rakkaudesta taivaan ykseyteen. Jumalan kanssa kaikki on mahdollista ja on ilahduttavaa nähdä miten pieni halukkuus hengelle annettuna muuttaa mielen ja johtaa anteeksiannettuun maailmaan.

Kirsten ja minä tulimme kokemaan yhdessä rakkauden, joka ei koskaan pääty. Suhteemme ja avioliittomme annettiin hengelle anteeksiannon avulla tapahtuvaksi henkisen heräämisen välineeksi. Tämä pyhä ihmissuhde oli meidän välineemme kääntyä sisäänpäin, vapauttaa kaikki menneisyyden ajatukset ja tulevaisuuden kunnianhimot, sekä paistatella tyytyväisenä tässä hetkessä. Kirsten tallensi tarinan elämistämme harvinaisena välähdyksenä nopeutetusta, usein intensiivisestä polusta rakkauteen, joka ei ole tästä maailmasta.

Rukoilen sydämestäni, että tämä tarina siunaa niitä, jotka janoavat anteeksiantoa ja Jumalan Rakkauden muistamista. Nopeuttakoon kokemuksemme sinua annetulla tiellä, jotta voisit omaksua anteeksiannon hyvät uutiset ja kokea todellisen rakkauden ja ilon. Kiitollisuuden laulumme Jeesukselle ja Pyhälle Hengelle saa ilmaisunsa näiden sivujen välityksellä – sen Yhden kosketuksesta, Joka loi meidät rakkaudessa ehyiksi ja täydellisiksi.

Ikuisessa rakkaudessa,
David Hoffmeister

Sisällys

Johdanto 11

Luku 1 • Mystikon tapaaminen 15

Luku 2 • Palvelemisen sydän 21

Luku 3 • Kyllä, menen naimisiin kanssasi! 29

Luku 4 • Tulivuoria ja kuherruskuukausia 39

Luku 5 • Sukellus syvemmälle 53

Luku 6 • Elämäni ei ole minun omani 61

Luku 7 • Nukkuminen versus Jumala 73

Luku 8 • Kannettuna pimeydestä valkeuteen 85

Luku 9 • Valitse viisaasti 95

Luku 10 • Yksi läksy – yksi mieli 103

Luku 11 • Jumalainen sallimus 115

Luku 12 • Haluan Kotiin 123

Luku 13 • Päätöksen voima 133

Luku 14 • Kuolemaa, epäilyksiä ja iso vihreä hirviö 143

Luku 15 • Calin suuri finaali 155

Luku 16 • Älä päästä irti 167

Luku 17 • Vankeus versus vapaus 181

Luku 18 • Kaksi maailmaa törmää 195

Luku 19 • Erityisyydestä luopuminen 209

Luku 20 • Menettämisen pelko ja rakkauden lähde 221

Luku 21 • Uusia alkuja 231

Luku 22 • Opeta vain rakkautta 239

Luku 23 • Läheisyys on Jumalan kanssa 245

Luku 24 • Kutsun sinut ulos maailmasta 257

Luku 25 • Käsikirjoitus on jo kirjoitettu 267

Luku 26 • Järkkymätön omistautuminen 275

Luku 27 • Olen Kotona 281

Sanasto 286

Johdanto

Uuden Seelannin maaseudulla syntyneenä ja kasvaneena sekä hyvin itsenäisenä heti kävelemään opittuaan, omaksui Kirsten jo nuorena vastuun maailman pelastamisesta. 13-vuotiaana oltuaan vuosia ympäristöaktivisti Kirsten tunsi itsensä masentuneeksi ja kykenemättömäksi parantamaan tai muuttamaan maailmaa. Hän luovutti ja alkoi käyttämään huumeita ja alkoholia selviytymiskeinoina.

Kirsten jäi pois koulusta ja kapinoi, mutta se ei tuonut hänen etsimäänsä vapautta. Myöhemmin hän aloitti uran koulutuksen parissa toivoen löytävänsä ratkaisun sieltä.

Nuorena aikuisena Kirsten kuuli kutsun, jota hän ei osannut pukea sanoiksi. Hän tiesi, että paikoilleen asettuminen ja normaalielämä ei hänelle riittäisi, joten hän osti menolipun Eurooppaan. Reppureissaaminen useissa maissa, joiden kieltä hän ei osannut, pakotti hänet luottamaan yksinomaan intuitioon oppaanaan. Se täytti jotakin kaipauksesta Kirstenin sisimmässä; joogaharjoitukset ja tanssi avasivat hänen mieltään täysin uuteen henkisyyden maailmaan.

Näissä transformatiivisissa kokemuksissa kului vuosia ulkomailla, kunnes koitti aika, jolloin Kirsten palasi vastahakoisesti Uuteen Seelantiin. Pelätessään, että tämä laajentuminen päättyisi, alkoi hän pian kokea pettymystä ja levottomuutta. Hän täytti jokaisen hetken aktiivisuudella; uudella uralla, ystävillä, maastopyöräilyllä ja hiihdolla.

Kaksi vuotta myöhemmin Kirsten oli sisäisesti uupunut, mutta tunsi kuitenkin mahdottomaksi pysähtyä. Hän rukoili apua. Hän kaatui maastopyörällä ollessaan yksin metsässä ja hänen tuntemansa elämä loppui. Kirsten oli 27-vuotias. Onnettomuus johti molempien ranteiden murtumiseen ja aivovammaan, krooniseen väsymykseen ja migreeniin. Hän ei kyennyt enää hallitsemaan elämäänsä.

Kirstenin onnettomuus johti hänet monien vaiheiden kautta paranemismatkalle, joka kulminoitui siihen, että hän antautui harjoittamaan meditaatiota jopa kahdeksan tuntia päivässä. Hän rakastui syvään rauhaan, jota hän koki meditaatioissa ja huomasi pian, että rauhan läsnäolo oli ainoa asia, mitä hän todella halusi. Henkinen matka oli todella alkanut.

Meditaation aikana Jeesus ilmestyi yllättäen Kirstenille ja sanoi, "Tästä lähtien minä olen sinun oppaasi". Hän sanoi, että jos Kirsten jatkaisi toimimista omalla tavallaan, hän ei paranisi. Kuitenkaan vanhat tavat eivät helpolla unohdu ja vanha malli puskea itseään johti toiseen vakavaan urheiluonnettomuuteen. Se oli hänelle psykologisesti kova kolahdus, koska hän tiesi, että oli vaarassa tappaa itsensä. Hän putosi polvilleen ja itki apua. Siitä seurasi ilmestyksenomainen kokemus – niin intensiivinen Jumalaisen Rakkauden kokemus, että hän välittömästi antoi elämänsä Jumalalle.

Pian sen jälkeen Kirstenille ohjattiin *Ihmeiden oppikurssi* (IOK). Avatessaan kirjan ja lukiessaan, "...sinä et hallitse tekemääsi maailmaa" hän koki oivalluksen – hän oli aina yrittänyt hallita elämäänsä ja maailmaa! T-12.III.9 Hän tiesi välittömästi, että tämä kirja oli vastaus hänen sydämensä rukoukseen ja että parantuakseen hänen tulisi päästää irti kaikesta hallinnasta elämänsä suhteen.

Kirsten huomasi *Ihmeiden oppikurssia* opiskellessaan, että se ravitsi puhtaasti hänen sieluaan. Hänestä tuntui kuin Jeesus olisi kirjoittanut jokaisen päivittäisen Työkirjan harjoituksen juuri häntä varten – niin kuin muste sivuilla olisi vielä märkää. Hänen elämässään oli nyt uusi syvä tarkoituksen tunne, jonka juuret olivat nyt-hetkessä ja hän koki ensimmäistä kertaa, ettei hänen onnensa ollut maailmasta riippuvainen.

Kirstenillä oli monia kysymyksiä liittyen elämään, rakkauteen, ihmissuhteisiin sekä totuuteen ja hän tiesi, että työskentely Kurssin kanssa toisi vastaukset. Hänellä ei ollut mitään ajatusta siitä mitä tulevaisuus toisi tullessaan, mutta ensimmäistä kertaa elämässään hän ei pelännyt tuntematonta. Mitä sitten tapahtui, sitä ei Kirsten ollut osannut edes kuvitella!

Hiljaisuuteen vajoten
Syvemmälle ja syvemmälle,
Ikuiseen rauhaasi kääriytyen,
Yhä syvemmälle, syvemmälle, aina syvemmälle,
Sinuun, Minä Olen…

Läsnäolo, Rauha
Jumalainen Hiljaisuus tervehtii Kaikkeutta,
Oleminen… Koti
Sanat liukenevat pois
Maailmaa ei enää ole

Syvemmälle ja syvemmälle Hiljaisuuteen minä tulen
Sinä kutsuit, minä kutsuin,
Sinä kuulit, minä tulin
Rakkaudessa yhtä, Me olemme.

Luku 1
Mystikon tapaaminen

Kevät/kesä/syksy/talvi 2004

"Maailma, jossa nyt olet asuvinasi, ei ole sinun kotisi. Ja jossakin mielesi sopukoissa tiedät, että se on totta. Kodin muisto vaivaa sinua jatkuvasti, aivan niin kuin olisi olemassa paikka, joka kutsuu sinua palaamaan sinne, vaikka et tunnistakaan kuulemaasi ääntä etkä sitä, mistä tämä ääni sinua muistuttaa." OT-182.1

Antautuminen

Putosin polvilleni, itkin ja pyysin apua. Olin mennyt kahdesti tajuttomaksi viimeisten 18 kuukauden aikana ja molemmat "onnettomuudet" tapahtuivat juuri kun ajattelin, "en halua olla täällä." Tiesin, että ellen antautuisi kokonaan, tulisin tappamaan itseni. Kirjaimellisesti.

Se mitä tapahtui seuraavaksi, muutti elämäni täydellisesti. Minulla oli suora Jumalan Rakkauden kokemus, jota on lähes mahdotonta ilmaista. Voin vain sanoa, että löysin itseni tärisemässä ja itkemässä polvillani ja tunsin sanoin kuvaamattoman rakkauden säteilevän läpi koko olemukseni. Se oli erilaista kuin mikään aiemmin kokemani eikä sillä ollut mitään tekemistä minkään tässä maailmassa olevan kanssa. Se oli niin kokonaisvaltaista ja puhdasta, niin syvää ja henkeä salpaavaa, että elämäni muuttui ikiajoiksi.

Tiesin, että minua rakastettiin enemmän kuin olin koskaan ymmärtänyt. Tiesin, että kaiken takana oli tämä rakkaus, tämä valtava, armon majesteettinen läsnäolo, joka oli kaikesta tietoinen ja rakasti minua aina. Tässä tunnistamisessa luovuin elämästäni. Koskaan enää en voinut kuvitella tietäväni, mikä minulle olisi parhaaksi, ellen olisi suorassa yhteydessä tähän tietoisuuteen. Minusta tuntui ensimmäistä kertaa elämässäni, että voin rentoutua ja luottaa siihen, että Henki ohjaa.

Matka alkaa

Seitsemän kuukautta myöhemmin sain kutsun illalliselle tapaamaan David Hoffmeisteria, amerikkalaista mystikkoa. En ollut koskaan aiemmin tavannut Davidia enkä tiennyt hänestä paljoakaan. Olin juuri nähnyt hänet DVD:llä kävelemässä kanjoniin ja puhumassa nyt-hetkestä. Hän oli eloisa, sinisilmäinen nelikymppinen mies; hän vaikutti hyvin rauhalliselta ja onnelliselta, aivan kuin hän olisi parhaillaan mystisessä kokemuksessa.

Valmistautuessani iltaa varten minulla oli perhosia vatsassa aivan kuin olisin ollut menossa treffeille. Kuinka yllättävää! Yhtäkkiä muistin, että katsoessani Davidia DVD:ltä olin kuullut Hengen sanovan, "Hän on elämänkumppanisi!" Ihmettelin että *mitä tässä oikein tapahtuu?* En oikein tiennyt mitä olisin siitä ajatellut, enkä uskaltanut kertoa kenellekään. Olin tästä viestistä shokissa, viesti oli niin odottamaton, että olin työntänyt sen välittömästi pois tietoisuudestani.

Sinä iltana olivat illallisella vanhempani, Jackie ja Roger sekä heidän ystävänsä, Mia ja Lars sekä David ja minä. Jackie ja Mia olivat opiskelleet *Ihmeiden oppikurssia* (IOK) kaksi vuotta ja päästyään niin pitkälle kuin pystyivät silloisen opiskeluryhmänsä kanssa, he olivat etsineet netistä jotakuta, joka elää Kurssin mukaan. He innostuivat kovasti, kun löysivät Davidin, joka hyväksyi heidän kutsunsa tulla Uuteen Seelantiin.

Siinä illassa oli niin paljon hauskuutta. Roger ja Lars, Jackien ja Mian aviomiehet suhtautuivat molemmat kevyesti joihinkin esiin nostamiinsa Kurssin periaatteisiin ja varmistivat, että olisimme hyvin tietoisia siitä, että juuri *he* olivat käyttäneet luottokorttejaan Davidin lentolippuun ja ateriaan – ei Jumala. Jackiella ja Mialla oli täysi työ yrittää ohjata keskustelu takaisin avoimeen henkiseen pohdintaan. Seurasin miten hauskaa Davidilla oli, hänen siniset silmänsä kipinöivät ilosta. Näytti siltä kuin hänen ei tarvitsisi todistaa mitään, hänen nöyrä läsnäolonsa ja armeliaisuutensa oli mukaansatempaavaa. Hänen iloinen Henkensä saattoi käsitellä mitä tahansa asiaa mistä tahansa näkökulmasta ja käyttää sitä välineenä yhteyden luomiseksi. Moottoripyöristä ja tenniksestä yksityisiin ajatuksiin, aviomies ja -vaimodynamiikkaan, siitä kaikesta muodostui kieppuva, iloinen keskustelu.

Yllättävä uusi suunta

Kaksi päivää illallisen jälkeen Jackie ja minä ajoimme Mian talolle Davidin viikonloppuretriittiin. Menin huoneeseeni asettuakseni taloksi ja istuin sängylle meditoimaan. David käveli huoneeni ohi ja näytti aivan tavalliselta shortseissaan, sandaaleissaan ja poolopaidassaan. Tuntui siltä kuin hän olisi iso ja pehmeä rakkausläsnäolo. Huomasin pyytäväni, että hän liittyisi seuraani. "Mielelläni!", hän vastasi ja vaivuimme yhdessä kauniiseen, rauhalliseen meditaatioon.

Kun David sinä iltana ja viikonloppuna puhui, Henki virtasi hänen lävitseen. Olin vielä toipumassa kahdesta päähän kohdistuneesta loukkaantumisesta ja kuuntelin puhetta usein silmät suljettuina. Ajoittain käperryin lattialle tyynyjen päälle. Oli ihme, että kykenin jäämään kokoontumisiin koko päiväksi, koska yleensä olin energiatasoltani uuvuksissa jo ennen iltapäivää. Mutta tässä ystävällisessä, eläväisessä Hengen energiassa tunsin, että jokainen Davidin puhuma sana ravitsi minua. Se tuntui minussa todella syvällä. Oivalsin, että suurin osa usein tuntemastani uupumuksesta johtui oikeastaan siitä, että olin väsynyt maailmaan; pystyin käsittelemään sitä tietoisena vain niin pitkään. Davidia kuunnellessani sen sijaan tunsin, että minut kohtasi jokin rakastava ja se tuki mieltäni ja sieluani. Ensimmäistä kertaa kahdeksaantoista kuukauteen minulla oli todellista toivoa siitä, että päänsärkyoireeni, jotka näyttivät hallitsevan elämääni, olisivat väliaikaisia. Tiesin, että tämä muutos liittyi suoraan tarkoitukseen herätä.

Olin silloin opiskellut IOK:ta Jackien ja Mian kanssa kuusi kuukautta ja kun retriitti olisi ohi, aikomukseni oli ottaa mukaan juuri löytämäni mielen harjoittamisen työkalut ja palata rakastamaani Wanakan vuoristohuvilaan. Paikka edusti minulle ajatusta maanpäällisestä taivaasta ja aioin elää siellä onnellisesti ajasta ikuisuuteen. Tai niin minä luulin!

Tauon aikana yksi osanottajista kysyi minulta yllättäen, aioinko lähteä Davidin kanssa Peace Houseen (Rauhan taloon). Vastasin, "En, olen täällä retriitin vuoksi ja aion sitten palata Eteläsaareen". Hetkistä myöhemmin joku toinen kysyi minulta saman kysymyksen ja vastasin jälleen, että en. Kolmas henkilö ilmaantui luokseni ja kysyi, aioinko lähteä Davidin kanssa Amerikkaan! Sanoin, "En tietääkseni, mutta olen avoin mahdollisuudelle". Kun neljäs henkilö kysyi minulta samaa, sanoin, "Saattaa olla". Kun viides henkilö kysyi, sanoin, "Kyllä!"

Kerroin Jackielle näistä luokseni tulleista ihmisistä ja menimme yhdessä jakamaan uutiset Davidin kanssa. Hänen vastauksensa oli, "Loistavaa!" Hän kertoi meille, että Kathy, joka oli ollut viisi vuotta hänen sihteerinsä, oli äskettäin lähtenyt yhteisöstä naimisiin menon vuoksi ja Davidin kanssa jonkin aikaa elänyt nuoripari oli muuttanut Kanadaan. Peace Housessa (Rauhan talossa) olivat jäljellä vain David ja kissat, Angel ja Tripod. Koska kissat eivät juurikaan tee avustajan töitä, David piti loistavana ideaa, että tulisin kolmeksi kuukaudeksi tekemään vapaaehtoistyötä.

Viitisen vuotta oli kehoni tuntunut kylmältä, erityisesti sormista ja varpaista. Retriitin toisena päivänä huomasin, että koko olemukseni tulvi lämmössä. Tuntui siltä kuin sisäinen lämmityslaite olisi käännetty päälle. Minua hieman nolostutti, kun huomasin aina parin tunnin välein suuntaavani kylpyhuoneeseen loiskuttamaan kylmää vettä päälle!

Olin hiljattain kertonut perheelleni, että halusin kokea rakkauden, joka ei voisi päättyä. Jackie, joka oli Kurssin opiskelija, säteili hiljaisesti tunnistaessaan mitä olin oivaltamassa; halusin "pyhän ihmissuhteen" – rakkaus jota halusin, oli Jumalan rakkaus.

Eräänä aamuna, kun David oli opettamassa, luulin nähneeni vihkisormuksen hänen sormessaan. Olin hieman yllättynyt, mutta en sanonut kenellekään mitään. Session aikana eräs osanottaja kysyi häneltä, menisikö hän koskaan naimisiin. Hän vastasi, että oli hyvin avoin Hengen suunnitelmalle, mikä tahansa se sitten olisikaan. Seuraavana päivänä huomasin, että Davidilla ei enää ollut sormusta ja kysyin Jackielta, miksi hänellä oli vihkisormus vain yhtenä päivänä. Hän katsoi minua hämmentyneen uteliaasti ja kertoi ettei Davidilla ollut lainkaan ollut sormusta.

Henki oli jo kertonut minulle, että David olisi tuleva elämänkumppanini. Tulkitsin hänen sormessaan näkemäni sormuksen näyksi, joka kertoi, että tulisimme menemään naimisiin. Se että menisin naimisiin jonkun kanssa, joka matkusti ympäriinsä puhumassa Jumalasta ei varmastikaan ollut suunta, jota olisin ajatellut elämälleni ja totesin olevani siitä kaikesta liian järkyttynyt, että olisin sanonut mitään.

Muutaman seuraavan päivän aikana saatoin vannoa, että aina kun David puhui avioliitosta, puhui hän suoraan minulle, vaikka silmäni olivat kiinni suurimman osan aikaa enkä oikeastaan nähnyt, ketä hän katsoi. Koko olemukseni vastasi tähän selkeään rakkauden läsnäoloon. Tunnistin sen tulevan samasta lähteestä kuin se, mikä oli säteillyt sieluuni pudotessani polvilleni ja antautuessani. Ainoa haluamani asia oli tietoisuus tästä läsnäolosta. En tiennyt, mitä se tarkoitti, joten yksinkertaisesti vaan paistattelin sen lämmössä.

Peace House (Rauhan talo)

Kuusi seuraavaa viikkoa olivat kuin nopeasti virtaava joki. Palasin Wanakaan, pakkasin tavarani ja vein autoni erään ystävän autotalliin. Lensin Cincinnatiin, mistä David haki minut lentokentältä. Ajoimme Peace Houseen – valtavan kokoiseen, vihreään, 1860-luvun "piparkakkutaloon", joka sijaitsi rauhallisella alueella kantakaupungissa. Sisältä se oli yksinkertainen, puhdas ja kutsuva. Kun menimme olohuoneeseen – oikeammin sanottuna pyhättöön – tuntui kuin olisimme astuneet kappeliin. David kertoi minulle, että voisin valita itselleni minkä tahansa huoneen. Alakerrassa oli kaksi makuuhuonetta. Kun kuljimme ohi portaikon, joka johti ylhäällä oleviin kahteen muuhun makuuhuoneeseen ja joista yksi oli Davidin, kuulin Hengen sanovan, "Vie laukkusi ylös Davidin huoneeseen". Olin järkyttynyt! Vastaukseni tähän ohjaukseen oli, *en ole sellainen nainen!* David ei tietenkään kuullut sanaakaan tästä sisäisestä vuoropuhelusta. Kävelin portaiden ohi suoraan katsomaan alakerran kahta muuta huonetta!

Ja niin alkoi minun Kultakutri-kokemukseni. Kokeilin alakerran viihtyisintä huonetta, mutta en pystynyt nukkumaan vaan valvoin koko yön. Syytin siitä hyvin äänekästä lämmityslaitetta. En voinut nukkua seuraavanakaan yönä. Kokeilin parin tunnin ajan sänkyä, joka oli toisessa alakerran huoneessa, mutta en kyennyt asettumaan sinnekään.

Kolmantena yönä menin pyhätön sohvalle, oletin että siinä vaiheessa olisin niin uuvuksissa, että varmasti nukkuisin. Mutta en kyennyt nukkumaan. Neljäntenä päivänä olin aivan hajalla. Koska olin yhä palautumassa päävammoista, uni oli minulle todella tärkeää. Kolme unetonta yötä oli merkittävä ongelma. Sanoin Davidille, etten tiennyt miksen voinut nukkua ja kysyin, voisiko hän sammuttaa lämmityslaitteen. David tarkisti sääennusteen ja sai selville, että tulossa oli lumimyrsky. Lämmityslaitteen sammuttaminen ei olisi vaihtoehto, koska putket jäätyisivät – ja oli myös keskitalvi. Hän sanoi, että jos haluaisin, voisin jakaa hänen kanssaan valtavan kokoisen patjan hänen huoneensa lattialla.

En yleensä nukkunut kovin hyvin, jos vuoteessa oli joku toinen, joten ajattelin että mahdollisuudet kyetä nukkumaan Davidin kanssa olivat melko olemattomat. Mutta sinä yönä käperryin hänen sänkyynsä ja nukuin sikeästi. Oli kuin olisin laskeutunut rauhallisimpaan paikkaan maailmassa. Mieleni kykeni lepäämään, hiljaa ja rauhallisesti. Ei ollut pienintäkään epäilystä siitä, etteikö tarkoitukseni olisi olla juuri täällä.

Luku 2

Palvelemisen sydän

Talvi 2004-2005

"Kumpaa sinä haluat: vapautumista kehosta vai mielestä? Molempia et voi saada. Kumpaa arvostat? Kumpi on päämääräsi? Sillä toisen näet keinona ja toisen tavoitteena." T-22.VI.1

"Älä mitenkään häiriinny ajatuksesta, jonka mukaan Hän pystyy näin helposti vaihtamaan keinojen ja tavoitteiden osia keskenään, kun se koskee sitä, mitä Jumala rakastaa ja minkä Hän haluaa olevan ikuisesti vapaa. Ole pikemminkin vain kiitollinen siitä, että voit olla keino Hänen tavoitteensa palvelemiseksi. Se on ainoa palvelus, joka johtaa vapauteen." T-22.VI.3

"Isäsi on valinnut tämän pyhän ihmissuhteen – niin ihanan viattomuudessaan, niin mahtavan voimassaan ja niin sokaisevan valossa, joka on paljon kirkkaampi kuin näkemääsi taivasta valaiseva aurinko – keinoksi Oman suunnitelmansa toteuttamiseen. Ole kiitollinen siitä, että se ei vähimmässäkään määrin palvele sinun suunnitelmaasi. Mitään sille uskottua ei voi käyttää väärin ja kaikkea sille annettua tullaan käyttämään hyväksi. Tällä pyhällä ihmissuhteella on voima parantaa kaikenlainen kipu, esiintyipä se missä muodossa tahansa." T-22.VI.4

Jumalan palveleminen

Lepäsin seuraavalla viikolla ja tarkkailin samalla Davidia tiiviisti. Hän ei vaikuttanut lainkaan inhimilliseltä! Muutamassa päivässä huomasin näkeväni jonkun, joka oli antanut itsensä niin täysin Jumalan palvelemiseen, että hänen potentiaaliansa käytettiin maksimaalisesti. Hän oli hereillä aamukolmen hiljaisina tunteina kirjoittamassa kaksisormijärjestelmällään, kun muu maailma nukkui. Joitakin tunteja myöhemmin näin hänen vaihtavan hattua toisensa jälkeen, kun hän esitti niin monia rooleja, että ne yleensä vaatisivat koko henkisen yhteisön panoksen.

Iloiten hän konsultoi tuntikausia puhelimen välityksellä, vastasi sähköposteihin, jakoi innostavaa postia Yahoon sähköpostilistallaan ja vastasi kokoontumiskutsuihin. Hän työskenteli myös nettisivujen parissa, avasi sähköposteja, vastasi CD-tallennepyyntöihin, talletti shekkejä, pesi ja tankkasi auton, teki ruokaa, vei roskat, syötti kissat, pesi jäteastian ja puhdisti lumen pihapolulta.

Tunsin pian vetoa auttaa häntä. Oli mahdotonta, etten olisi tuntenut. David palveli Jumalaa ja tunsin tarkoituksen jokaisen teon takana. Tunsin ettei minkään teon takana ollut henkilökohtaista motiivia. Ja katsellessani miten se kaikki näytti niin tahattomalta – tapa, jolla hän irrottautui yhtäkkiä sähköposteista ja lähti ulkoilemaan tai nousi ylös pöydästä ja meni takaisin yläkertaan - tunsin hänen seuraavan Hengen liikettä sisimmässään. Heti kun aloin tarjoutua mukaan palvelemiseen – jopa yksinkertaisilla tavoilla kuten huolehtimalla kissoista tai valmistamalla teetä – tunsin sydämessäni valtavaa iloa siitä, että palvelin Jumalaa.

Mitä enemmän tuin Davidia käytännön tehtävissä, sitä enemmän hän vapautui ohjaamiseen puhelimen ja sähköpostien kautta. Se innosti minua ja vei syvemmälle Jumalan palvelemisen kokemukseen. Tunsin ylitsevuotavaa kiitollisuuden tunnetta. David loisti tunnistaessaan sen ja kiitti minua toisinaan, mutta tuntemani kiitollisuus kumpusi syvältä sydämeni sisimmästä. Koko elämäni olin halunnut tietää, mihin kuuluin ja mitä minut oli tarkoitettu tekemään. Sydämeni rukoukseen oli viimeinkin vastattu.

Siestat

Iltapäivisin aloin tuntea väsymystä ja kahteen mennessä olin valmis nokosille. David rakasti siesta-ajatusta – erityisesti siksi, että hän heräsi Hengen kanssa joka aamu kolmelta hoitamaan sähköpostejaan – joten meille tuli tavaksi meditoida iltapäivisin pyhätössä. En ollut koskaan kokenut niin syvää meditaatiota niin helposti. Ajoittain minusta tuntui kuin olisin putoamassa. Eräällä kerralla kutsuin Jeesusta ja minusta tuntui siltä kuin se olisi jonkin loppu – minun, ehkä. Mieleni hiljaisuudessa kuulin Jeesuksen sanovan, "Jatka irti päästämistä. Minä olen täällä", joten jatkoin putoamista, täydellistä irti päästämistä kaikesta. Yleensä noin tunnin kuluessa päädyin lepäämään ja nukahdin rauhalliseen uneen. Joskus siirryimme takaisin yläkertaan pitkällemme, jolloin käperryin Davidin kainaloon ja vaivuin syvälle. En ollut koskaan aiemmin sallinut itseni kuolata jonkun päälle. Sen sijaan että olisin nolostunut, ilahduin siitä, miten täysin turvalliseksi tunsin oloni. Asioiden tärkeysjärjestys oli muuttumassa ja ajatukseni siitä, että pitäisi olla "täydellinen", oli katoamassa.

Muutaman viikon kuluttua nukuin edelleen sikeästi Davidin sängyssä, mutta pidin vaatteeni alakerran makuuhuoneessa ja käytin alakerran suihkua. Aloin tuntemaan oloni jakaantuneeksi, koska elin yläkerrassa, mutta tavarani olivat alakerrassa. Tunsin itseni rasittuneeksi, koska en hyväksynyt sitä, mikä oli ilmeistä – huomaamaton ja määrittelemätön vetovoima ohjasi minua suuntaan, joka oli parisuhde Davidin kanssa. En kyennyt määrittelemään, mitä tämä suhde oli, koska minulla ei ollut ainuttakaan suhdetta menneisyydessä, johon olisin voinut sitä verrata tai mitään lokeroa, minkä sisään se olisi sopinut. Se ei ollut suhde sihteerin ja työnantajan, tyttöystävän ja poikaystävän tai oppilaan ja opettajan välillä. Se oli niin paljon enemmän kuin mikään, minkä voi sanoin kuvata.

Silti osa mieltäni vastusti ja väitti, ettei se ollut suhde. Aloin kuitenkin viemään vaatekappale kerrallaan tavaroitani yläkertaan ja laitoin niitä Davidin vaatekaappiin. Kävin viimeiseen asti äänetöntä väittelyä itseni kanssa hammasharjan jättämisestä alakertaan, se oli hienovarainen, hiljainen protesti läheisyyttä vastaan. En usko, että David oli tästä lainkaan tietoinen!

En ollut vieläkään kertonut kenellekään näystäni sinä päivänä, kun näin sormuksen Davidin sormessa tai viestistä, jossa kuulin Davidin olevan elämänkumppanini. Vaikka välillä tuntui kuin olisin salannut jotakin, järkeilin itselleni, ettei sillä ollut mitään väliä, koska tekisin edelleen juuri sitä mitä tekisin muutenkin.

Ajatuksia terveellisestä ruoasta

Olin Davidin kanssa paikallisessa ruokakaupassa ja huomasin olevani maapähkinävoikäytävällä. Vaikka olin jokseenkin luopunut käyttämästä huomattavan paljon aikaa terveellisen luomuruoan valmistamiseen, pidin yhä "terveellistä" ruokaa ehdottomasti parempana kuin "epäterveellistä" ruokaa. Olimme jo tulleet tuoretuoteosaston läpi ja ohittaneet pysähtymättä pikkuruisen luomuruokaosaston. Oletin, ettei David luultavasti uskonut sen enempää luomuravintoon kuin tuholaismyrkkyihinkään niin että niistä kummastakaan olisi seurauksia. Olin halukas linjautumaan tähän korkeampaan tietoisuuteen ja menemään pidemmälle sekä hankkimaan ruoan näiden ajatusten pohjalta.

Kun David oli hakemassa muroja, menin minä sillä välin suoraan maapähkinävoikäytävälle. Ennen kuin huomasinkaan, olin lukemassa purkin tuoteselostetta ja tyrmistyin pitkän ainesosalistan vuoksi. Se sisälsi yhdeksän eri ainetta! Maapähkinävoi! Otin toisen merkkisen tuotteen ja se oli samanlainen. Aloin lukemaan tuoteselostetta ja vaikka maapähkinä, suola ja öljy olivat tunnistettavia – ja selkeästi tarkoitettu olemaan siinä – oli lukuisia aineita, jotka eivät kuulostaneet lainkaan ruoalta, kuten ei kuulostanut myöskään glukoosisiirappi.

Laitoin maapähkinävoin takaisin hyllyyn ja siirryin hillo-osastolle. Luin tuotetarroja ja jälleen - glukoosisiirappia! Mieleni alkoi käymään kierroksilla: *Miksi kaikessa on maissia? Siksikö niin monet amerikkalaiset ovat ylipainoisia? Mitä nämä kaikki halvat täyteaineet ovat? Miksi amerikkalaiset eivät kyseenalaista tällaisia asioita? Uusiseelantilaiset eivät voisi sietää tällaista!*

Tulisin viimeinkin oppimaan, että pelkopohjaiset ajatukset, joita minulla oli suhteessa ruokaan – kuten että rasvaiset ruoat ovat huonoja sydämelle ja että luomuravinto on hyväksi keholle – olivat kaikki syvimmiltään kuoleman pelkoa. Tulisin ymmärtämään, että nämä ajatukset eivät tulleet Jumalalta ja ne tulisi vapauttaa. Silloin kuitenkin tunsin itseni halvaantuneeksi, enkä kyennyt tekemään valintaa. Sitten, Luojan kiitos, David tuli paikalle.

"David", kysyin, "Mitä merkkiä sinä yleensä käytät? Olen koukussa tuoteselostuksiin ja sisältöihin ja mieleni on tulossa hulluksi!" Hän hymyili pehmeästi ja kurkotti valitsemaan hillopurkin sekä maapähkinävoiastian ja jatkoi matkaa. Hänen pelkkä läsnäolonsa muistutti totuudesta ja suuntasin luottamukseni ja ajatteluni uudelleen Henkeen. Minulla oli edessäni pitkä tie, mitä tuli uskomuksiini ruoasta ja ostoksien teosta ruokakaupassa.

Henki ja kylpyhuone

18-vuotiaasta saakka minulla oli ollut hyvin lyhyet, mustaksi värjätyt hiukset, jotka muotoilin geelillä. Kulmakarvoissani ei ollut koskaan näkyvissä yhtään hajakarvaa ja kainaloni ja sääreni olivat aina puhtaaksi ajellut. Yhtäkkiä Peace Housessa tulin tietoiseksi seuraavan hajakarvan ilmaantumisesta, mutta yritin vaikuttaa rennolta ja etten tärkeillyt imagoni vuoksi. Loppujen lopuksi, eihän ollut tarkoitettu, että huolehtisin *itsekäsityksestä!*

Eräänä päivänä ajellessani suihkussa säärikarvoja pysähdyin kysymään itseltäni, *miksi teen tätä?* Nythän on talvi! Kukaan ei niitä näkisi, ja David ei taatusti välittänyt sellaisista asioista. Nauroin ääneen ajatukselle, että ajaisin sääreni Davidin vuoksi! Ja sitten oivalsin, että oikeasti halusin olla työpöytäni äärellä vastaamassa sähköposteihin sen sijaan, että käytin nyt aikaa säärien ajeluun – mikä oli kerta kaikkiaan turhaa! Laskin partahöylän kädestäni ja menin suoraan sinne, minne sydämeni minua kutsui. Juuri silloin minulle valkeni, että ohjauksen pyytäminen tarkoitti menemistä paljon syvemmälle. Oli vielä paljon sellaista, mitä tein tavan vuoksi ja mikä perustui olettamuksiin, joita olin elämästä tehnyt.

Myöhemmin rukoillessani tunsin pelkoa kutsua Henkeä elämäni jokaiselle osa-alueelle. Tälle alueelle en ollut koskaan edes harkinnut Hengen kutsumista. Näin miten pelkoajatukset nousivat: *Mitä jos minut ohjataan olemaan lainkaan huolehtimatta kehostani? Tuleeko kehoni laiminlyödyksi?* Ajatukset johtivat kauhun tunteisiin. Ymmärsin että en halunnut jakaa tätä Davidin kanssa – jos jakaisin, saattaisin joutua luopumaan hallinnasta ja se oli pelottavaa.

Sallittuani näiden ajatusten rullata mieleni läpi kääntyivät ajatukseni Davidiin. Vaikka hän harjasi hampaansa usein ja kävi suihkussa joka päivä, tiesin sydämessäni, että hän ei oikeastaan välittänyt kehosta ja olin yllättynyt huomatessani, että olin hänelle tästä vihainen. Minä halusin, että hän huolehtii kehostaan! Saatoin tuntea, että projisoin pelkoni häneen ja että mieleni hyökkäävillä ajatuksilla aloin oikeuttamaan asennettani olla hänestä erillään. Mitä pidempään sallin nämä ajatukset, sitä huonommaksi oloni kävi, joten jaoin havaintoni Davidin kanssa. Tunsin, että tietoisuuteni palautui jälleen syvyyteen, syvään rakastumiseen, joka oli suhteemme tarkoitus Jumalassa.

Seuraavan kuukauden tarkkailin mieltäni ja harjoitin Hengen kuuntelemista. Kysyin aina ennen kuin alkaisin automaattisesti huolehtimaan kehon päivittäisestä hoitamisesta. Oli helpottavaa huomata, että minut ohjattiin pesemään hampaat kuten ennenkin ja käymään suihkussa joka päivä. Ero oli siinä, että olin näissä toiminnoissa rakastavassa ja kuuntelevassa tietoisuuden tilassa. Tärkeintä minulle oli olla rukouksessa Jumalan kanssa. Minut ohjattiin usein vastaamaan ensin sähköposteihin ja jättämään suihkussa käynti ja kehosta huolehtiminen mieluummin myöhemmäksi, kuin että suoritan ne ilman yhteyttä, automaattisesti, "saadavain-tehdyksi" -mielentilassa.

Tätä peilatessani tunnistin usein kokevani hienovaraisen uhrautumisen tunteen, jos kuuntelin egoa, mutta olin oppimassa, että ainoa uhraamani asia oli mielenrauha! Hengen kutsuminen oli täydellinen vastakohta uhraamiselle!

Kierrätystä Hengen vai egon kanssa?

Eräänä päivänä ollessani stressaantunut aloin kokea vastustusta siivoamista ja muuta työmäärää kohtaan. Hoidettuani aamiaisastiat aloin pestä kissanruokatölkkejä. Juuri sillä hetkellä David tuli keittiöön ja sanoi, ettei kissanruokatölkkejä tarvinnut pestä, ne voisi heittää suoraan roskiin.

Oltuani yli kaksikymmentä vuotta innokas kierrättäjä ja planeetan pelastaja en suostunut siihen, etten kierrättäisi säilykepurkkeja. Aloin protestoida, että on ihan oikein kierrättää ja että minä voisin tehdä sen. David meni suoraan asian ytimeen. Ennen kuin huomasinkaan, otin vastaan opetusta maailman epätodellisuudesta. David muistutti minua, että maailma syntyi vihasta piilopaikaksi, johon Jumala ei voisi tulla. Hän kertoi, että egon tarkoitus on yrittää pelastaa se, mikä tehtiin vihasta. En ollut vastaanottavainen, huomasin puolustautuvani ja etten hyväksy tätä oppituntia. Sillä hetkellä en kyennyt näkemään, että David vapautti minut suorittamasta tehtäviä, jotka eivät tapahtuneet heräämisen tarkoituksessa ja olivat sen vuoksi vain tapa pitää yllä itsestäni käsitystä, että olen hyvä maailmanparantaja. Koko elämän pituiset ydinuskomukseni hankasivat Hengen virtausta vastaan.

Jouduin myöntämään, etten halunnut pestä noita pieniä, haisevia ja öllöttäviä kissanruokatölkkejä, mutta tunsin myös, että mieleni takertui siihen, mitä irti päästäminen merkitsisi. Olin suunnannut paljon energiaa maailman pelastamiseen! Vaikka en ollutkaan enää aktivisti, olivat uskomukset taatusti yhä tallella mielessäni. Tunsin hiljaista oikeassa olemista – olin hyvä ihminen, joka kierrätti kaiken ja äärimmäisen tietoinen resursseista, kuten sähköstä ja vedestä.

Paheksuin Davidia, koska hän ei välittänyt ja myös koska minua pyydettiin olemaan välittämättä. Jatkoin kuitenkin mieleni linjaamista opetuksiin, joiden tunnistin olevan totta. Vau! Oli yksi asia lukea niistä Kurssissa, mutta kokonaan toinen juttu siirtää ne jokapäiväiseen elämään. Vastustukseni alkoi murtua ja David peilasi välittömästi avoimuuttani sanomalla, että voisimme kyllä kierrättää isommat esineet, koska ne voisi helposti laittaa kierrätysastioihin.

David muistutti minua, "Sinä et ole täällä tekemässä työtä jonkin organisaation vuoksi; kaikki täällä on sitä varten, että se tukee meitä". Tulisin kuulemaan tämän Davidilta aina kun "tekijä" ilmestyisi tietoisuuteeni ja ego valtaisi minut ja saisi toimimaan jonkun muun tarkoituksen kuin anteeksiannon ja rakkauden vuoksi. David muistutti minulle usein, että maailma on mielemme heijaste ja voisi nyt palvella mahtavaa tarkoitusta.

Luku 3

Kyllä, menen naimisiin kanssasi!

Talvi/kevät 2005

"Sinua ja veljeäsi yhdistävä valkeus loistaa läpi maailmankaikkeuden, ja koska se yhdistää sinut ja hänet, se tekee sinut ja hänet yhdeksi Luojanne kanssa… Se, mikä opettaa sinulle, että sinä et voi erottaa, kieltää egon. Salli totuuden päättää, oletteko sinä ja veljesi erilaisia vai samanlaisia ja opettaa sinulle, kumpi on totta." T-22.VI.15

Kyllä!

Mieleeni alkoi tulla sana "avioliitto". En tiennyt, mitä käsite "avioliitto" tarkoittaisi maailmalle tyypillisessä mielessä, kun menee naimisiin Davidin kanssa. Mutta toisalta taas tiesin tarkkaan, mitä se tarkoittaisi. Kun sanoisin "kyllä" avioliitolle Davidin kanssa, symboloisi se syvää, koko elämänmittaista sitoutumista Jumalaan. Se tarkoittaisi, että sanoisin "kyllä" menneisyydestä luopumiselle, "kyllä" sille että eläisin siellä, mihin Henki minut lähettäisi, "kyllä" sille, että hyväksyisin Davidin Kutsun myös omana kutsunani ja "kyllä" sille etten lähtisi pois. Olin mielestäni sanonut "kyllä" Jumalalle aiemmin, mutta kun ajattelin tätä totaalista sitoutumista, tunsin että minussa nousi pelkoa; tuntui siltä, että sanoa "kyllä" olisi aivan uupuusi päätös tehtäväksi. Tiesin että liittyessäni yhteen jonkun itseäni selkeämmän kanssa, pienellä "minällä" ei olisi enää piilopaikkaa. Se nosti esiin kaikki mahdolliset ajatukset uhrautumisesta, mitä vaan voi kuvitella. Minulla ei yksinkertaisesti vaan ollut avioliittokäsitteelle sopivaa lokeroa.

Istuessani Pyhätön sohvalla Peace Housessa uskalsin kysyä itseltäni, *Menenkö naimisiin Davidin kanssa?* Tunsin vastauksen välittömästi - se oli iloinen, rakkauden täyttämä "Kyllä!" Muutamia minuutteja myöhemmin David tuli huoneeseen ja istui toiselle sohvalle minua vastapäätä. Vaikka hän ei ollut koskaan kysynyt minulta suoraan, katsoin ylös ja sanoin pehmeästi, "Kyllä, menen naimisiin sinun kanssasi", johon David onnellisuutta säteillen huudahti, "Se on loistavaa!" Sillä hetkellä tunsin, että tämä järjestetty avioliitto ei olisi vain minun heräämistäni varten vaan olisi siunaus monille. Se tuntui pyhältä ja tiesin että siitä syntyisi monia, monia ihmeitä.

Kumppanuus ja vaatteet

Koska suhteeni Davidiin tuntui niin erilaiselta kuin mikään muu kokemani, ajatus siitä, että David ja minä olisimme pari, vei hetken omaksua. Kuitenkin sen tapahduttua alkoivat projisoinnit Davidin kuvaa kohtaan. Ensimmäiseksi huomasin hänen vaatteensa. En ollut vielä halukas myöntämään, että ulkokuoreni alla, jossa "en oikeastaan välittänyt", oli minulla ehdottomat mielipiteet siitä mikä oli viehättävää ja mikä ei. Davidilla ei näyttänyt olevan mitään tyyliä, mutta oli jotakin sitä vielä paljon pahempaa. Olin nähnyt muutamia opetusvideota, joissa hän oli pukeutunut johonkin, mikä näytti naisten isokokoiselta aprikoosin väriseltä verryttelypuvulta.

Voi, hyvä Luoja! Mitä oikein olen tekemässä? Ego mielessäni pillastui ja kertoi minulle aivan suoraan, että minun elämäni ei voisi olla tätä. Miten voisin mitenkään olla suhteessa miehen kanssa, joka pukeutuu isoon aprikoosin väriseen naisten verryttelypukuun?!!!

Mieleeni tuli ajatuksia isästäni Rogerista. Jos hän soittaisi nyt ja kysyisi mitä minulle kuuluu, en tietäisi, mitä vastata hänelle. Jos hän kysyisi, että olenko onnellinen, joutuisin valehtelemaan. Ihmeen kultainen hohde oli himmenemässä tietoisuudestani; sen sijaan tunsin jakaantuneen mielen kiihkeyden. Olin kokenut paljon paranemista, mutta egon ääni oli sinnikäs: *Tämä ei ole sitä, mitä minä valitsisin, joten mitä olen tekemässä? Manipuloidaanko minua? Jos joutuisin valehtelemaan perheelleni – heille, jotka tuntevat minut paremmin kuin kukaan muu maailmassa – niin silloin tämä olisi täysin väärin.*

Tunsin pimeyden ja jännityksen täyttävän mieleni sekä kehoni ja ensimmäistä kertaa huomasin kokevani Davidin etäisenä, mutta edelleenkään en puhunut tunteistani ääneen. Sen sijaan yritin olla välittämättä tuomitsevista ajatuksista siinä toivossa, että ne katoaisivat, mutta ne eivät kadonneet. Ennen pitkää huomasin, että rakkauteni Davidiin oli täysin romahtanut. Tiesin, että minun täytyisi kertoa hänelle, etten pitänyt hänen vaatteistaan. Minua pelotti, koska en tiennyt, mitä tulisi tapahtumaan. Voisihan olla niinkin, että hän lähettäisi minut kotiin.

Viimein sain kerättyä rohkeutta ajatusteni jakamiseen. Hänen välitön vastauksensa oli täynnä iloa! "Voit käydä läpi vaatekaapit ja tyhjentää niistä kaiken mistä et pidä! Kaikki vaatteeni ovat tulleet lahjoituksina enkä käytä niistä moniakaan, joten se olisi loistavaa!" Rakkaus palasi silmänräpäyksessä! Seuraavana päivänä tyhjensin iloisesti kuusi täyttä säkkiä lahjoitettuja vaatteita.

Muutamaa päivää myöhemmin minulla oli yhä tuomitsevia ajatuksia Davidin vaatteiden suhteen ja jaoin hänelle jälleen ajatukseni. Jälleen minusta tuntui siltä, kuin ottaisin suuren riskin. Tuntui siltä kuin olisin paljastamassa pahimman puoleni, juuri sen, jonka olemassaolosta en halunnut hänen enkä kenenkään muunkaan tietävän. Otin kuitenkin riskin ja kerroin hänelle, etten vieläkään pitänyt hänen vaatteistaan. Jaoin senkin, että ne vaikuttivat siihen mitä tunsin häntä kohtaan. Ja mikä oli hänen vastauksensa? "Ajattele minua Ken-nukkena. Voit pukea Ken-nuken." Hän näytti ilahtuvan ajatuksesta, että hänet vietäisiin ostoksille! Voi sentään. En voinut uskoa, miten väärässä olin ollut sen suhteen, mitä suhteellemme tapahtuisi, jos olisin täysin rehellinen.

Ajatusteni ilmaiseminen oli selvästikin osa paranemista. Opin että ajatusteni piilottaminen sai minut kokemaan erillisyyttä, ei vain Davidista vaan lahjasta, jonka Henki tarjosi hänen kauttaan. Kun kuitenkin paljastin yksityiset ajatukseni, minua odotti aina ihme toisella puolella. Tulisin kokemaan tämän monia, monia kertoja seuraavien vuosien aikana.

Ensimmäinen matka

Olin ollut Peace Housessa noin kuusi viikkoa, kun lähdin Davidin mukaan ensimmäiselle matkalle. David rakasti sitä, että pääsi lähtemään autollaan, minne vaan hänet kutsuttiin pitämään Kurssi -kokoontumisia ja loistamaan valoaan. Sarja kutsuja vei meidät Cincinnatista etelään Floridaan ja takaisin. Ensimmäinen pysähdyspaikkamme oli Oasis Instituutti Tennesseen Knoxvillessa, missä meidät otti lämpimästi vastaan isäntäväkemme Steven ja Susan.

Huoneen etuosassa oli kaksi tuolia. Minut ohjattiin yhdelle tuoleista ja eteeni asetettiin mikrofoni. Tärisin ja tunsin itseni paljastetuksi ja kun liikehdin rauhattomasti yrittäessäni tehdä oloni mukavaksi, tönäisin mikrofonia pari kertaa. Kun tuli minun vuoroni puhua, jaoin sen, että tunsin itseni hermostuneeksi ja koska Kurssi oli minulle niin uusi, ei minulla mielestäni ollut mitään arvokasta sanottavaa.

Yleisö kylvetti minut rakkaudellaan huikaten etelän murteella, "Voi, kulta, älä meitä pelkää, me rakastetaan sinua!" Pelkoni suli hetkessä pois. Huomasin kertovani niistä muutoskokemuksista, joita kävin läpi ja ne sopivat täydellisesti yhteen sen korkean metafyysisen opetuksen kanssa, joka Davidin kautta virtasi. Tuntui siltä kuin minua käytettäisiin siltana – kuvailemaan yksinkertaisilla, käytännön termeillä juuri sitä, mitä Kurssin opetukset tarkoittivat.

Jälkeenpäin sain useilta osanottajilta rakkauden täyteisiä halauksia. He ilmaisivat kiitollisuutensa jakamisestani ja oivalsin että tehtäväni oli yksinkertaisesti olla rehellinen ja aito ja puhua suoraan omasta kokemuksestani.

"Minä-tiedän"-mieli

Matkalla kohti Knoxvillea autosta alkoi kuulua outoa ääntä. Se kuulosti hyvin paljon hanhen toitotukselta ja huomasin, että se näytti tapahtuvan joka kerta, kun vauhti lähenteli 110 km tunnissa. Mieleni kävi läpi eri vaihtoehtoja, mistä ongelmasta voisi olla kyse, kun moottorin merkkivalo alkoi palamaan päivän ajomatkan jälkeen. "Minä-tiedän"-mieleni pinkaisi välittömästi käymään täysillä kierroksilla. Saavuttuamme määränpäähän katsoin konepellin alle ja sanoin, "Isäni opetti minulle autoista. Meidän täytyy tarkistaa öljyt". Tarkistimme öljyt ja löysin ongelman – öljy oli lopussa. Näin ajatukseni: *Tällaista tapahtuu, kun mystikko, joka ei välitä maailmasta, omistaa auton. David ei välitä. On tärkeää huolehtia kulkuvälineestä.*

"Minä-tiedän"-mieli on se osa mieltä, joka luulee tietävänsä jotakin tästä maailmasta. Se puhuu ensin ja varmuudella siitä, minkä se tietää olevan totta. Sen "faktat" perustuvat aina pikemminkin menneisyyden kokemuksiin maailmasta kuin nykyhetken yhteyteen Hengen kanssa. Oikeastaan sen tarkoitus näiden faktojen kommunikoimisessa on ylläpitää itseään identiteettinä, joka on erillään Jumalasta.

Koska minusta tuntui, ettei meidän pitäisi ajaa autolla yhtään pidemmälle ilman öljyä, jätimme sen sinä iltana Instituutin pihalle ja menimme kokoontumisen jälkeen isäntiemme kotiin. Palattuamme seuraavana aamuna Instituuttiin avasin konepellin, ja minulla oli mukana tarpeeksi öljyä täyttämään tyhjä säiliö. David meni sisälle puhumaan isäntiemme kanssa. Olin huolellinen ja tarkistin öljyn määrän uudelleen ja näin jälleen, että se oli melkein tyhjä. Aloin kaatamaan öljyä, mutta lisättyäni sitä vasta hyvin pienen määrän, minulle tuli vahva tunne tarkistaa öljymäärä uudelleen. Olin järkyttynyt nähdessäni, että öljyä olikin liikaa!

Hämmentyneenä otin askeleen taaksepäin. Kun David tuli ulos, hän näki ilmeen kasvoillani ja sanoi yhden lauseen, "Se on 'minä-tiedän'-mieli!" Vaadin edelleen, että pysähtyisimme ja pyytäisimme korjaajaa tarkistamaan auton, koska jokin oli ehdottomasti pielessä. Pysähdyimme matkalla ulos kaupungista ja korjaaja pisti päänsä konepellin alle tutkiakseen tilanteen. Leveä hymy kasvoillaan hän ilmoitti, että autossa ei ehdottomasti ollut mitään vikaa. Olin nöyrä.

Jatkoimme matkaamme eteenpäin ja David kertoi minulle moottorin vikavalon tarkoittavan sitä, että olisi tarpeen tehdä mielentarkistus. Matkoillamme näitä "tekemättömäksi tekemisiä" tapahtui minulle ja tietämiselleni useita kertoja. Paluumatkallamme Peace Houseen moottorin vikavalo sammui ilman mitään näkyvää syytä ja purskahdimme molemmat nauruun, läksy oli todella omaksuttu!

Kokemus avoimesta mielestä – mielestä, joka kääntyy vakaasti Hengen puoleen saadakseen ohjausta ja ohjeita kaikissa asioissaan – on kaiken oppimisen tavoite. Puhdas ilo on elävä kokemus viattomassa mielessä, joka ei enää teeskentele tietävänsä mitään.

Valat

Jatkoimme matkaa kohti Floridaa, missä meillä tulisi olemaan kokoontuminen ja päivällinen ryhmäläisten kanssa, jotka olivat uusia IOK-ystäviä. Jaoimme avioliitto-ohjauksemme kaikkien kanssa ja eräs nainen kysyi, "Tuleeko siitä todellinen avioliitto?" Kysyin mitä hän tarkoitti "todellisella avioliitolla". Hän kysyi, "Vannotteko valat?" David ja minä hymyilimme tietävästi toisillemme – meitä ei ollut ohjattu siihen, että vannoisimme valoja.

David kertoi ohjauksestamme, jonka mukaan laillinen avioliitto ei olisi tarpeen, koska siihen sisältyi hallitus, kun taas meidän suhteemme tarkoitus oli syvä sitoutuminen Hengen kanssa. Laillinen sopimus ei tuntunut olevan lainkaan linjassa tämän tarkoituksen kanssa.

"Jos vannoisin valoja", sanoin katsoessani Davidiin tietämättä mitä sanoisin seuraavaksi, mutta tunsin kuitenkin, että jotakin kaunista oli tulossa, "Se olisi, että rakastan sinua nyt ja luotan sinuun". Hymyilimme. Nämä valat tuntuivat hyvin syvällä ja olivat täydellisessä linjassa avioliiton kanssa – pyhiä, iloisia ja uusia! Mitä muuta voisikaan sanoa?

Sormukset

Viettämämme muutaman rauhallisen Florida-päivän aikana, eräänä iltapäivänä David sanoi, että hän tunsi ohjauksen hankkia vihkisormus. Tunsin miten tutun tuntuinen, syvä pelko nousi. Se oli samaa pelkoa kuin joka nousi silloin, kun oli jollakin tavalla aika päästää irti menneisyydestä. Se oli pelkoa, jossa ei loogisesti ollut mitään järkeä. Se oli selkeästikin egon pelkoa tulla paljastetuksi ja tekemättömäksi. Se tuntui kuoleman pelolta ja opin myöhemmin, että se itseasiassa on rakkauden pelkoa. Ego "tapetaan" rakkaudella, sillä valon tullessa pimeys katoaa – se kirjaimellisesti liukenee valoon. Vaikka olin sanonut "kyllä" sille, että olisin avioliitossa, sormuksen kantaminen oli "julkinen" askel, sellainen, ettei ego voisi enää piileskellä. Sen olisi pitänyt olla aihe juhlaan, mutta egon tekemättömäksi tekemiselle se oli kauhun hetki!

Matkalla laivalaiturille kävelemään veden äärelle ja vain muutamia minuutteja sen jälkeen, kun David oli kertonut saamastaan kehotuksesta ostaa sormus, hän vei meidät ostoskeskukseen. Menimme kauppaan ja David osti kultaisen vihkisormuksen. Käsitellessäni pelkoajatusten hullunmyllyä ja tietämättä mitä tehdä tai sanoa, huomasin piileskeleväni läheisen vaatetelineen takana. Katselin Davidin iloista kohtaamista vihkisormuksen kanssa turvallisen välimatkan päästä!

David oli sormuksestaan hyvin onnellinen eikä vaisu mielentilani vaikuttanut häneen lainkaan. Kaupasta lähtiessämme kuulin selkeästi, kuinka Henki sanoi mielessäni, "Jos ajatte paluumatkalla tämän saman kaupan ohi, mene sisälle ja osta sormus". Huokasin helpotuksesta, koska meillä tulisi olemaan matkalla niin monta mutkaa, ettei olisi mitenkään mahdollista ajaa paluumatkalla saman ostoskeskuksen ohi.

Meillä oli ihana iltapäivä satamassa, kun kävelimme pitkin laituria ja David nautti täysillä uudesta sormuksestaan. Edelleen koko tilanteesta hieman hermostuneena ja siitä kuinka elämäni näytti tapahtuvan nopeasti silmieni edessä, kysyin Davidilta, olisiko hänelle ok, että kävelisin itsekseni. Hän oli enemmän kuin onnellinen istuessaan puiston penkillä veden äärellä ja minä jatkoin alas laiturille.

Huomasin tuntevani vetoa istuutua aika suttuiselta näyttävän, noin seitsenkymppisen miehen viereen, joka kertoi olevansa Bulgariasta. Olin ollut Bulgariassa ja meillä oli kaunis kohtaaminen, se tuntui aivan jumalalliselta väliintulolta. Saatoin tuntea tämän miehen rakkauden pyynnön syvällä sisimmässäni ja tunsin välittömästi syvää yhteyttä Davidin kanssa. Tunsin, että juuri sillä hetkellä suhteemme tarkoitus täytettiin. Näin takaumana edelliset suhteeni, joissa olin tuntenut itseni rajoittuneeksi, koska en kyennyt täysin jakamaan rakkauttani ja sydäntäni. Vaikka aiemmat kumppanini eivät olleet kovin mustasukkaisia tai suojelevia, suhteissa oli ollut hienovarainen tunne omistamisesta tai jonkinlaisista rajoituksista.

Ja tässä minä olin nyt tämän vanhemman miehen kanssa tuntien rakkauden läsnäolon nousevan sisimmässäni. Tiesin ettei David haluaisi minun pidättelevän itseäni. Kerroin tälle miehelle, kuinka rakastettu hän oli huolimatta siitä, mitä oli näyttänyt tapahtuvan menneisyydessä ja siinä silmieni edessä hänessä syttyi valo. Hänen viattomuutensa loisti hetki hetkeltä kirkkaammin ja kirkkaammin. Kokemus oli hyvin puhdas ja tuntui pyhältä! Olin valtavan iloinen siitä, että minulle näytettiin, mitä varten avioliitto Davidin kanssa oli! Minusta tuntui kuin olisin kävellyt ilmassa, kun palasin Davidin luo jakamaan kokemukseni hänen kanssaan. Hän oli ehdottoman iloinen ja me halasimme ja suutelimme ja leijuimme takaisin autolle.

Lähdimme ajamaan takaisin ystäviemme talolle luottaen siihen, että jotenkin löytäisimme reitin. Ja kappas vain, tulimme suoraan ostoskeskukseen, josta David oli ostanut sormuksensa! "Käänny vasemmalle!" pääsi suustani ja yhtään epäröimättä David käänsi välittömästi parkkipaikalle. Kerroin hänelle ohjauksestani hankkia toinen sormus, jos ohittaisimme saman kaupan uudelleen ja niin me menimme yhdessä sisään hakemaan sormukseni. Korukauppias näytti odottavan meitä!

Spontaani vihkiseremonia

David ja minä olimme jättäneet vihkiseremonian täysin Hengen käsiin. Eräänä iltapäivänä kuulin mielessäni toistettavan sanaa "puutarha". Rakastin ajatusta kävelystä kasvitieteellisessä puutarhassa ja etsittyämme sellaista internetistä löysimme yhden, joka oli lähellä asuinpaikkaamme. Löysimme sinne helposti ja tuntui ihanalta kävellä hetki yhdessä. Kuljeskelimme pitkin polkuja erilaisten puutarha-alueiden läpi pitkin joen reunaa ja sillan yli. Aivan yhtäkkiä huomasimme seisovamme keskellä vihkipuutarhaa! Oli aivan kuin meidät olisi siirretty Espanjaan – seisoimme punaruskealla kiveyksellä ja korkeita seiniä ympärillämme peitti kirkkaan sinipunainen ja tumman pinkki ihmeköynnöksen kukinta.

Katsoimme toisiamme ja virnistimme! Vihkiseremoniamme oli alkamassa! Vala toisensa jälkeen pääsi huuliltani ja niitä seurasi suudelma. Ne, jotka muistan, olivat, "Rakastan sinua nyt. Luotan sinuun. Rakastan nauraa sinun kanssasi. Rakastan olemista sinun kanssasi. Rakastan tämän syvän tarkoituksen jakamista sinun kanssasi. Rakastan matkustamista sinun kanssasi. Rakastan palvella Jumalaa sinun kanssasi".

David jakoi tämän juhlallisen ilmoituksen sähköpostilistallaan:

> Ilon terveiset! Olen onnellinen voidessani ilmoittaa, että Kirsten ja minä olemme liittyneet pyhän ihmissuhteen tarkoituksessa ja pidämme vihkisormuksia symboloimassa rakkautta, jonka jaamme toistemme ja jokaisen kanssa. Ohjaus

sormusten hankkimiseen tuli helmikuun 12. päivä. Ostin sormukseni aamulla ja hän osti omansa myöhään iltapäivällä. Siinä välissä Kirstenillä oli pyhä kohtaaminen, symboli rakkaudesta, jonka jaamme jokaisen kanssa. Hän tapasi kävelyllään 79-vuotiaan bulgarialaisen miehen. Mies sanoi Kirstenille, että tällä on enkelin silmät ja Kirsten jakoi kokemuksia matkoiltaan Bulgariassa.

Mies säteili ja sanoi, että monta vuotta oli kulunut siitä, kun hän oli suudellut naista ja Kirsten käänsi kasvonsa pehmeästi ja tarjosi hänelle poskensa. Suudeltuaan Kirsteniä he puhuivat vielä lisää ja miehen sydän avautui. Ennen pyhän kohtaamisen päättymistä Kirsten vastaanotti poskelleen monia suudelmia ja hän palasi luokseni leveä hymy kasvoillaan. Rakkaus rakastamassa Itseään on sitä, mistä elämässä on kysymys. Universaalia rakkautta. Ehdotonta rakkautta. On todellakin kunnia osoittaa rakkautta elämällä rakkauden elämää. Sitä avioliitto ja pyhä ihmissuhde heijastavat. Olkoon elämämme Jumalallisen Rakkauden heijaste ja kunnioitusta Luojaa kohtaan jokaisessa ilmaistussa ajatuksessa, sanassa ja teossa.

Kylven tämän hetken rauhassa ja minulle on arvokasta se, että Kirsten ja minä voimme elää, matkustaa ja näyttää rakkauden sisimmässämme. Pyhä liitto on verrattavissa elämiseen tässä hetkessä ja jakamamme yksinkertaiset ajatukset, "Luotan sinuun" ja "Rakastan sinua nyt" ovat tarkoitus kaikessa elämässämme. Se on Mielen liitto ja innoittaa ja siunaa koko maailmaa. Se on naurun ja leikkisyyden, spontaaniuden ja riemun ilmaisu, joka loistaa sydämestä sydämeen. On ihmeellistä upota jumalaiseen hiljaisuuteen yhdessä jokaisen kanssa. On ilo hyväksyä ympäri maailmaa tulevat kutsut ja vastata Jumalan Kutsuun loistaa rakkauden valoa. Rakkaus on yksinkertainen ja olen onnellinen siitä, että Kirsten on liittynyt minun kanssani yhteen tässä rakkautta heijastavassa kumppanuudessa. Tämä suhde on samanlainen kuin kaikki suhteemme, koska se ilmaisee yhden ainoan tarkoituksen. Se sisältää jokaisen. Koska meidät on ohjattu elämään ja matkustamaan yhdessä sekä jakamaan rakkautemme, kumppanuus symbolina tuntuu olevan avuksi ja on luonnollista. Se on vapauden kumppanuutta, joka tukee ja ravitsee Henkeen heräämistä sisimmässä.

Kiitän sinua Henki kumppanuuden symbolista, joka heijastaa pyhää liittoa. Jaan kiitokset kaikille sisarillemme ja veljillemme, jotka toivottavat Sinut tervetulleeksi sydämiinsä. Kaikki kutsut liittyä yhteen ovat tervetulleita pyhässä tarkoituksessa iloita yhdessä yhtenä!

Luku 4

Tulivuoria ja kuherruskuukausia

Kevät 2005

"Pyhän ihmissuhteen edessä ei ole syntiä. Erehdyksen muotoa ei enää nähdä, ja rakkauteen liittynyt järki katsoo rauhallisesti kaikkea sekaannusta ja huomauttaa pelkästään: 'Tämä oli erehdys'. Ja sitten sama Sovitus, jonka sinä otit vastaan ihmissuhteeseesi, oikaisee erehdyksen ja asettaa osan Taivasta sen paikalle." T-22.VI.5

Yksinkertaista, syvällistä ohjausta

Kaksi nuorta Kurssin opettajaa yöpyi luonamme Peace Housessa matkallaan Wisconsista Floridaan. Kun he olivat lähdössä, toinen heistä katsoi suoraan silmiini ja sanoi, "Kirsten, jos antaisin sinulle yhden neuvon henkiselle matkallesi, olisi se tämä: Älä tee päätöstä silloin kun et tunne rauhaa".

Tuo viisaus tuli suoraan Pyhältä Hengeltä. Ei epäilystäkään siitä. Tästä yksinkertaisesta ja syvästä ohjauksesta tuli mieleni vakaa tarkistuspiste, silloin kun epäilin. Tulevina kuukausina ja vuosina aina kun halusin lähteä, aina kun epäilin, sen avulla oli helppo tunnistaa, etten ollut rauhan tilassa. Tämä tarkistuspiste palveli minua kehottaen pysähtymään ja olemaan toimimatta tai olemaan elättämättä hyökkääviä ajatuksia. Mieluummin kuin että olisin tehnyt johtopäätöksiä syistä mieleni kuohuntaan, käännyin sisäänpäin nähdäkseni ne egoistiset ajatukset ja uskomukset mielessäni, jotka tuli parantaa. Harjoittaessani tätä prosessia tulin näkemään, että jos noudatin "epäileviä ajatuksiani" ja tein niistä johtopäätöksiä, vei se minut aina kauemmaksi rauhan tilasta ja Davidista. Pyysin aina ohjausta läpikäydessäni prosessia, jossa vaihdoin vihan ja pelon rauhan tilaan. Ohjaus ei ollut koskaan sitä mitä luulin sen olevan. Huomasin, että mikään teko tai toiminta, johon ryhdyin, ei voisi perustua pelokkaisiin ajatuksiini. Nämä tarkistuspisteet olivat mieltäni vakauttava perusta. Ne tukivat minua niin, että kykenin näkemään, että kaikki tapahtui kirjaimellisesti heräämiseni vuoksi.

Toinen tarkistuspisteeni oli luottamus Davidiin. Ohjaus luottaa Davidiin tuntui hyvin merkitykselliseltä kuullessani sen ensimmäisen kerran. Olin kuitenkin peloissani, koska uskoin että minua pyydettäisiin uskomaan ja luottamaan täysin mieheen. Aloin rukoilla ja kysyin Jeesukselta, mitä hän tarkoitti sanoessaan minulle "Luota Davidiin". Hän sanoi, "Luota minuun hänen kauttaan. Luota Davidin antaumukseen. Luota siihen, että hänen ainoa tarkoituksensa on Herääminen ja siksi hän kääntyy kaikessa jatkuvasti minun puoleeni. David on annettu sinulle symbolina kyvystä luottaa minuun".

Tuntui siltä kuin olisin ottanut ison uskon loikan luottamuksessani Davidiin – loikan, jonka tekisin vielä monta, monta kertaa. En tajunnut sitä ensin, mutta se tuntui ihan kuin olisin hypännyt, koska kävin läpi prosessia, jossa luovuin uskomasta egon tuttuihin ajattelumalleihin ja asetin uskoni Henkeen, tuntemattomaan.

Avioero Hengen kanssa

Eräs Davidin ystävä Argentiinassa kutsui hänet vierailulle maaliskuun loppupuolella pitämään sarjan kokoontumisia. David otti minut välittömästi mukaan suunnitelmiin. Etenimme asiassa ja ostimme lentoliput. Ne olivat halvimmat saatavilla olevat liput eikä niitä voinut palauttaa tai vaihtaa. Kaksi päivää ennen määrättyä lähtöpäivää emäntämme Maria kirjoitti Davidille ja sanoi, että Davidin piti peruuttaa matka ja suunniteltu IOK-kokoontuminen perhekriisin vuoksi.

David soitti hänelle välittömästi. Maria kuulosti kamalalta; hänen äänensä oli laskenut kaksi oktaavia. Hän vuodatti ulos sydämensä, Marian rakastettu aviomies jo 40 vuoden ajalta oli kertonut hänelle, että aikoi jättää Marian, koska oli rakastunut toiseen naiseen. Ja mikä vielä pahempaa, tämä toinen nainen oli heidän apulaisensa, joka oli hyvin rakastettu jäsen heidän laajassa perheessään.

David tiesi ilman epäilyksen häivääkään, että matka oli Pyhän Hengen ohjaama, eikä sen peruuttaminen olisi hänelle mahdollista. Davidin ääni oli ystävällinen ja varma, kun hän kertoi Marialle, että emme voisi peruuttaa matkaa, koska lippuja ei voinut palauttaa. "Sitä paitsi!" hän sanoi iloisesti, "Kirsten ja minä olemme tulossa viettämään kuherruskuukautta!" Jotenkin tämä oli täydellinen asia mainita ja Marian ääni nousi takaisin normaaliin korkeuteensa: "Kuherruskuukausiko? Oi, sehän on ihanaa!" Silmäni suurenivat katsellessani, kuinka Henki oli vastannut Marian rakkauden pyyntöön Davidin välityksellä ja mielen täydellisellä uudelleen suuntaamisella.

Lentomme oli kahden pysähdyksen yölento ja vaikka Argentiina on Cincinnatista etelään, ensimmäinen lentomme vei meidät pohjoiseen. Kun laskeuduimme Chicagoon noin 23.30 illalla, huomasin sanovani, "David, näen että jäämme yöksi johonkin mukavaan hotelliin tänä yönä!" David hymyili, "No, lentomme on ajoitettu jatkamaan tänä yönä Buenos Airesiin, mutta katsotaan". Kun kävelimme lentoaseman läpi, siellä oli ilmoitus: "US Airways lento 323 on myöhässä teknisten vaikeuksien vuoksi. Olkaa hyvä ja kysykää lisätietoja asiakaspalvelusta." David ja minä virnistelimme toisillemme ja kävelimme iloisina kohti palvelutiskiä jonottamaan noin sadan muun kanssa.

Jotkut ihmiset jonossa valittelivat lennon myöhästymistä, mutta David ja minä olimme iloisia. Tiesimme että kaikki toimi yhdessä, ei vain meidän parhaaksemme vaan meidän äärimmäiseksi iloksemme! Ja ilo levisi – en voinut olla jakamatta ihmisille, että olimme Jumalan asialla ja että Henki huolehti kaikesta. Kerroin heille minulla olleesta tunteesta, että jäisimme hotelliin sen sijaan, että viettäisimme yön koneessa ja kuinka ihmeellistä oli, että se kaikki järjestettiin meille. Kokemuksemme oli oppitunti tuomitsemattomuudesta.

Päästessämme tiskille saakka, henkilökunta jakoi virtanaan ateria- ja hotellikuponkeja. Nappasimme iloisesti ilmaisen kyydin ihastuttavaan hotelliin, kävimme lämpimässä kylvyssä ja käperryimme pehmeisiin kylpytakkeihin. Kaiken kukkuraksi olimme riemuissamme, kun saimme tilata ateriakupongeillamme huonepalvelusta omenapiirakkaa vaniljajäätelöllä!

Mikä runsaus! Kuinka rakastettuja olemmekaan! Nukuimme loistavasti ja lähdimme seuraavana aamuna lennollemme, saavuimme perille raikkaina ja valmiina kaksi viikkoa kestävään kokoontumiseen ja ihmeiden tekemiseen. Olin syvästi kiitollinen, kun minulle näytettiin, miten hyvin Jumala meistä huolehtii. Kuin hellästi lausuttuna runona mielessäni, muistin joitakin Jeesuksen lainauksia Raamatusta ja Kurssista: "Etsikää ensin Jumalan valtakuntaa niin myös kaikki teille annetaan." (Matteus 6:33) "Kun olet oppinut päättämään yhdessä Jumalan kanssa, kaikista päätöksistä tulee yhtä helppoja ja oikeaan osuneita kuin hengittämisestä. Siitä ei ole mitään vaivaa ja sinua johdatetaan yhtä lempeästi kuin kulkisit kesällä hiljaista polkua pitkin." T-14.IV.6 "Uskotko todella, että sinä osaat tehdä suunnitelmia turvallisuutesi varalle ja suunnitella ilosi paremmin kuin Hän? Sinun ei tarvitse huolehtia, eikä heittäytyä huolettomaksi: voit yksinkertaisesti vain jättää kaikki murheesi Hänelle, koska Hän huolehtii sinusta. Hän huolehtii sinusta, koska Hän rakastaa sinua." T-5.VII.1

Maria ja hänen pian-entinen-aviomiehensä tulivat yhdessä hakemaan meitä. Huolimatta siitä, rakastiko mies toista naista vai ei, Maria rakasti miestään syvästi ja hänellä ehdottomasti oli anteeksiannon henki näyttämässä tietä jokaisella askeleella, jonka he tulisivat ottamaan yhdessä.

En ollut kokenut sellaista koskaan aiemmin ja minuun vaikutti syvästi Marian kypsyys ja omistautuminen todelliseen pyhään ihmissuhteeseen. Hän katsoi syvälle uskomukseensa, että olisi tullut hylätyksi ja petetyksi ja "pitäytyi" Kurssissa kieltäytymällä kääntymästä pois rakkaudesta. Maria oli elävä esimerkki anteeksiannosta, kun hän rukouksen ilmapiirissä avoimesti paljasti avioliittonsa hajoamisen ja perheensä tilanteen. Tunsin jälleen sen syvyyden, mihin Kurssi ohjasi.

Vietimme viikon Marian ja hänen perheensä kanssa, kunnes David ja minä suuntasimme etelään pitämään kokoontumisia maaseudulla, ennen kuin jatkaisimme kauemmas etelään "kuherruskuukausi" -kohteeseemme.

Tuntuu kuin olisin käsilaukku

Parissa viimeisessä kokoontumisessa Davidin kanssa oli minussa alkanut nousta epämukavuuden tunne. Opetus virtasi hänen kauttaan, kun minä tuskin puhuin. Istuin hänen vierellään tuolilla, joskus suljin silmäni tai pälyilin ympärilleni katsellen yleisöä. Välillä en tiennyt, mihin katsoa!

Kun joku osanottajista kysyi kysymyksen, kuulin usein jotakin, mikä tuntui minusta siltä kuin siitä voisi olla apua, mutta minun havainnossani David vastasi aina niin nopeasti, ettei minulla ollut mitään mahdollisuutta puhua. Ja sitten kun hän kääntyi minuun päin, kertoi hän usein niin pitkän johdannon kokemukseeni, etten tiennyt mitä sanoa, kun hän pyysi minua kertomaan siitä lisää!

Kun toinen kokoontuminen Argentiinan maaseudulla oli pidetty, minussa nousi ärtymystä: *Minusta tuntuu kuin olisin mystikon asuste. David on se mystikko. Jokainen haluaa kuulla, kun hän puhuu ja minä vain istun tällä tuolilla ja olen kuin käsilaukku.*

Kuten tavallista, ei minulla ollut muuta mahdollisuutta kuin jakaa egoistiset ajatukseni Davidin kanssa. Ei ollut mitään keinoa "teeskennellä" ja pistää pystyyn jonkinlainen esitys seuraavassa kokoontumisessa. Hänen vilpitön vastauksensa oli, "Oi, sinä voitkin sitten aloittaa seuraavan kokoontumisen". Tunsin välittömästi pelkoa ja tiesin että se ei oikeastaan ollut vastaus, jonka halusin kuulla. En tuntenut itseäni tarpeeksi varmaksi, jotta voisin aloittaa kokoontumisen. Olin hyvin tietoinen siitä, että jotenkin Davidin Läsnäolo oli se, mikä vei jokaisen yhteiseen syvyyden kokemukseen. Näiden ajatusten kertominen tuntui hyvältä ja vaikka ratkaisu ei ollut muodossa, jokin minussa rentoutui.

Seuraavassa kokoontumisessa istuin Davidin vieressä hyvin tyytyväisenä. Olin tipahtanut takaisin kokemukseen, että se kaikki oli minua varten ja rakastin kuunnella jokaista sanaa, joka hänen suustaan tuli. Puhuinkin eräässä kohdassa ja kokoontumisen lopussa eräs kaunis, omistautunut, henkinen opettaja katsoi meitä molempia ja sanoi pehmeästi, "Hänellä on sama lahja kuin sinulla, David". David vastasi säteillen, "Kyllä, hänellä on". Minulla ei ole aavistustakaan siitä, mitä sanoin kokoontumisen aikana, mutta tiesin että kilpailun tunne ja ylpeys olivat kadonneet.

Kuherruskuukausi ja tulivuori

Kokoontumisten jälkeen matkustimme etelään Miramariin, joka sijaitsee rannikolla. David oli hyvillään saavuttuamme viettämään neljän päivän kuherruskuukautta meren äärelle ihanaan hotelliin, joka oli nimeltään Oasis of Peace.

Minä taas en ollut ollenkaan iloinen. Kärsin siitä, että piilottelin yksityisiä ajatuksia ja mitä pidempään pidättelin puhumatta niistä Davidille, sitä suuremmaksi kuilu välillämme laajeni. Joka kerta kun David mainitsi sanan "kuherruskuukausi", tunsin mielessäni muodostuvien hyökkäävien ajatusten iskut. Ollessamme toisten ihmisten seurassa tai pitämässä kokoontumisia, olin Hengen palveluksessa ja ego-ajatukset häipyivät täydellisesti tietoisuudestani. Kaksin ollessa ne palasivat kuitenkin heti tietoisuuteeni – ja sulkivat rakkauden ulos täysin.

Kun oli kulunut kaksi päivää, tunsin itseni täysin erilliseksi Davidista, koska en ollut vieläkään jakanut hyökkääviä ajatuksiani. Yritin antaa ne anteeksi ja luovuttaa ne Hengelle, mutta mikään ei muuttunut. Kolmantena iltana menimme pieneen lähellä sijaitsevaan ranskalaisravintolaan, jossa olimme ainoat asiakkaat.

David loisti ja hehkui niin kuin mitään ongelmaa ei olisikaan, mutta minä olin tullut pisteeseen, jossa en enää kestänyt. En voinut jatkaa enää hetkeäkään. Ja niin puhuin kaikki mielessä olevat ajatukseni – kauheat, tuomitsevat ja nolostuttavat ajatukset hampaista, hengityksestä, kehon äänistä, kylpyhuoneen pyyhkeistä, vaatteista ja muodista. David pukeutui polvipituisiin valkoisiin sukkiin ja sandaaleihin, eivätkä ne olleet makeita juttuja siellä, mistä minä olin kotoisin! Tiesin, etten voisi pidätellä mitään, joten annoin kaiken tulla ulos. Kerroin hänelle, että minusta ei tuntunut siltä kuin olisin viettämässä kuherruskuukautta, minusta ei tuntunut ollenkaan romanttiselta, ja tunsin itseni valehtelijaksi ja teeskentelijäksi joka kerta, kun hän sanoi sanan kuherruskuukausi. Kerroin hänelle, että minusta tuntui, etten voisi sanoa mitään, koska en todella tiennyt mitä varten mikään oli. Mitä hyödytti sanoa mitään, koska minun pitäisi kyetä muuttamaan mieleni ajatusteni suhteen? Kerroin, että ajatukset nousivat joka päivä, enkä vaan pystynyt käsittelemään niitä enää.

Henkilökunta pysytteli intuitiivisesti etäällä, kun puhuin Davidille. Se tuntui niin henkilökohtaiselta ja kamalalta, mutta tunsin, että minulla ei todellakaan ollut mitään menetettävää. Kolmen kuukauden oleskeluni USA:ssa oli joka tapauksessa melkein lopussa, joten minun tulisi kuitenkin palata Uuteen Seelantiin.

Olin varma, että tämä olisi loppu. David myöntäisi, että olin tehnyt parhaani ja että suhde olisi ohi. Sen sijaan hän ojensi kätensä pöydän yli ottamaan kiinni kädestäni. Hän katsoi syvälle silmiini ja sanoi, "Nyt voimme aloittaa suhteen". En voinut uskoa sitä. Kyyneleet valuivat pitkin poskiani, kun viattomuuden aalto tulvi lävitseni.

Jälleen kerran se mitä tapahtui, oli täysi vastakohta sille, mitä pelkäsin tapahtuvaksi. Suhteemme riippui siitä, että uskalsin olla läpinäkyvä, että uskalsin jakaa ajatukset silloin kun ne nousivat ja uskalsin kohdata hylkäämisen sekä jonkinlaisen rangaistuksen pelon. Kun vetäydyin mielessäni Davidista kauemmaksi, olin itse asiassa lopettamassa suhdetta. Jälleen kerran näin, että minulla ei todellakaan ollut vaihtoehtoa. Sanoisin joko "kyllä" tälle pyhälle ihmissuhteelle ja Hengen tarkoitukselle tai lähtisin pois ja katkaisisin yhteyden Henkeen ja Davidiin. Tämän tietäessäni tunsin itseni varmemmaksi vain olla ja jatkaa siitä.

Sitten tarjoilija lähestyi pöytäämme ja toi meille ruokalistat leveä hymy kasvoillaan ja silmissään rakkaus. Davidilla ja minulla oli ihana ilta ja loppuaikamme Argentiinassa oli kokemuksena iloinen, rakastava ja pehmeä. Jokainen tapaamamme henkilö heijasti sitä syvää rakkautta, jonka olin jälleen löytänyt. Nauroimme, kun jokainen näkemämme olento, teineistä musiikkikaupan edessä virkatehtävissään oleviin poliiseihin ja koiriin kadulla, tervehti toista lukemattomilla poskisuudelmilla!

Lentäessämme takaisin USA:han olimme syvästi kiitollisia kaikesta paranemisesta, mitä matkallamme tapahtui. Hehkuin rakkautta ja onnellisuutta, kun menin maahanmuuttovirastoon näyttämään passiani. Kerroin virkailijalle, että minulla oli vain muutama päivä viisumivapautta jäljellä ja vaikka minun tulisi pian palata Uuteen Seelantiin, jäisin mielelläni pidemmäksi aikaa, jos se olisi mahdollista. Hän kertoi minulle, etten voinut saada lisäaikaa voimassa olevaan viisumivapauteen ja kysyi, mitä tein USA:ssa. Kerroin että olin palautumassa päävammasta ja että olin omistanut elämäni Jumalalle ja anteeksiannolle. Sanoin että olin osa erästä henkistä yhteisöä ja että olin ystäväni mukana joillakin hänen matkoistaan ja kuinka ihanaa se kaikki oli. Virkailija alkoi hehkua, ja sanoi, "No, en voi lisätä aikaa viisumivapauteesi, mutta minä voin antaa sinulle uuden viisumin!"

Ei mikään ihme, että meidän oli tarkoitus mennä Argentiinaan. Jälleen kerran hämmästyin sitä, miten Henki johti kaikkea ilman, että minun olisi tarvinnut ponnistella. Levein mahdollinen hymy kasvoillani kuljin matkatavarahihnan ohi kohtaamaan Davidin!

Kehräävät kissat

Oli upea tunne palata Peace Houseen ja tietää, että voisin jäädä USA:han vielä kolmeksi kuukaudeksi. Rakastin sitä, että en ollut henkilökohtaisesti vastuussa minkään asian tapahtumisesta. Henki ohjasi elämäni suunnitelmaa ja Hän teki kaiken selkeästi ja läpinäkyvästi – kuten sen, että jäisin USA:han ja että jatkoin yhdessäoloa Davidin kanssa. Tie näytettiin minulle askel askeleelta.

Tripod, pieni kolmijalkainen kilpikonnan värinen kissa ja hänen siskonsa Angel elivät kanssamme. Ne olivat katukissoja, jotka oli löydetty lähistöltä pentuina. Angel rakasti ulkona olemista vuodenajasta riippumatta. Kunhan David vain toimi ovimiehenä, kulki se onnellisena etuovesta edestakaisin sisään ja ulos. Nauroimme, kuinka vilpitön se oli halutessaan olla juuri siellä, missä se ei ollut!

Tripod oli hyvin herkkä ja pelästyi helposti, mutta se vastasi nopeasti rakkauteen. Se oleili enimmäkseen Davidin huoneessa ja lekotteli heidän pyhän suhteensa hehkussa meditoiden hänen sängyllään tai se hyppäsi työpöydälle tai hieroi Davidin tuolin jalkaa, kunnes hän laski kätensä ja otti vastaan Tripodin rakkauden ja kiintymyksen osoitukset. Se hyväksyi minut välittömästi, ja aloitti "rakkausjuhlat" aina kun olin hänen lähellään. Sillä oli niin paljon rakkautta laajennettavaksi, että se tuskin pystyi pitämään sitä kaikkea sisällään – usein se herätti minut hieromalla nenällään hiuksiani ja kehräämällä.

Elokuvia katsoessamme kissat heijastivat elokuvan teemaa. Ihmissuhde-elokuvien aikana ne käpertyivät sohvan selkänojalle kehräämään. Matrixia katsoessamme ällistyimme niiden esittämästä akrobaattishowsta. Ne juoksivat ympäri pyhättöä, kääntyivät ja jahtasivat toisiaan, lensivät näkyviin ja pois näkyvistä huonekalujen ympärillä. Jossakin kohtaa ne hyppivät toisiaan vasten. Angel ojensi tassunsa ja läimäytti Tripodia poskelle juuri kun Neo ja Morpheus olivat tehneet elokuvassa harjoitusohjelmaansa. Tripod yritti lyödä Angelia takaisin. Koska sillä oli vain kolme jalkaa, sen pieni keho vain tutisi ympäriinsä ja Angel sai etulyöntiaseman!

Katselimme täydellisessä ilossa, kun ne jälleen erkanivat toisistaan ja katosivat sohvan taakse. Elokuvan olimme jo keskeyttäneet, koska tytöt saivat kaiken huomiomme. Angel hiipi hitaasti pyhätön keskelle. Tripod, joka näki tilaisuutensa koittaneen, hyppäsi esiin tuolin takaa ja suuntasi Angelia kohti niin lujaa kuin ikinä pääsi. Angel hyppäsi suoraan ylös ja oli ilmassa jalat ja tassut levitettyinä – hän oli muuttunut Matrixin Trinityksi! Haukoimme hämmästyksestä henkeä, kun Tripod täysin hämmentyneenä katsoi ympärilleen etsien hyvin taitavaa sisartaan, eikä tiennyt mihin tämä oli mennyt! Angel laskeutui Tripodin viereen, läimäytti tätä pari kertaa ja sitten molemmat katosivat, ja me jäimme riemuissamme katsomaan elokuvan loppuun.

Fitness ja keho

Sitä mukaa kun suhteeni Henkeen syveni, vapauduin uskomuksesta, että kehoni olisi identiteettini tai kotini. Kuuntelin Davidin puhetta nimeltään "Huoli kehosta", jossa hän sanoi, että kehosta huolissaan oleminen vahvisti uskoani erillisyyteen. Päähäni kohdistuneiden onnettomuuksien jälkeen en ollut lainkaan käynyt salilla tai juoksemassa. Kävin usein kävelyllä tai menin uimaan, jos lähistöllä oli uima-allas tai ranta. Vaikka en enää kävellyt tai uinut sen vuoksi, että parantuisin tai ylläpitäisin tietoisesti fyysisen kunnon tasoa, täytyi minun myöntää, että mielessäni oli edelleen noihin asioihin liittyviä uskomuksia.

Olin jo luovuttanut hallinnan henkilökohtaisesta hygieniastani Hengelle ja tunsin samaa pelkoa vatsan pohjassa, kun ajattelin luopua kiinnittämästä huomiota fyysiseen kuntooni. Ajatus siitä, että olisin ylipainoinen ja vankina veltossa kehossa kauhistutti minua. Katselin, kuinka pelon ajatukset muuttuivat häpeäksi ja aloin sijoittaa niitä Davidiin: *Onko minun pakko katsoa näitä uskomuksia nyt? Minä en ole David, joten miksi minun pitäisi tehdä sitä, mitä hän tekee? Minä pidän kävelemisestä; se on minulle hyväksi. Minä kuolen, jos en voi enää koskaan mennä kävelylle.* Minusta tuntui, että minua kontrolloitiin ja määräiltiin siinä, mitä voin tehdä; pelkäsin, etten saisi päättää itse.

Istuin näiden ajatusten kanssa, sallin pelon olla ja kutsuin Hengen mieleeni: *Haluan nähdä. Auta minua näkemään, mitä tämän alla on.* Kun rukoillessani löysin kokemuksen siitä, mikä on totta, huomasin pian, että kävelyissäni oli yhä toisinaan puskemista ja pakkoa.

Joskus kävelyretket olivat lempeitä ja avartavia, mutta minun täytyi myöntää, että aina ne eivät olleet lempeitä, eikä niiden tarkoitus ollut rakastava. Saatoin nähdä, että olin valehdellut itselleni teeskentelemällä, että se mitä tein, oli itsestäni välittämistä, vaikka selvästikin ego vahvisti siinä kehoon samaistumista. Naamiota ei enää ollut, enkä voinut enää valehdella itselleni. Halusin yli kaiken Jumalan Rauhaa – tuntea todellisen identiteettini Henkenä.

Ovela, oikeuttavalta tuntuva ajatus välähti mielessäni: *Luovutan tämän Hengelle, mutta voin aina silloin lähteä kävelylle, kun tarkoituksena on anteeksianto.* Pahus! Minä halusin edelleen voida mennä kävelylle teeskentelemällä, että sillä olisi henkinen tarkoitus. Tunsin edelleen jakautuneisuutta; en täysin luottanut, että voisin päästää irti. Minä pelkäsin yhä. Lopulta hengitin syvään ja annoin rukouksessa kaiken Hengelle.

Tunsin, että irti päästäminen samaistumisesta kehoon saattaisi kestää jonkin aikaa. Olin kuitenkin huomannut, että mitä enemmän sukelsin Hengen tarkoitukseen ja olin lähellä Davidia – joka oli niin selkeä esimerkki ainoasta tarkoituksesta – sitä enemmän nähtäväkseni tuotiin niitä elämäni alueita, joita ansoittivat egon motivaatiot. Mieleni tuntui siltä kuin se olisi ollut siivilä, jota raviteltiin hellävaraisesti – kaikki pehmeä ja hienorakenteinen putosi siitä läpi, mutta kaikki pienet kivet jätettiin näkyville, jotta ne voitaisiin poistaa.

Eräänä päivänä, kun olin erityisen stressaantunut egon vastustuksen vuoksi ja olin lähdössä kävelylle, David sanoi minulle, että minun tulisi jäädä puhumaan siitä hänen kanssaan. Hän kertoi minulle, että kävelemisessä ei ollut mitään maagista, eikä siinä ollut syy-seuraussuhdetta ja että voisin parantua istuessani juuri siinä paikassa, josta halusin niin epätoivoisesti lähteä. Se oli rankkaa. Mutta olin halukas ja kun olin paljastanut pelot, halu kävellä liukeni rauhaan.

Kehoon samaistumisesta ja halusta olla kunnossa tuli jatkuva mielen harjoittamisen väline tulevina vuosina. Olen onnellinen voidessani sanoa, että käveleminen ja uiminen jatkuivat yhteenliittymisen välineinä "mahtavien kumppanien" kanssa ja minulla oli monia mystisiä kokemuksia luonnossa. Aivan niin kuin henkilökohtainen hygieniakin, tämä mieleni alue sulautui kokonaisuuteen, jossa rukoilu täytti elämän. Ja egon peloista huolimatta oppituntina oli, että "uhrauksia ei ole". Kipu oli ainoa asia, josta tuli luopua.

Toivon, että karhu söisi minut

Kahden viikon Peace Housessa oleskelun jälkeen David ja minä suuntasimme autollamme pohjoiseen kohti Vermontia. Tähän saakka David oli mielellään liittynyt mukaan viettämään iltapäivän "siestaani", jota pidin edelleen itselleni tarpeellisena. Menimmepä minne tahansa, onnistuimme yleensä sijoittamaan siesta-ajan matka-aikatauluumme, joko niin että pysähdyimme lepopaikoilla tai niin että saavuimme ajoissa määränpäähämme ja otimme päiväunet. Sinä päivänä meillä oli kuitenkin vielä kolmen tunnin ajomatka määränpäähämme, kun kello lähestyi kahta iltapäivällä.

Huomasin, että mieleeni tuli niitä ajatuksia, jotka nousivat aina silloin, kun tunsin tutun raskaan olon ja kun lepoaikani tuntui olevan uhattuna: *Jos emme pian pysähdy, pääni alkaa särkeä. Minua alkaa heikottamaan ja tarvitsen lepoa. En kykene osallistumaan kokoontumiseen illalla.* Pyysin Davidia ajamaan tien sivuun. Tunsin, ettei hän ollut siitä aivan samaa mieltä, mutta olin vaatimuksessani selkeä ja luja – olinhan minä sentään palautumassa päävammasta ja hänkin tiesi, että juuri lepoa minä tarvitsin.

Koska David ei ollut vähään aikaan nähnyt yhtään levähdysaluetta, hän veti auton tien sivuun ja me yritimme levätä. Tyhjensimme etupenkit ja asetuimme makuulle kumpikin omalle puolellemme. Davidin kookkaat 183-senttiset raamit hädin tuskin mahtuivat pikkuruiseen hybridiautoon, hän pyöri ympäriinsä eikä kyennyt lainkaan suoristamaan jalkojaan. Ajoneuvoja kulki yhtenä virtana ohitsemme saaden auton tärisemään; oli kaikkea muuta kuin rauhallista. Tietoisuus siitä, että tämä ei kuulunut

Hengen Suunnitelmaan, oli kuin korvia huumaava, julkilausumaton ääni, joka täytti auton.

Kymmenen minuutin kuluttua David nousi istumaan, sääti penkkinsä ja sanoi, että jatkaisimme matkaa. Hän sanoi, että tässä ei ollut rauhallista, hänellä olisi kokoontuminen illalla ja isäntäväkemme odotti meitä saapuvaksi päivälliselle klo 17.30. Me jatkaisimme matkaa ja minä voisin levätä autossa, kun hän ajoi. Vastustin sanomalla, että auto on liian matala ja lähellä maanpintaa ja että tunsin räminän kuoppien kohdalla. Olin huolissani siitä, että olisin perille päästyämme uupunut. David seurasi kuitenkin selvästi Hengen ohjausta, eikä minulla ollut siinä vaihtoehtoja. Minusta tuntui kamalalta. Kuin olisin ansassa. Ihmettelin, mitä ylipäänsä tein siinä hullussa pikku autossa, jonka David oli ostanut yksinkertaisesti vaan sen vuoksi, että säästäisi polttoainetta. Sillä hetkellä olin kaikesta täysin eri mieltä hänen kanssaan. Sitten mustat ajatukset kääntyivät loukkaantumiseksi – David ei ilmeisestikään rakastanut minua. Jos olisin ollut tässä äitini Jackien kanssa, hän olisi löytänyt meille hotellin, jossa levätä, jos se olisi mitä tarvitsin.

Pidin loppumatkan silmät suljettuina. Mieleni tuntui yhä juuttuneelta tummaan pilveen, kun saavuimme isäntäväkemme retriittikeskukseen. David oli valmis liittymään heidän seuraansa, mutta kerroin Davidille, että minä menisin lepäämään. Menin makuuhuoneessa pitkälleni, mutta tunsin kaikkea muuta kuin rauhaa, joten sen sijasta livahdin ulos takaovesta ja menin kävelylle. Kävellessäni mäntymetsän läpi ajattelin, että *Toivottavasti karhu syö minut – silloin David olisi pahoillaan, koska ei rakastanut minua!* Kävelin toiset viisi minuuttia ja sitten yhtäkkiä pysähdyin. *Voi hyvä Jumala, mitä oikein olin tekemässä? Haluaisin, että karhu syö minut? Vakuuttuneena siitä, että David ei rakastanut minua? Tämä on naurettavaa!*

Minun täytyi kyseenalaistaa uskomus, että David ei rakastanut minua. Mitä jos hän olikin oikeassa siinä, että meidän kuului jatkaa ajamista? Näin miten vastustava ajatus nousi välittömästi: *Minä olen yhä toipumassa päävammasta ja hänen kuuluisi tukea minua.* Mutta sitten kysyin itseltäni, *Tätäkö todella haluan – olla yhä toipumassa päävammasta ja olla riippuvainen iltapäivänokosista?* Vastaus tuli välittömästi: *Ei! Tätä en enää halua!*

En tiennyt, miten toipuminen olisi mahdollista. Parantuakseni onnettomuuden jälkioireista olin yrittänyt kaikkea mahdollista – fysikaalisia hoitoja, meditaatiota, puskemista oireiden läpi, niille antautumista. Olin lopulta hyväksynyt, että oireet saattaisivat olla elinikäinen terveydentilani, sillä en selvästikään kyennyt hallitsemaan niitä. Koin olevani kriittisessä "läpi neulan silmästä" hetkessä. En pystynyt kuvittelemaan, miten paraneminen voisi tapahtua tai miten välttäisin kivuliaat seuraukset, jos menettäisin iltapäiväsiestani.

Mutta mitäpä, jos tämä olikin se päivä? Mitä jos Henki todella olikin ohjaimissa eikä tämä ollut sitä, miltä se näytti? Minun oli tehtävä päätös: joko jatkaa yritystä suojella itseäni ja olla oikeassa siinä, mitä luulin tarvitsevani tai päättää Jumalan puolesta ja antaa itseni sekä kaikki tilanteeni Hänen käsiinsä. Päätös oli selvä – minä *tahdoin* päästä tämän yli! Minä *tahdoin* parantua!

Käännyin takaisin kohti retriittikeskusta ja tunsin ilon ja keveyden palaavan jälleen mieleeni. Saatoin yhä tuntea taustalla voimattomuutta ja raskasta oloa, jotka olivat tuttuja iltapäivätuntemuksia, mutta päätin iloisesti, etten antaisi niiden enää sanella päätöksiäni. *Tästä lähtien,* sanoin Hengelle, *Annan aikani sinulle. Luotan siihen, että jos minun on levättävä, sinä ohjaat minua.*

Voi, kuinka yksinkertaista! Huomasin hyppeleväni takaisin jakamaan hyvät uutiset Davidin ja jokaisen keskuksessa olevan kanssa. Avasin oven ja he istuivat kaikki suuressa päivällispöydässä, pehmeässä ja rakkaudellisessa hehkussa kuin odottaen täydellisesti ajoitettua saapumistani.

Pehmeä hehku säilyi koko viikonlopun. Tunsin, miten sisimmässäni kasvoi hiljainen lujuus ja että minua pideltiin Jumalan käsivarsilla. Tunsin, että olin liittynyt Davidiin suurenmoisessa tarkoituksessa ja syvemmin kuin koskaan aiemmin. Nämä kokemukset näyttivät minulle, että minä en tiennyt mikä minulle olisi parhaaksi. Tämän oppiakseni Henki ohjasi minut askel askeleelta heräämisprosessin läpi. Olin hyvin kiitollinen Davidin "todellisen empatian" ja kompromisseja tekemättömän lähestymistavan vuoksi, jolla hän seurasi Hengen ohjausta.

Luku 5

Sukellus syvemmälle

Kevät/kesä 2005

"Sinua ei pyydetä muuta kuin tekemään tietä totuudelle. Sinua ei pyydetä tekemään sellaista, mikä on ymmärryksesi ulottumattomissa. Sinua pyydetään vain päästämään se sisään." T-21.II.7

Hengen tunnistaminen

David ja minä jatkoimme matkaa pohjoiseen, Kanadan Ottawaan tervehtimään hänen ystäväänsä Maureenia ja pitämään useita kokoontumisia. Saavuttuamme Maureenin kotiin hän avasi oven ja tervehti meitä. Kun silmämme kohtasivat, tunsin välittömästi tuttuuden ja tunnistamisen. Tuntui siltä kuin olisin kohdannut sisareni ja olin todella iloinen! Hänen silmänsä syttyivät ja hän huudahti, "Sinähän olet naispuolinen David!" Myöhemmin hän kertoi, että oli kuin pieni, naispuolinen versio Davidista olisi tullut hänen etuovelleen. Hän tiesi välittömästi voivansa luottaa minuun ja paljastaa sielunsa minulle. Hän oli epäröinyt jakaa joitakin asioita Davidin kanssa, koska tämä oli mies, mutta saman Läsnäolon kokeminen naisen muodossani tuntui hänestä turvalliselta ja mukavalta.

Tällainen kohtaaminen, jossa minut tunnistettiin ihmeidentekijäksi ja minuun luotettiin välittömästi, tuntui kauniilta vahvistukselta totuudelle, joka olin. Vaikka David kertoi minun oppimis- ja paranemiskokemuksistani aina suurella kunnioituksella, olin itse enimmäkseen tietoinen egoistisista ajatuksistani ja malleista. Maureenin tapaaminen lujitti tunnetta, että olin arvokas ja sai minut tuntemaan yhä enemmän läheisyyttä Davidin kanssa. Luin myöhemmin Opettajan käsikirjasta: "Miten monta Jumalan opettajaa tarvitaan maailman pelastamiseksi?" OK-12 Jumalan opettajia on yksi. Keho on väline, jonka kautta Jumalan Ääni voi kommunikoida niiden kanssa, jotka eivät oivalla olevansa Henki. Tämän kehon he voivat nähdä, tämän äänen he ymmärtävät ilman pelkoa; totuus toivotetaan tervetulleeksi tämän muodon kautta.

Todella synkkä hetki

Ajoimme kolme päivää takaisin Peace Houseen. Matkan aikana huomasin, että minussa nousi ylpeyden ja ärsyyntymisen tunteita Davidia kohtaan. Halusin kiireetöntä ajamista, kävelyjä luonnossa ja ylipäätään tehdä asiat eri tavalla kuin David. Saapuessamme Peace Houseen purimme tavarat autosta, ja David meni suoraan toimintojensa pariin vastaamaan sähköposteihin. Istuessani pyhätössä tunsin pimeyden nousevan mielessäni – tunsin olevani ansassa. Monet egon varasuunnitelmat erilaisen elämän varalle oli kuluneiden kuukausien aikana paljastettu ja jaettu Davidin kanssa ja tiesin, että paluuta ei ollut. Halusin olla vapaa, mutta kun tuttu *Haluan olla jossakin muualla* -ajatus nousi, tunsin viiltävää vihaa siitä, ettei minulla ollut mahdollisuutta valita. Minusta tuntui, että minua kontrolloitiin ja pidäteltiin vastoin tahtoani. Kävelylle lähteminen ei toiminut enää pakotienä ja jostakin syvältä mieleni kätköistä oli nousemassa synkkä ja tyhjä kauhun tunne.

Kuin tilauksesta David tuli alakertaan ja alkoi puhua minulle herkeämättä. Kykenemättä kuulemaan häntä ja halutessani vain päästä pois sanoin, että menen kävelylle. Hän jatkoi katsomistaan suoraan minuun ja puhui. Tunsin olevani ansassa. Intin, että olen menossa kävelylle ja hän vaan jatkoi puhumista! Kävelin ulos ja laitoin kengät jalkaani. Hän seurasi minua ulos ja jatkoi yhä puhumista. En pystynyt kuulemaan, mitä hän sanoi, kun kävelimme alas katua. Ajattelin, että hän on hullu ja että kuka tahansa, joka meidät näkisi, ajattelisi samoin. Hän puhui ja puhui minulle tarkoituksesta ja sitoutumisesta ja ohjauksesta, eikä siinä ollut minusta järkeä, ääni omassa mielessäni oli paljon äänekkäämpi. Vihani tätä hullua kaveria ja tätä hullua elämää kohtaan sulki minut kaikelta, mitä hän sanoi. Hän seurasi minua yhä, kun palasimme Peace Houseen.

Ollessani nyt sulkeutuneena pyhätön turvaan synkät tunteet nousivat sisälläni. Katsoin Davidia ja kauhistuin, koska olin näkeväni pienet sarvet kasvamassa hänen otsastaan! *Voi, hyvä Jumala!* Hän jatkoi puhumista aivan kuin pitäen minut hiljaa läsnäolollaan. Minulla ei ollut aavistustakaan, mitä hän sanoi, mutta jotenkin kykenin pysymään huoneessa. Pelko nousi ja kalvoi minua, mutta murtui sitten hetkessä. Kun katsoin Davidia uudelleen, hän oli puhdas viattomuus. Hänen kauniit siniset silmänsä pitelivät minua Kristuksen rakkaudessa ja ystävällisyydessä. Pystyin hengittämään ja tiesin sekunnin ajan, että tämä oli kokemus syvästä paranemisesta *mieleni sisällä*. Mikään ei ollut sitä, miltä se näytti. Pimeys nousi uudelleen. Jälleen kerran havaintoni Davidista vaihtui rakkaudesta vihaan, mutta David pysyi kanssani, kunnes kauhea tunne katosi. Hänen puheensa hidastui ja hänen äänensä hiljeni, kunnes kykenin taas näkemään, että hän oli rakkauden läsnäolo. Sitten se oli ohi.

Ihmettelin, kuinka David oli tiennyt tulla alakertaan juuri sillä hetkellä, kuinka hän oli tiennyt mitä tehdä ja miten auttaa minua. En voinut uskoa, kuinka syvästi minua piteli ja rakasti se läsnäolo ja tietoisuus, joka oli kaukana oman ymmärryskykyni tuolla puolen. Uskoni oli jälleen palautettu ja luottamukseni syveni yli sen, mitä voi mitata. Tämän kokemuksen jälkeen näin kaiken hyvin selkeästi. Oivalsin, että egon temput haluta henkilökohtaista vapautta ja sen pakosuunnitelmat olivat vain sitä varten, että se saisi pidettyä minut jumissa. Se oli totuuden täysi vastakohta! Olin laskeutunut todelliseen vapauteen: minua pideltiin Jumalan Rakkaudessa, olin vapaa egon jäytävästä tyytymättömyydestä. Kuinka ihmeellinen armo! Kuinka kiitollinen olinkaan Davidin omistautumisesta!

Mikään ei sovi!

Minusta alkoi tuntua, etteivät mitkään vaatteeni enää sopineet minulle. En tiennyt, mitä pukea päälleni, koska olin ostanut vaatteeni perustuen sen aikaisiin arviointeihini siitä kuvasta, minkä halusin antaa. En tuntenut itseäni enää samaksi henkilöksi ja tunsin syyllisyyttä pukeutuessani vaatteisiin, jotka muistuttivat minua vanhoista motiiveistani. Halusin nyt olla "henkinen" enkä piitata vaatteistani, mutta minä välitin niistä salaa!

David puhui aina siitä, miten Henki huolehtii kaikista hankinnoista, myös vaatteista. Halusin kuitenkin edelleen hallita sitä, miltä näytin, vaikka tunsin itseni avuttomaksi tässä tilanteessa. Minulla oli ollut paineita huolehtia ulkonäöstäni, mutten ollut vähään aikaan halunnut huolehtia siitä. Olin yrittänyt käydä muutaman kerran ostoksilla ja ostaa vaatteita. En tiennyt mitä ostaisin, koska mieleni ei ollut selkeä. Se ei yksinkertaisesti vaan toiminut, mikään ei tuntunut sopivalta. Lopulta myönsin Hengelle, etten tiennyt mikä minulle olisi tällä alueella parhaaksi ja annoin sen Hänen ohjaukseensa. Seuraavien kuukausien aikana katselin, miten vaatekaappini sisältö korvautui pikkuhiljaa minulle lahjoitetuilla vaatteilla. Kaikki saamani vaatteet sopivat täydellisesti ja koska ne annettiin minulle vapaasti ja rakkaudella, ei minulla ollut siinä mitään tuomittavaa! Täytyin rakkaudella ja kiitollisuudella joka kerta, kun minulle tarjottiin vaatelahjaa.

Kokemukseni Jumalaisesta Sallimuksesta oli alkamassa. Oli niin lempeää ja rakastavaa vaan yksinkertaisesti ottaa vastaan sitä, mitä Henki halusi minulle antaa, eikä niinkään itse yrittää saada jotakin.

Eräänä iltapäivänä minulle tuli ajatus, että tarvitsisin ohuen fleecen, sillä minulla oli vain sellaisia, jotka olivat liian paksuja sisäkäyttöön. Tuntia myöhemmin ystävämme Pam soitti sanoakseen, että hänellä oli pari ohutta fleece-puseroa ja hän ajatteli, että saattaisin pitää niistä! Olimme molemmat iloisia kokiessamme Jumalaisen Sallimuksen yhdessä. Hän oli aivan yhtä riemastunut kuin minäkin nähdessään, miten Henki käytti häntä sitä kautta, että hän kuuli ohjauksen. Seuraavien kahden vuoden aikana Pam huomasi usein olevansa ostoksilla ja hankkimassa juuri niitä vaatekappaleita, joita minä tarvitsin, jopa bikinien yläosan, joka sopi minulla olevan alaosan kanssa. Hämmästyimme joka kerta, miten hyvin Henki piti meistä huolta.

Sam-kissa

Eräs kysymys oli nousemassa mieleeni liittyen siihen, *miten olla*. Istuin ja pohdin että, *jos kaikki on harhaa, ihmiset mukaan lukien niin mitä silloin tarkoittaa, että on toista ihmistä kohtaan rakastava? Mitä David tekisi, jos joku lapsi tai eläin tarvitsisi apua?* Tunsin vatsassani pelkoa, koska en tiennyt. *Olisiko hän vain tekemättä mitään, koska kaikki on harhaa?* Rukoilin, että minulle näytettäisiin vastaus.

Seuraavana päivänä palatessamme asioilta, tervehti meitä pihatiellä äänekkäästi naukuen naapurin iso, valkoinen Sam-kissa. Hän oli superhellä astuessamme ulos autosta ja jakoi meille hyvin rakastavia katseita koko matkan etupihalle saakka. Seuraavana päivänä tapahtui täsmälleen sama uudelleen.

Tripod tykkäsi istuskella etuovella ja katsella ikkunan läpi lintuja, jotka laskeutuivat alas hänen korkeudelleen. Hän tasapainotteli kuin orava takajaloillaan ja nojasi etutassullaan ikkunalautaan samalla, kun katseli lintuja ja nautti auringosta. Yhtäkkiä Sam ilmestyi ikkunaruudun taakse aivan Tripodin eteen, joka alkoi ensin ulisemaan ja sitten ujeltamaan. Äänen voimakkuus kasvoi, kunnes se muistutti ilmahälytyssireeniä! Sam jatkoi superystävällisyyttään meitä kohtaan muutaman seuraavan päivän ajan ja järkytti Tripodia lukemattomia kertoja tulemalla "Tripodin" etuportaille ja katsomalla "hänen" oveensa.

Nähtyäni Samin kodin verannalla laatikoita, kysyin hänen omistajaltaan, olivatko he muuttamassa. Hän sanoi, että olivat ja että he olivat jo valmiina lähtöön paitsi, etteivät he tienneet mitä tehdä Samin kanssa. "Oi, hän on huolehtinut jo asiasta. Hän on kertonut meille koko viikon, että on muuttamassa meidän luo", sanoin nauraen.

Naapurien muuttopäivänä Sam oli valmis ja innokas tulemaan sisälle Peace Houseen. Hän hyppäsi sisälle ja kiehnäsi Davidin jalkojen ympärillä. Tripod, jonka karvat olivat pystyssä, alkoi jälleen ujeltaa kuin sireeni ja tällä kertaa ääntä elävöitti muriseminen. Hän näytti järkyttyneeltä. Hänen silmänsä olivat valtavat ja aivan siitä huolimatta, kuinka äänekkäästi hän valitti, tämä valtava tunkeutuja ei lähtenyt "hänen" kodistaan. Tripodin sisko Angel juoksi keittiöön ja liittyi mukaan valituskuoroon ja sähisemään Samille.

Sam jäätyi etutassu ilmassa hämmentynyt ilme kasvoillaan. Loppujen lopuksi, hänhän vain seurasi ohjaustaan! David kaappasi Samin ylös ja Sam oli välittömästi poissa Tripodin "tunkeilijahälytystutkasta". Kisusireeni vaikeni välittömästi ja kaikki rentoutuivat. Muutama minuutti myöhemmin David laski Samin takaisin keittiön lattialle ja sireeni käynnistyi uudelleen. David liikkui nopeasti, eikä hänessä ilmennyt emotionaalista huolestumista; hän ei osoittanut eläimiä kohtaan väärää empatiaa, eikä hän yrittänyt hallita tai suojella niitä. Hän nappasi Samin ylös ja laski tämän alas vielä muutamia kertoja ja asetti hänet sitten lempeästi keittiön tuolille. Tripod syöksyi pian ulos keittiöstä takaisin yläkertaan Davidin huoneeseen.

Sam oppi, että oli paljon hiljaisempaa, kun hän oli korkealla ja niinpä hän oleskeli huonekalujen yläosissa seuraavan kuukauden ajan, samalla kun Tripodin reaktiot hänen läsnäoloonsa asteittain pehmenivät. Sam oli vastaus kysymykseeni. Väliintulo hoidettiin varmuudella ja ystävällisesti. David toimi tavalla, joka todella oli parhaiten avuksi kaikille.

Päiväkirjani jakaminen maailmanlaajuisesti

Niiden matkojen aikana, joita Davidin kanssa olimme tehneet, ihmiset olivat sanoneet minulle, "Sinulla Kirsten on varmasti paljon helpompaa kuin meillä, koska olet Davidin kanssa". Tiesin, että jollain tavalla näin olikin ja toisaalta heillä ei ollut aavistustakaan siitä, miten intensiivistä se oli ja mitä kävin läpi pelkästään sen vuoksi, että olin hänen läsnäolossaan! Kuvittele, että olet hyvin selkeän peilin kanssa ja olet pyytänyt, että kaikki tiedostamaton pimeys nousisi nähtäväksi ja vapautettavaksi. Koska projisoinnin luonne on se mitä se on, monet pimeistä ajatuksista ja ärsyyntymisistä tuli projisoitua suoraan Davidiin.

Yksityisten ajatusten paljastaminen oli minulle uutta ja halusin yhä olla "mukava" henkilö. Nyt minulla oli lisäpaineita siitä, että halusin olla myös hyvä "henkinen" persoona, menestynyt Kurssin opiskelija ja Jumalan opettaja. Ego-ajatusten päästäminen mieleeni sai minut edelleen tuntemaan itseni epäonnistujaksi.

Aloin inspiroitua ajatuksesta, että jakaisin päiväkirjakirjoituksiani maailmalle. Koska olin saanut tämän prosessin kautta niin uskomatonta tukea anteeksiannon harjoittamisessa tiesin, ettei se ollut vain minua varten.

Joka aamu herättyäni siirryin sohvalle ja olin valmis treffeille Hengen kanssa. Rukoilin Henkeä aina kun minulla oli kysymyksiä, olin tehnyt niin siitä lähtien, kun aloin opiskella Kurssia. Joskus huomasin puhuvani suoraan Jeesukselle, erityisesti hyvin intensiivisinä aikoina. Yleensä Hän käytti muutamia sanoja ja antoi hyvin suoria ohjeita ja muistutuksia totuudesta.

Kurssi ja päiväkirjani käden ulottuvilla käännyin rukouksessa sisäänpäin yhdistyäkseni elämäni rakkauden kanssa. Se oli kallisarvoisin asia maailmassa.

Avasin mieleni halukkaasti, halusin jakaa kaiken, olla piilottamatta mitään ja vastaanottaa kaiken, mitä Henki ja Jeesus halusi minun tietävän. Aloitin sanomalla mielessäni, *Hyvää huomenta, Pyhä Henki*, sitten kuuntelin ja odotin kynä kädessä valmiina kirjoittamaan sen, mitä tuli. Saatoin tuntea, että minua ohjattiin avaamaan jokin tietty sivu Kurssista tai mieleeni saattoi nousta kysymys.

Usein mieleen tuli edellisenä päivänä ratkaisemattomaksi jääneitä ajatuksia ja aloitin kirjoittamalla niistä. Tuntui niin turvalliselta istua varhaisen aamun hiljaisuudessa ja jakaa sydäntäni sillä tavalla. Ja sitten Hengen vastaus alkoi virrata kynäni välityksellä paperille. Toistuvasti minulle näytettiin, että hyökkäävät ajatukset, joita pelkäsin puhua ääneen, olivat itse asiassa portti anteeksiantoon, syvempään ymmärrykseen ja rakkauteen.

Otin vastaan Hengeltä syvällisiä vastauksia, jotka tulivat oman ymmärrykseni tuolta puolen. Toisinaan suttasin yli, mitä olin juuri kirjoittanut ja ajattelin, ettei siinä ollut mitään järkeä. Kuitenkin muutaman päivän kuluttua saatoin palata lukemaan raapustuksiani ja huomata vuodattavani kyyneleitä; niin syvä, selkeä ja rakastava viesti oli. Kanavointi oli suora Jumalan rakkauden kokemus, joka kulki lävitseni. Se oli päivittäinen todiste siitä tosiasiasta, että Jumala oli todellinen ja että luottamukseni "tuntemattomaan" oli oikeutettua.

David lähetti usein kauniita viestejä maailmanlaajuisella sähköpostilistallaan ja hän kutsui minutkin jakamaan siellä kirjoituksiani. Tunsin itseni ensin hiukan pelokkaaksi; pelkäsin että minut tuomittaisiin ja nähtäisiin, etten ollut vielä parantunut. Näiden ajatusten takana saatoin kuitenkin tuntea Hengen ohjauksen innostuksena olla täysin läpinäkyvä ja jakaa kokemusteni syvyys suoraan. Huomasin, että pelko on egon pelkoa tulla tekemättömäksi ja paljastetuksi ja se oli lisäsyy mennä mukaan!

Luku 6

Elämäni ei ole minun omani

Kesä 2005

Kuuntele tunnetta,
joka kutsuu sinut hiljaisuuteen,
tunne rakkauteni ympäröimässä sinua
ja tiedä, että olet Kotona.
Olen aina kanssasi
ja kun muisto pyhyydestäsi
palaa tietoisuuteesi,
sinä muistat minut.
Herää kallisarvoinen lapseni,
niin kauan olet ollut
syvässä horroksessa
uneksien että olisimme erillämme,
etkä löytäisi tietäsi Kotiin.

Henkilökohtainen vastuu

Tiesin, että mystismi oli kutsumukseni – luopua kokonaan maailmasta ja olla vapaa kaikesta omistamisesta, vastuista ja sitoumuksista. Vaikka Jackie olikin esitellyt minulle *Ihmeiden oppikurssin,* tunsin syyllisyyttä, sillä tiesin ettei perheeni olisi halunnut, että jätän heidät. He haluaisivat, että palaisin merten takaisilta matkoiltani, asettuisin johonkin lähistölle ja perustaisin perheen. Oli ihan hienoa harjoittaa henkisyyttä ja omistautua sille joksikin aikaa, mutta antaa sille koko elämänsä ei ollut sitä, mitä kukaan meistä olisi odottanut. Jokainen ottamani askel luopua menneisyydestä oli askel pois maailmasta. Olin vapautumassa tietoisesti kohti Jumalaa, enkä niinkään jäämässä menneisyyden tuttuuteen.

Isäni Roger näytti puhuvan epäilevät ajatukseni ääneen ja vahvisti ne minulle sellaisella tavalla, etten voinut välttää niiden kohtaamista. Hän esimerkiksi halusi pitää autoni, pyöräni ja joitakin makuuhuoneen huonekaluja perheen kodissa niin, että voisin palattuani käyttää niitä. Hän kyseenalaisti jokaisen askeleeni, jonka suunta oli muu kuin olla häntä fyysisesti lähellä. Ja koska kävin vielä läpi luottamuksen kehittymistä Hengen kanssa, oli hänen tapansa puhua minulle isänä haastava – hänen suojeleva roolinsa, josta hän oli usein sanonut, että sellainen hän tulisi aina olemaan.

Päiväkirja

Kirsten: Hyvää huomenta, Pyhä Henki. Tarvitsen apua! Tunnen oloni stressaantuneeksi, koska olen lähdössä pian käymään perheeni luona Uudessa Seelannissa. Haluan tietää, kuinka pitkään olen heidän luonaan, tulenko tekemään matkoja kokoontumisten vuoksi ja mitä tekisin siellä oleville tavaroilleni.

"Jumalan rauha on ainoa päämääräni." OT-205 Haluan muistaa, että minun ei tarvitse lisätä mitään Hänen suunnitelmaansa. Juuri nyt tunnen tuskaa ja ahdistusta, koska koen olevani henkilökohtaisessa vastuussa päätöksistä ja suunnitelmista ja uskon että lopulta, riippumatta siitä mitä teen, perheeni tulee pettymään. Yritän tehdä suunnitelmia sen mukaan, minkä ajattelen tekevän heidät onnellisiksi ja sitten tunnen kaunaa heitä kohtaan, koska uskon että he tekevät kaiken minulle vaikeaksi. En voi voittaa! Stressitunteiden alla on myös surua; he eivät halua menettää minua, enkä minä halua menettää heitä.

Minua pelottaa luopua elämäni tutuista elementeistä kuten autostani, talostani, sängystäni ja suksistani. Ne olivat syitä palata Uuteen Seelantiin aina uudelleen ja nyt on selvää, että elämäni on saamassa aivan uuden suunnan. Olen kiintynyt tavaroihini eikä osa minusta halua päästää niistä irti.

Pyhä Henki: Sinä olet viaton. Et voi tehdä mitään väärin. Jokainen elämäsi hetki on omistettu tarkoitukselle. Olen sinun kanssasi matkan jokaisella askeleella. Voit luottaa siihen.

Kirsten: Tarjoan sinulle uskoni, Pyhä Henki niin että voit asettaa sen siihen Pyhään paikkaan, johon se kuuluu: Totuuteen, Jumalaan. Tiedän että haluaisit minun luopuvan suunnitelmistani ja liittyvän sinuun Jumalan suunnitelmassa, mikä on kaikkien sydänsurujen loppu.

Vajosin oivallukseen, etten minä yksinkertaisesti vaan pystyisi ratkaisemaan tätä itse. Suunnitelmani perustuivat syyllisyyden välttelyyn ja yritykseen olla loukkaamatta toisia. Minun tuli päästää siitä irti. Istuin rukoilemaan ja sain näyn, jossa ojensin kimpun liljoja jokaiselle, jonka olin sisällyttänyt kuvittelemiini suunnitelmiin. Jännitys suli pois ja kyynel valui pitkin poskeani, kun tunsin heidän ja oman viattomuuteni. Sitten olin valmis menemään eteenpäin ja järjestämään lentoni palatakseni Uuteen Seelantiin kuun loppupuolella.

Chatti ja hiiri

Jotkut ystävistäni aloittivat online chatin nimeltään "IOK-tapaaminen", johon voisi kutsua opettajia ja oppilaita tukemaan heidän matkaansa Kurssin kanssa. Davidia ja minua pyydettiin pitämään perjantai-illan istunto silloin kun meille sopisi. Puhe alkoi usein sillä, että kerroimme ihmeistä ja seikkailuista, joita meille tien päällä ollessa oli sattunut. Sen jälkeen osallistujat tekivät kysymyksiä IOK:sta ja kokemuksistamme sen parissa. Kysyttiin myös syvempiä sydämen kysymyksiä Kurssin soveltamisesta henkilökohtaisiin vaikeuksiin ja käytännön tilanteisiin. Se johti Davidin kautta virtaavaan syvällisyyteen ja selkeyteen, ja usein viime minuuteilla vallitsi syvä hiljaisuus, joka tuntui yhtä käsinkosketeltavalta kuin olisimme kaikki samassa huoneessa. Se oli ihana keino olla yhteydessä laajennetun IOK-perheen kanssa ympäri maailmaa.

Eräänä iltana istuimme keittiön pöydässä Davidin tietokoneen äärellä puhumassa. Puheen aikana Sam juoksi keittiöön näyttämään meille hiirtä, jonka se oli juuri pyydystänyt. Jatkoin keskittymistäni puheluun. Hiiri karkasi Samin kynsistä ja kipitti ylös pitkin säärtäni turvaan hameeni poimuihin. Olin niin läsnä siinä, mitä olin juuri sillä hetkellä sanomassa, että huomautin vaan, "Oi, hiiri juoksi juuri ylös hamettani pitkin", ja jatkoin opetustani.

Davidin vieressä istuminen, hänen läsnäolonsa ja keskittymisensä voima ja selkeys, sekä tieto siitä, että minulta saatettaisiin kysyä jokin kysymys tai minua saatettaisiin milloin tahansa pyytää puhumaan, veti minut syvälle läsnä olevaan hetkeen. Tämä tila on totuuden kohottamaa tietoisuutta ja se tuntuu hyvin avaralta, elävältä ja hiljaiselta. Huomio on täysin sisäisessä kuuntelussa, eikä mikään maailmassa voi häiritä tai harhauttaa huomiota pois siitä, mitä juuri kuuntelee tai puhuu. Heräämisen tarkoitus on niin vahva, että hiiren juoksu ylös säärtä pitkin on kuin kynttilän kevyt lepatus tuulessa ja sitten se jatkaa loistamalla valoaan aivan kuin mitään ei olisi tapahtunut.

Muutaman kerran Peace Housesta käsin houstatessamme saattoi nettiyhteys jossain kohtaa puhetta katketa täysin. David vain hymyili iloisesti, laittoi kuulokkeensa pois ja sanoi, "Se loppui siihen!" Rakastin sitä, miten täysin hyväksyvä hän oli – ei ollut mitään, mitä pitäisi tehdä loppuun tai korjata. Tämä oli kaunis esimerkki harjoituksesta 268, "Anna kaikkien asioiden olla juuri sellaisia kuin ne ovat".

Päästää irti ja sallia Jumala

Edellisen viikon aikana mieleni oli täyttynyt ajatuksista, olisiko elämässäni muita mahdollisuuksia. Ennen kuin huomasinkaan, aloin tuntemaan fyysistä kipua samoin kuin henkistä ahdistusta, jotka juontuivat jakaantuneesta toiveestani. Rakkaus ja luottamus palasivat heti, kun olin jakanut ajatukseni Davidin kanssa. Myös kipu katosi, koska se oli johtunut siitä, että pidin kiinni omasta tahdostani ja vastustin sitä, mikä Jumalan Tahto minulle oli.

Päiväkirja

Kirsten: Hyvää huomenta, Pyhä Henki. Huomaan, että vastustin sinun Tahtoasi. Luulen, että sitä lietsoi esiin se, että olen menossa pian takaisin Uuteen Seelantiin uusimaan viisumia voidakseni asua USA:ssa ja se on iso sitoutuminen. Kun olin aamulla paljastanut Davidille kaikki epäilevät ajatukseni sen suhteen, voisinko sitoutua täysin täällä oloon, sanoin jälleen "kyllä". "Kyllä" avioliitollemme, Jumalalle, kaikkien olettamusten päättymiselle, menettämisen päättymiselle ja menneisyyden kaipuun päättymiselle. Kuulin, miten ego huusi, "Eiii, sinua on huijattu! Et sinä tätä tahdo!" Mutta sillä ei ollut mitään mahdollisuuksia.

Tänä aamuna minua ohjattiin lukemaan sairaudesta päätöksenä ja yrityksenä korvata Jumala. En ymmärrä Kurssin opetusta "Jumalan valtaistuimen anastamisesta". Voisitko selittää tarkemmin?

Pyhä Henki: Olet juuri kokenut parantumisen. Kipu oli suora seuraus päätöksestäsi vastustaa sitä, mitä Jumala sinulle Tahtoo. Parantumisesi oli suora seuraus päätöksestäsi päästää irti ja sanoa kyllä sille, mikä on Jumalan Tahto sinulle. Juuri nyt se muodon tasolla näyttää olevan avioliitto Davidin kanssa. Avioliiton vastustaminen, menneisyydestä kiinni pitäminen ja tekemäsi olettamukset saivat sinut kokemaan ristiriitaa, jota kipu on. Se on niin yksinkertaista.

Jumalan Tahdon vastustaminen asettaa Jumalan sinun ulkopuolellesi. Näet itsesi Hänestä erillisenä. Sinä pelkäät ja vastustat Hänen Rakkauttaan, koska uskot tietäväsi paremmin. Sitten kun asiat eivät mene haluamallasi tavalla, todistat itsellesi, että Jumala ei rakasta sinua. Kipu näyttää lisääntyvän ja syyt itsesi ulkopuolella, kuten keho, nähdään syy-seuraussuhteisina.

Tässä mielenvikaisessa oikeassa olemisessasi olet oma luojasi – voimakas ja kaikkitietävä sekä kykenevä määrittelemään, miksi olet siinä epämukavassa tilassa, jonka sisällä olet. Sinun ajatuksesi kivusta ja erillisyydestä ovat kuolemaa; siten tekaistu voimasi ja viisautesi ovat todistaneet, että olet oikeassa. Istut valtaistuimellasi ja uskot olevasi kaikkitietävä, kun tosiasiassa tämä olettamasi käsitys on johtanut sinut vain virheelliseen havaintoon itsestäsi.

Kirsten: Kiitos todella paljon. Hyväksyn, että sairaus on päätös ja että sen sisältönä on aina vastustaa Jumalan Tahtoa minulle. Kun liitän tahtoni Jumalan Tahtoon, sanon että minulla ei ole tälle mitään käyttöä. Näen sekä mieleni että maailman vapaana syyllisyydestä ja sairaudesta. Mieleni on syy-seuraussuhteinen; maailma ei ole. Annan tämän oppimisen muuttaa kaikki kokemukseni. Olen täynnä syvää rakkauden ja rauhan tunnetta.

"Ei" kompromisseille

Oli ikävää vanhemmilleni, että Uuteen Seelantiin saapuessani olin tilassa, jota kutsun "metafyysiseksi natsivaiheeksi", mikä johtuu siitä, että kun joku on tiukasti kiinni totuuden oppimisessa, kokee hän sietämättömäksi kaiken, mikä ei ole linjassa IOK:n kielen ja metafyysisen opetuksen kanssa. Se ei ole mitenkään erityisen iloinen tai rakastava mielen tila ja se on kaukana avaramielisyydestä, mutta se on vaihe, jonka useimmat meistä joutuvat käymään läpi halutessaan herätä!

Harjoittelin Hengen kuuntelemista, enkä välittänyt olla mukana missään, mikä ei tuntunut minusta aidolta. Suurin osa keskusteluista isäni kanssa pikemminkin karkotti minut kuin veti puoleensa. Saatoin tuntea hänen vaivaantumisensa. En halunnut tahallani aiheuttaa mielipahaa, mutta en yksinkertaisesti vaan voinut osallistua keskusteluihin lapsuudesta, liikenneongelmista ja politiikasta. Joskus tunsin oloni niin epämukavaksi, että halusin vain lähteä huoneesta – mikä sai hänet yrittämään vielä enemmän yhteyden saamista minuun. Tunsin todella paljon syyllisyyttä!

Kerran sitten Jackie puuskahti vihaisesti, "Kirsten, etkö vaan voisi puhua isällesi toisella tavalla?" Vaivuin rukoukseen, olin todella halukas tekemään sen, mistä olisi eniten apua. Minun kaksi maailmaani eivät kohdanneet. Minulla näytti olevan kaksi vaihtoehtoa: yrittää olla vuorovaikutuksessa roolin kautta, johon en enää samaistunut tai pysyä uskollisena mielessäni tapahtuvalle muutokselle. Tiesin, ettei minulla oikeastaan ollut valinnan mahdollisuutta, siispä olin hiljaa.

Vietin seuraavat kaksi päivää enimmäkseen rukoillen huoneessani ja sallien parantumisen tapahtua mielessäni. Luotin siihen, että jotenkin kaikki alkaisi taas toimimaan, mutta tiesin, etten voisi korjata tai parantaa suhdetta itse.

Huoneeni hiljaisuudessa mieleeni nousi muistoja onnettomuudestani maastopyörällä. Kolari oli lupa, jonka olin tarvinnut, jotta lopettaisin pakenemisen. Vaikka olin kokenut paljon fyysistä ja emotionaalista kipua, vaikeinta minulle oli kohdata se tosiasia, etten kyennyt esittämään auttajan, parantajan ja asioiden kuntoon laittajan roolia toisten elämässä. En voinut enää olla ihanteellinen ystävä, sisar, tytär, työntekijä tai opettaja. Se oli tuhoavaa. Se oli lopun alku Kirstenille, joka teki kaiken itsensä vuoksi. Kolmevuotiaasta lähtien olin vaatinut saada olla omavarainen. Pyöräonnettomuuden jälkeen jouduin muuttamaan vanhempieni luo ja sallimaan, että muut huolehtivat minusta täysin. Koska molemmat ranteeni olivat murtuneet, täytyi heidän pestä jopa hampaani puolestani. Se oli ylpeyden ja itsenäisyyden täydellistä tekemättömäksi tekemistä.

Sen lisäksi kaikki häiriötekijäni olivat poissa. Koska en enää kyennyt pakenemaan ajatuksia ja uskomuksia mielessäni tai kontrolloimaan ulkoista maailmaa millään tavalla, ei minulla ollut muuta vaihtoehtoa kuin kääntää huomioni kohti sisäistä kuuntelua. Aloin huomata, mitkä asiat lisäsivät kipua ja mikä tuntui lempeältä ja hoivaavalta.

Koska olin tilanteessa, jossa olin avun tarpeestani tietoinen ja avoin ottamaan sitä vastaan, Henki kykeni kommunikoimaan minun kanssani suoraan. Juuri silloin syvään ja vilpittömään pyyntööni parantua alkoi tulla vastauksia. Ystäväni antoi minulle riimuohjekirjan ja pussillisen riimukiviä, joiden avulla aloin tekemään intuitiivisia tulkintoja. Saatoin kysyä jotakin elämääni koskevaa ja valita kiven saadakseni vastauksen. Jo se, että minulla oli rohkeutta olla yhteydessä kysymyksiini, oli askel, joka paransi paljon. Saatoin tuntea, miten sydämeni avautui vain sen ansiosta, että minulla oli halukkuus kääntyä sisäänpäin ja uskalsin pyytää apua. Joskus en kyennyt täysin muotoilemaan kysymyksiäni, mutta huomasin, että jokin itseni tuolla puolen hoiti valitsemisen ja toi minulle vastaukset tavalla, jonka tunnistin. Tämän harjoittelun kautta tunsin miten sisäisen yhteyden ja lujuuden tunne kasvoi.

Innostuin jakamaan intuitiivisten lukemusten lahjaa ystäville ja perheelleni, mutta tunsin välittömästi eron, kun huomioni kohdistui toisten auttamiseen. Tunsin irrallisuutta ja eksyin ahdistukseen, jossa en tiennyt kuka olin. Ensimmäistä kertaa elämässäni olin tietoinen siitä, että minun tuli suunnata kaikki huomio omaan paranemiseeni. Mieleni harjoittaminen oli alkanut.

Nyt kun olin jälleen kotona perheeni luona, halusin yhä vakuuttaa jokaiselle, että rakastin heitä, yrittämällä auttaa, korjata ja parantaa suhteemme. Saatoin tuntea pistoksen hylkäämisestä, kun en vastannut haluun kurkottaa avuksi. Mutta käännyin mieluummin rukoukseen, Kurssin harjoituksiin ja lukuun 16, Todellinen empatia. T-16.1, kuin olisin ollut "parantumaton parantaja",

Oli tapahtumassa erityisyyden tekemättömäksi tekemistä ja luotin Jeesukseen täysin. En voinut mitenkään olla se, joka ohjaisi suhteiden purkamista, koska minä olin se, jota purettiin! Jatkoin antautumistani kokemukseen ja elin yksinkertaisesti seuraten ohjausta toisensa perään, kuten milloin lähteä huoneesta ja milloin mennä mukaan.

Tänä aikana oli nuorempi veljeni palannut asumaan kotiin. Hänen tyttöystävänsä kävi ja jäi satunnaisesti yöpymään. Heillä oli myrskyisä suhde, joka katkesi vähän väliä. Usein aamun aikaisina tunteina saatoimme kuulla tyttöystävän urheiluauton kiihdyttävän ulos pihatietä ja syöksyvän tielle. Nuorempi veljeni oli silloin emotionaalisesti kiihtynyt, hän koki olevansa vastuussa tyttöystävänsä reaktioista ja välillä hän oli vihainen tämän epäkypsän käytöksen vuoksi. Roger ja Jackie neuvoivat häntä lopettamaan suhteen ja pudistelivat päätään ihmetellen, miksi veljeni jatkoi "sen tekemistä itselleen". Mutta peli muuttui, kun selvisi, että tyttöystävä oli raskaana.

Kykenemättä ohjaamaan tai hallitsemaan tilannetta, mutta emotionaalisesti kiihdyksissä nyt kun heidän tuleva lapsenlapsensa oli kuvassa mukana, Roger ja Jackie huomasivat, että tämä viimeisin välirikko häiritsi heitä ja tulivat koputtamaan ovelleni.

Olin meditoimassa. Kun avasin oven, tunsin itsessäni pehmeän, avoimen ja sydämellisen tervetulotoivotuksen. Roger oli täysin samaa mieltä Jackien kanssa, kun tämä sanoi, "Kirsten, sinä olet ainoa, johon tämä ei vaikuta. Tarvitsemme apuasi". Olin syvästi kiitollinen. Tässä oli vastaus rukoukseeni. Tekemättä kompromisseja ja asettamalla Pyhän Hengen tarkoituksen etusijalle, kykenin nyt olemaan todella avuksi.

Rogerilla, Jackiella ja minulla oli kaunis keskustelu käsitteistä "äiti" ja "isä," sekä vastuusta, syyllisyydestä ja tuskasta, jotka ovat osa näitä rooleja. He olivat enemmän kuin valmiita vapautumaan noista tunteista – olihan nuorempi veljeni kuitenkin jo 27-vuotias! Myöhemmin samalla viikolla huomasin istuvani veljeni ja hänen tyttöystävänsä kanssa piirtämässä paperille "oikeaa mieltä" ja "väärää mieltä" ja auttamassa heitä tunnistamaan, miltä olo niissä kummassakin tuntui. Tapaamisestamme muodostui workshop, jonka jaoin myöhemmin Kurssi-ryhmässä. Minulle näytettiin jälleen, kuinka rakastava Jumalan suunnitelma todella on.

Pysähdy, putoa ja pyöri

Oli aikoja, jolloin tunsin itseni epävarmaksi sen suhteen, mitä tehdä toistuville ajatusmalleilleni. Joskus ne tuntuivat merkityksettömiltä häiriöiltä ja toisilla kerroilla sisäinen kysely johti aitoon paranemiseen. Ystävät kysyivät minulta tähän neuvoa ja oli vaikea antaa vastaus, joka soveltuisi jokaiseen tilanteeseen.

Pyhä Henki antoi minulle suurenmoisen iskulauseen: "Pysähdy, putoa ja pyöri." Palomiehet neuvovat tekemään niin, jos sytyt palamaan tai sinut ympäröi savu, etkä näe eteesi. Se on täydellistä toimintaa hätätilanteessa!

1. Pysäytä ajatusten seuraaminen.
2. Pudottaudu paikkaan, jossa on mahdollista rukoilla.
3. Pyöritä Pyhän Hengen kanssa – tarkoittaa, että tunne rauhaa ja pyydä ohjausta.

Jos lisäapu on tarpeen: tunnusta ettet tiedä, miksi tunnet tällä tavalla, mutta olet nyt halukas ottamaan vastaan ohjausta siihen, mitä sanoa ja mitä tehdä. Kun sinulla on hiljaista aikaa itsellesi, tuo tunteet uudelleen ylös Pyhän Hengen kanssa ja kysy niistä. Viha tuntuu aina siinä hetkessä oikeutetulta, mutta kun se jäljitetään syvemmälle, paljastuu sen alta aina loukkaantuminen ja näkemättä jäänyt uskomus.

Viisumi-ihme

Minulla oli viisumitapaaminen Aucklandin kaupungissa USA:n suurlähetystössä ja laitoin kellon hälyttämään seuraavan aamun valmisteluja varten jättäen reilusti aikaa ruuhkatuntien liikenteelle. Kun heräsin, olin järkyttynyt huomatessani, ettei herätyskelloni ollut hälyttänyt. Jackie, joka oli seuranani, oli myös nukkunut pommiin. Emme voineet uskoa sitä. Menimme nopeasti autoon ja rukoilimme yhdessä. Tunsin pelon nousevan, koska lähtömme oli nyt tuntia myöhemmin kuin olimme suunnitelleet – tarvitsisimme ihmeen, jotta saapuisimme suurlähetystöön ajoissa!

Epäileville ajatuksille ei ollut aikaa ja keskitimme mielemme täysin ihmeeseen, luovuttaen koko tilanteen Jeesukselle. Huomasimme, että liikennettä oli epätavallisen vähän, mutta pysyimme rukouksessa ajatellen, että saattaisimme juuttua liikenneruuhkaan hetkenä minä hyvänsä. Luin läpi muutamia päiväkirjani kirjoituksia ja muistutin itseäni siitä, että tämä tapaaminen oli yksinkertaisesti vaan jälleen yksi mahdollisuus pyhiin kohtaamisiin. Minun ei tarvinnut sanoa oikeita asioita tai vakuuttaa ketään mistään.

Joka kerta kääntyessämme kulmasta tai ylämäkinousun jälkeen oletimme näkevämme jonon punaisia liikennevaloja edessä - mutta niitä ei näkynytkään! Se muistutti enemmän kohtausta elokuvassa *Vanilla Sky*, kun Tom Cruise juoksee tyhjiä katuja pitkin kaupungin läpi.

Kiidimme pitkin moottoritietä ja lähestyessämme määränpäätämme kiljahtelimme ilosta. Se oli ihme! Olimme perillä 20 minuuttia ennen sovittua aikaa. Jackie lähetti minut tapaamiseeni säteilevästi hymyillen. Tämä oli enemmän kuin pelkkä liikenneihme; tämä oli vahvistus koko heräämismatkallemme. Tiesin nyt, että minun tuli ehdottomasti hakea tätä viisumia ja olla USA:ssa.

Suurlähetystössä jokainen heijasti ihmeiden mielentilaani – vuorossa oleva vartija oli iloinen, haastattelut olivat mitä herttaisimmat ja vanhempiaan odottavat lapset huvittivat minua taputus- ja laululeikeillään. Vain 10 minuutin kuluttua minulle kerrottiin, että passini lähetettäisiin minulle seuraavien kahden päivän aikana ja siinä olisi mukana uskonnollisen työntekijän viisumi, joka sallisi minun oleskella USA:ssa viisi vuotta. Kuulin myöhemmin, että Tiger Woods sattui sinä aamuna pelaamaan golfia

Aucklandissa – vaikutti siltä kuin puolet Aucklandin asukkaista olisi jäänyt kotiin katsomaan hänen peliään.

Palasin Peace Houseen rakkauden siivin. Vaikka perheeni halusi minun jäävän Uuteen Seelantiin ja toivoi, että palaisin pian, oli meille kaikille selvää, että minun suuntanani oli palata Yhdysvaltoihin.

Aika pian paluuni jälkeen David ja minä saimme kutsun vierailla netissä kokoontuvan IOK-ystäväryhmän luona Kaliforniassa. Olin huomaamassa, että minulla oli riippuvuus!

Luku 7
Nukkuminen versus Jumala

Kesä 2005

"Tämä maailma on täynnä ihmeitä. Ne seisovat loistavassa hiljaisuudessa jokaisen kivun ja kärsimyksen, synnin ja syyllisyyden unen vierellä. Ne ovat unen vaihtoehto silloin, kun valitset olla unen näkijä etkä kiellä aktiivista roolia, joka sinulla on unen tekemisessä. Ne ovat riemullisia seurauksia siitä, että sairauden seuraukset palautetaan niiden alkusyyhyn. Keho vapautuu, koska mieli tunnistaa: 'Kukaan ei tee tätä minulle, vaan *minä* aiheutan sen itse.' Näin mieli on vapaa valitsemaan toisella tavalla." T-28.II.12

Riippuvuus nukkumiseen

David ja minä olimme saaneet eräiltä IOK-ystäviltä kutsun mennä Kaliforniaan pitämään muutamia kokoontumisia. Ystäviemme koirat haukkuivat ensimmäisenä yönä ja heräsin useita kertoja. Olin huolestunut energiatasostani, siitä olisiko energiaa tarpeeksi seuraavana päivänä. Lohdutin itseäni, että voisin aina ottaa iltapäivätorkut, jos se olisi tarpeen. Oletin että olisin seuraavana yönä todella väsynyt, mutta huomasinkin, etten pystynyt nukkumaan. Muistin juoneeni kupin kahvia suurin piirtein lounasaikaan – eipä mikään ihme! Kofeiini piti minut hereillä, jos join sitä puolen päivän jälkeen. Käytin suurimman osan yöstä meditointiin ja toivoin, etten olisi juonut sitä kahvikupillista.

Seuraavana yönä olin niin valmis vaipumaan uneen, että oletin nukahtavani heti. Kello oli 10 illalla ja laskeskelin, kuinka monta tuntia saisin nukkua, kun nukkuisin seuraavaan aamuun saakka. Olin niin onnellinen ajatuksesta, että saisin hyvät yöunet! David ja minä olimme vierashuoneen parisängyssä ja hän alkoi kuorsata heti, kun hänen päänsä osui tyynyyn! Kuorsaus oli pehmeää mutta laitoin silti korvatulpat korviini ja yritin sulkea melun pois. Ne eivät toimineet sitten ollenkaan. Olin jo erittäin levoton, koska en ollut kahtena peräkkäisenä yönä nukkunut juuri lainkaan. Laskin ohi tikittäviä tunteja huolestuneena seuraavan päivän kärsimyksestä.

Olin lopulta aamun varhaisina tunteina vaipunut uneen. Kun David tavalliseen tapaansa heräsi aikaisin aamulla, hänen liikkumisensa herätti minut. En ollut valmis olemaan hereillä ja niinpä yritin kovasti nukahtaa uudelleen. Se ei toiminut ja tunsin harmistusta Davidia kohtaan.

Seuraavana yönä koirat olivat jälleen aktiivisia ja sitten talon hälytysjärjestelmä meni vuoroin päälle ja pois päältä. Laitoin yöksi aina korvatulpat, kun yritin suojella itseäni ulkoiselta maailmalta, joka oli minua vastaan. Tuntien itseni väsyneeksi uhriksi, joka oli juuttunut tilanteeseen, jota ei voinut mitenkään hallita, lisää hyökkääviä ajatuksia nousi: *Miksi näillä ihmisillä on niin monta koiraa? Se on naurettavaa. He sanovat pelastaneensa ne, mutta ne on vaan lukittu takapihalle ja haukkuvat kaikkea mikä liikkuu – se on julmaa, eikä se ole ystävällistä!* Tunsin olevani kerta kaikkiaan ansassa: ansassa mieleni sisällä, huoneessa, tilanteessa, jota en ollut itse valinnut.

Se että tunsin olevani ansassa meluisassa maailmassa, ei ollut uutta minulle. Toipuessani päävammasta Jackien ja Rogerin talossa olin kokenut äärimmäisen voimakasta meluherkkyyttä. Niin monet äänet olivat vaivanneet minua – ruohonleikkurit, lentokoneet, jopa ääni, joka syntyy auton oven sulkemisesta.

Muistan sen, kun avasin *Ihmeiden oppikurssin* ensimmäistä kertaa. Avasin kirjan satunnaisesta kohdasta ja ensimmäinen lukemani asia ravisteli maailmaani. Tiesin välittömästi, että tässä oli vastaus sydämeni syvimpään rukoukseen – joka oli vapaus. Siinä luki, "...et hallitse tekemääsi maailmaa ...se on tehty siitä, mitä sinä et halua". T-12.III.9 Se jatkoi ja sanoi, että maailma on omassa mielessäni ja voin hallita vain sitä, miten sen näen.

Mielessäni kävi oivallus, että olin aina yrittänyt hallita elämääni ja maailmaani ja siksi se ei toiminut. Aloin kiinnittää huomiota ajatteluuni ja huomasin, että makasin sängyssä "kuuntelemassa", mikä minua häiritsisi! Minä odotin tutka ylhäällä. Aivan varmasti poimisin aina jotakin, mistä seuraisi tunne, etten halunnut kuulla!

Muistaessani nyt Kaliforniassa tämän kaiken nousin yhtäkkiä ylös istumaan sängyllä. Huomasin, että olin halussani nukkua joutunut niin eksyksiin, että olin unohtanut täydellisesti Heräämisen! Tartuin kynään ja päiväkirjaan ja ryhdyin toimiin Hengen kanssa. Olisin voinut syyttää yliväsymystä, aliväsymystä, kuorsaamista, koiria, kofeiinia jne. kyvyttömyydestäni nukkua, mutta oli selvää, että nyt ainoa johdonmukainen tekijä tässä kaikessa olin minä! Oli aika olla rehellinen! Olin valmis menemään syvemmälle.

Istuin rukouksessa ja avasin mieleni kokonaan Hengelle. Tunsin lempeän viileyden ympäröivän minut ja sitä en ollut tuntenut yli viikkoon. Mitä olinkaan tehnyt? Miten olin voinut unohtaa pyytää apua?

Päiväkirja

Kirsten: Pyhä Henki, auta minua näkemään, mistä on kysymys. Mitä uskomuksia minulla on nukkumiseen?

Aloin kirjoittaa. Kirjoitus virtasi kynästäni, kun jokainen uskomus tuli selkeästi nähdyksi ilmestyen päivän selvänä näkyviin mielessäni.

- Minulla on uskomus, että tarvitsen tietyn määrän unta.

- Minulla on uskomus, että tarvitsen tietyn laatuista unta.

- Minulla on uskomus, että jos en saa oikeanlaista unta ja jos en nuku tarpeeksi, olen seuraavana päivänä väsynyt, minulla on ehkä pääsärkyä enkä luultavasti kykene tuntemaan itseäni energiseksi ja onnelliseksi. Toisin sanoen, terveyteni riippuu unesta.

- Minulla on uskomus, että nukkuessani koen rauhaa.

- Minulla on uskomus, että untani voi häiritä jokin, mikä näyttää tapahtuvan maailmassa.

- Minulla on uskomus, että minua pidetään hereillä ja että arvokasta untani häiritään tai se otetaan minulta pois säännöllisesti.

- Minulla on uskomus, että olen ulkopuolellani olevan maailman armoilla ja että olen uhri.

Vau! Tiesin, että minulla oli juttuja nukkumisen suhteen, mutta en sitä, että minulla oli niin intensiivinen ja erityinen suhde nukkumiseen. *Uskoin todella, että terveyteni on unesta riippuvainen.* Pyhä Henki, mitä terveys on?

Pyhä Henki: Terveys on mielessä, ei kehossa. Yritys korjata ongelma kehon tasolla saa ongelman tuntumaan todelliselta. Kun etsitään ratkaisua muodosta, on aina tunne voimattomuudesta, haavoittuvuudesta ja että on ulkopuolisen maailman armoilla.

Kirsten: Uskomus, että tarvitsen tietyn määrän ja tietyn laatuista unta ollakseni terve ja onnellinen, johtaa tuntemukseen hyökkäyksestä ja uskomukseen, että rauhaani häiritään. Minulle on tullut tavaksi käyttää usein korvatulppia ja nyt ne tuntuvat hyökkääviltä ajatuksilta! Laitan ne korviini ja toivon että ne suojelisivat minua häiritsevältä maailmalta. Joskus ne toimivat, toisinaan taas eivät.

Pyhä Henki: Kaikki magian muodot toimivat "joskus". Paraneminen ei ole niissä ja kun tulet riippuvaiseksi jostakin magian muodosta, teet havaitsemastasi ongelmasta todellisen.

Kirsten: Olen lukenut Kurssista, että tämä kaikki on unta eivätkä hereillä olon uneni eroa unista, joita näen nukkuessani. Vaikka olen halukas uskomaan tämän, en oikein saa siitä kiinni. Tiedän Kurssin sanovan, että olen vaihtamassa painajaiset onnelliseen uneen. Siksi idean, olla "hereillä" unesta tässä maailmassa, pitäisi ennemminkin olla jotakin, mitä odottaa innolla, kuin että se häiritsee minua. Aah... vain ego voi häiriintyä siitä! Hengellä ei ole unen tarvetta.

Okei, saan tästä kiinni. Minkä tahansa häiritsevältä tuntuvan asian täytyy olla egon väärää havainnointia. Minä en ole uhri. Minä en ole maailman armoilla. En aio pelata tätä peliä enää. Hyvästi unen tarve, olemme sujut. Annan tämän sinulle, Pyhä Henki. Tiedän, että täydellinen terveys on mielen tila. Uskomus unen pyhyyteen on pitänyt minua vankina niin kauan ja nyt ovi on avattu. Olen vapaa!

[Mielessäni valkeni, että se kuka minä olen Henkenä, ei tarvinnut unta koskaan. Tunsin muutoksen syvällä. Se oli identiteetin muutos siitä, joka tarvitsi unta ja kysyi apua ulkoiselta Pyhältä Hengeltä siihen, joka tunsi Pyhän Hengen sisimmässään läsnä olevana kokemuksena. Viimein puoli viideltä aamulla vaivuin syvään uneen. Seuraavana päivänä heräsin johonkin, mikä tuntui täyteen mittaan puhjenneelta flunssalta. Se oli ohi alle 12 tunnissa, mikä ei hämmästyttänyt minua, koska olin paljastanut uskomukset, jotka pitivät minut pimeydessä.]

Lisää nukkumisesta

Päiväkirja

Kirsten: Hyvää huomenta, Pyhä Henki. Minulla oli toinen uneton yö. Vaikka luulin, että olin päästänyt irti noista mainitsemistani uskomuksista, tuntuu minusta yhä, että minua pidetään hereillä tai herätetään ennen kuin olen valmis ja tämä projisoituu enimmäkseen Davidiin. Auta minua tämän havainnon kanssa. Täytyy olla niin, että pidän vielä yllä uskomuksia uhrina olemisesta, koska tämä vaivaa minua vielä.

Pyhä Henki: Uskot, että tässä maailmassa on todellisia syitä ja seurauksia. Makaat sängyssä "hereillä" ja etsit sitten syytä tähän seuraukseen, jota uskot olevasi kokemassa.

Kirsten: Auta minua ymmärtämään tarkoitus, jonka annan maailmalle.

Pyhä Henki: Kärsimys on kokemus, jossa syytät veljeäsi siitä, mitä uskot hänen tehneen sinulle. Kärsimys ja synti ovat valheellisten syiden, Jumalasta eroamisen heijasteita. Uskot, että veljesi on sinusta erillään, että on olemassa maailma sinun ulkopuolellasi ja että maailmassa on useita syitä, jotka voivat häiritä rauhaasi. Tämä asettaa sinut maailman armoille, maailman, joka on erillään omasta mielestäsi. Se ei ole niin. Sinä olet unen näkijä. Veljesi edustaa hänen Isäänsä, sinun Isääsi.

Kirsten: Kyllä. "Niin kuin näet hänet, niin näet itsesi... hänessä joko löydät itsesi tai kadotat itsesi." T-8.III.4

Pyhä Henki: Voit valita havaintosi siitä, kumpaa veljesi sinulle tarjoaa, elämää vai kuolemaa, tarjoaako hän sinulle Jumalana elämää vai kuolemaa. Muista aina, että Jumala antaa vain elämän.

Kirsten: Kun makaan yöllä sängyssä enkä kykene nukkumaan, kun minulla on kipuja ja tunnen, että minua häiritään ja keskityn häiriön syyhyn ja toivon että asiat olisivat eri tavalla – minä vain yksinkertaisesti todistan uskomustani Jumalasta eroamiseen. Valitsen kuoleman elämän sijasta. Uneksin kivusta ilon sijaan. Pidän kiinni sodasta, jonka loin itselleni ja siinä täyttyy egon maailmalle antama tarkoitus. Varmaankin voisin kysyä itseltäni, "Olisinko mieluummin oikeassa kuin rauhallinen?"

Pyhä Henki: Päästä irti painajaisesta. Lepää minussa. Kiitä veljeäsi siitä, että hän tarjoaa sinulle elämää. Hänessä sinä löydät tuskan tai rauhan, kuoleman tai elämän, Taivaan tai helvetin. Valinta on yksinkertainen ja helppo tehdä nyt kun olet siitä tietoinen. Salli anteeksiannon unieni korvata Jumalasta eroamisen uni. Salli onnellisen unen korvata syyllisyyden uni; salli rauhallisen unen hyvällä mieltäsi, kun painajainen haihtuu tietoisuudestasi. Jumala tahtoo, että heräät lempeästi tietoisuuteen siitä, ettet koskaan jättänyt Hänen rakastavia käsivarsiaan.

Lue Työkirjan harjoitus 351: "Synnitön veljeni opastaa minut rauhaan. Syntinen veljeni opastaa minut tuskaan. Sen näen, minkä itse valitsen nähdäkseni".

Miten Jumala muistetaan

Päiväkirja

Kirsten: Miksi minä tein muistin?

Pyhä Henki: Ottaaksesi Jumalan sinulle antaman paikan. Sinä todella uskot, että tapoit Isäsi ja erosit Hänestä. Silloin kun yritettiin luoda uudelleen koti, valheellinen turvapaikka, otettiin muisti käyttöön. Se on vain toinen taso, uusi verho totuuden edessä, uusi haituva sen kieltämiseen, kuka sinä olet. Anna muistosi minulle ja salli minun tulkita ne sinulle uudelleen.

Kirsten: Miksi en voi muistaa Jumalaa? Yritän muodostaa kuvan pääni sisällä ja se tuntuu olevan niin kaukana tietoisuudestani.

Pyhä Henki: Vielä muodon maailmaan uskoessasi voit päästä lähimmäksi Jumalan muistamista, kun tunnet tai koet Jumalan. Kaikki muistot tässä maailmassa ovat kuvia, muotoja, kohteiden kuvauksia, ihmisiä, paikkoja, aikoja ja tapahtumia. Näillä määreillä ei voi muistaa Jumalaa, sillä Jumala ei rajoitu muotoon. Tunne, jonka koet ollessasi rakastunut, kun olet liittynyt yhteen Minun kanssani tai veljesi ja sisaresi kanssa totuuden hetkessä, kun rakkaus virtaa tietoisuuteesi ja kaikki mitä tunnet, on iloa, eheyttä, täydellisyyttä – se on kuin heijaste Jumalan Rakkaudesta.

Kirsten: Mitä tarkoitat heijastamisella? Minulla on jälleen ajatuksia siitä, mitä heijasteet ovat tässä maailmassa.

Pyhä Henki: Jumalan Rakkauden heijasteet ovat kokemuksia. Yritä olla ajattelematta kuvien kautta, koska ne liittyvät enemmänkin havaintoihin kuin ovat kokemuksellisia.

Kirsten: Entä meditaatiossa? Koen usein rauhan ja ykseyden tunteita sekä hiljaisuutta.

Pyhä Henki: Meditaatio tarjoaa sinulle tilaisuuden jättää kuvien ja muodon maailma, tyhjentää mieli kaikesta kiireestä ja ajatuksista, jotka harhauttavat sinua läsnä olevasta hetkestä. Se sallii sinun vaipua siihen osaan mieltäsi, jossa on syvä rauha ja jossa kommunikointi Minun, Jumalan äänen kanssa on mahdollista. Kommunikointi täällä tapahtuu usein ilman sanoja, koska sanat ovat muodon maailman symboleja. Rauhan, ykseyden ja hiljaisuuden kokemus on kommunikointia.

Kirsten: Joskus meditaatiossa minusta tuntuu kirjaimellisesti siltä kuin lepäisin Jumalan käsivarsilla. Olet käyttänyt näitä sanoja usein auttaessasi minua totuuden muistamisen yrityksissäni.

Pyhä Henki: Kyllä, muista että sanat ovat symboleja. Jumalalla ei ole käsivarsia, mutta kun vielä uskot kuviin ja näet niitä muodossa, symboli Jumalan rakastavilla käsivarsilla olemisesta lohduttaa sinua. Olen täällä Lohduttajanasi ja käytän kaikkia sinulle tuttuja symboleja suuntaviittoina ja vertauksina opastaessani sinua takaisin tietoisuuteen Jumalasta.

Syy ja seuraus

Huomasin tänä aamuna olevani opiskelumoodissa Pyhän Hengen kanssa, luin ja tein muistiinpanoja Kurssin luvusta 28, "Pelon tekemättömäksi tekeminen".

Päiväkirja

Kirsten: Kurssi opettaa, että uni heijastaa uskomusta, jonka mukaan erkanin Jumalasta ja koska pelkään Jumalaa, unen hahmot tuntuvat pelottavilta. Mitä voit kertoa minulle tästä?

Pyhä Henki: Tiedä, että olet uneksija ja että unen näkemisesi on aktiivista. Maailma heijastaa mielessäsi olevia ajatuksia ja uskomuksia. Muista aina Minut. Kun minä olen jokaisena hetkenä mielesi sisimmässä ohjaava valo, muistat Jumalan koska minä säilytän aina Jumalan muistoa. Sinä olet unessa siinä mielessä, että peloissasi käännyit pois Jumalasta. Kun kaikki pelko Jumalaa kohtaan on lähtenyt mielestäsi, sinä tulet Heräämään.

Kirsten: En oikeastaan ajattele, että pelkäisin Jumalaa – en edes tuntenut Jumalaa tässä elämässäni ennen kuin kaksi vuotta sitten. Miksi sanot, että pelkään Jumalaa? Miltä se näyttää tässä maailmassa? [Koin hermostumisen ja pelon tunteiden pulpahtavan esiin.]

Pyhä Henki: Tämä maailma, uni, jota uneksit, tuo pelkosi esiin muodon kautta. Koska uskot tai näet unta siitä, että riistit Isäsi Pojaltaan, uneksit riistämisestä ja erillisyydestä. Tämä maailma tuo sen pelon esiin. Uskot, että olet syy omaan olemassaoloosi, että voit luoda oman elämäsi ja että sinulla on kokemuksia tässä maailmassa – joista jotkut valitset itse ja jotkut tapahtuvat sinulle. Tämä on takaperoinen ja kertakaikkisen epätosi havainto.

Kirsten: Tuntuu siltä kuin tänä aamuna olisi kamppailua. Olen kirjoittanut ja pyyhkinyt yli useita lauseita. Miksi näin?

Pyhä Henki: Sinun vastustuksesi on voimakasta. Kun todella ymmärrät syy- seurauskäsitteen, todellisen Syyn ja Seurauksen verrattuna valheelliseen syyhyn ja seuraukseen, tulet näkemään tämän maailman sellaisena, kuin se on. Juuri nyt näet välähdyksiä. Sekaannus tuotti tämän unen. Kun olet selkeyttänyt mielesi kaikesta sekasorrosta, tulet vapautumaan unesta.

Kirsten: Mistä olisi apua pitää mielessä juuri nyt, kun jatkan tämän oppimista ja soveltamista?

Pyhä Henki: Muista, että Jumala rakastaa sinua!

Kirsten: Kiitos, Pyhä Henki. Olen ikuisesti kiitollinen lempeästä ja rakastavasta ohjauksestasi.

Mystinen kokemus lounaspöydässä

Koska David ja minä saimme paljon kutsuja ja olimme siksi usein tien päällä, esitimme hiljaisen rukouksen saada tukea. Regina otti meihin yhteyttä ja sanoi, että oli löytänyt Davidin opetukset netistä ja saanut Hengeltä erityisen ohjauksen luotsata yhteisöä sillä välin, kun olimme matkoilla. Se oli jälleen yksi ihmeenomainen osoitus siitä, kuinka Henki pitää kaikesta huolta!

Ajoimme Reginan kotiin North Carolinaan viettääksemme muutaman päivän yhdessä, samalla kun perehdytimme hänet tehtäviin. Regina ja minä saimme tehtyä rytmikkäässä flow-tilassa useita satoja uusia CD:tä ja DVD:tä, jotka hän jakelisi seuraavien kuukausien aikana.

Huomasin, että vaikken ollut nukkunut juuri ollenkaan muutamana edellisenä yönä, tunsin oloni hyvin pirteäksi. Yön aikana en tiennyt, olinko meditaatiossa, nukuinko vai olinko hereillä, eikä sillä ollut merkitystä. En tuominnut ja tunsin oloni suurenmoiseksi. Minulla oli runsaasti energiaa koko päiväksi. Kerroin Davidille, että minulla oli tapana yhdistää syvä rauhan tunne ja herkulliselta tuntuva uneliaisuus nukahtamiseen. Minulla oli tapana himoita sitä tunnetta. Nyt pystyin näkemään, että tunne oli osa erityissuhdetta, joka minulla liittyi nukkumiskäsitteeseen, eikä se merkinnyt mitään. David ilahtui löydöstäni, hän säkenöi kuten aina kuullessaan oivalluksistani.

Eräänä päivänä Reginan ja minun työskennellessä minulla oli kokemus ajatuksettomasta tilasta ja tunsin vaivattoman ja iloisen virtauksen uppoutuessamme Hengen tarkoitukseen.

Lounasaikaan istuuduin pöytään ja seuraavassa hetkessä tunne "kuilusta" katosi kokonaan. Olin Ykseyden kokemuksessa; kaikki oli yhteydessä. Olin keskellä tietämistä, että rakkaus on kaikki mitä on. Rakkauden läsnäolo laajeni kaikkialle ja sisälsi kaiken. Se kaikki oli Yksi Itse. Kaikki oli hyvin kirkasta ja elävää, erityisesti ruoka lautasellani. Katsoin alas ja siinä oli kaikkein kaunein koskaan näkemäni punainen tomaatti! Nostin voileipääni, mutten voinut käsittää, miten se laitetaan suuhuni. Käsivarret edessäni eivät tuntuneet lainkaan osalta itseäni ja tuntui kuin ei olisi mitään vatsaa ottamassa ruokaa vastaan. Laskin voileivän hitaasti takaisin lautaselle. Tietoisuus rakkaudesta täytti valkoisen pilven lailla huoneen ja läikähteli sitten eteiseen. Saatoin tuntea sen laajenemisen läpi koko talon ja sitten ulkopuolelle kaikkeen ja kaikkialle.

David ja Regina olivat lähelläni ja kyyneleet alkoivat valua pitkin poskiani, kun muutamalla sanalla jaoin sen, mitä olin kokemassa. He istuivat siinä ja nyökyttelivät minulle silmät loistaen. Tunsin itseni lapseksi ja pystyin tuskin puhumaan. En tiennyt miltä näytin tai kuulostin tai tulisinko ymmärretyksi. Tunsin itseni hellän haavoittuvaksi, mutta samaan aikaan kokemus oli niin kaunis ja niin turvallinen.

Myöhemmin samana päivänä menimme jäätelölle ja minulla oli tämä kokemus uudelleen. Söin jäätelöä "itseni" kanssa, mutta se oli minä Davidin, Reginan, ja Reginan tyttären Jasminen muodossa. Iloitsin tietoisuudessa siitä, kuinka ihastuttava olin.

Luku 8

Kannettuna pimeydestä valkeuteen

Kesä 2005

"Mitään pelastusta ei voi olla unessa silloin, kun sitä näet... Pieni lapseni, valkeus on sisimmässäsi. Sinä pelkästään näet unta ja epäjumalat ovat leikkikaluja, joiden kanssa uneksit leikkiväsi. Ketkä muut tarvitsevat leluja kuin lapset? He kuvittelevat, että he hallitsevat maailmaa ja antavat leluilleen vallan liikkua, jutella, ajatella, tuntea ja puhua puolestaan. Kuitenkin kaikki se, mitä lelut näyttävät tekevän, on niiden mielessä, jotka niillä leikkivät." T-29.IX.4

"Anteeksiantavilla unilla ei ole tarvetta kestää... Ja näissä unissa kuuluu sävel, jonka jokainen muistaa, vaikka hän ei ole kuullut sitä sen jälkeen, kun aika alkoi." T-29.IX.8

Pelottavasta unesta irti päästäminen

Luin tänä aamuna Kurssin luvun "Anteeksiannettu uni". T-29.IX Lukiessani oli kuin olisin katsonut tv-ohjelmaa ja nähnyt lapsen leikkimässä leluillaan leikissä, joka on mennyt hirvittävästi pieleen. Rakastavan vanhemman näkökulmasta katsellen voin nähdä, että se on vain lapsen leikkiä. Kuitenkin leikki ja pelko tuntuvat niin todelliselta, ettei lapsi tiedä miten leikki lopetetaan ja kävellään pois.

On hämmästyttävää tietää, että elämäni on kuin lapsen leikkiä ja että annan kaikille leikkikaluilleni niiden roolit ja reaktiot näytelmässä. Se ei ole pelottavaa, kun tiedän, että olen unen näkijä, leikin tekijä. Leikkiä jatketaan vain, koska haluan, että se jatkuu – ja se tuo siihen täysin erilaisen näkökulman. Muistaessani tämän en ole enää ulkoisen maailman armoilla. Voin milloin tahansa valita, lopetanko leikin kieltäytymällä pelaamasta ja kävelemällä pois.

Olen päättänyt, että on aika päästää lapsuus menemään. Annan anteeksi unelleni ja itselleni. Olen turvassa.

Olen ajatus Jumalan Mielessä

Päiväkirja

Kirsten: Hyvää huomenta, Pyhä Henki. Luin tekstistä, "Jos pyydät totuutta, sinulla on kaikki" sekä "Jos päätät haluta epäjumalia, pyydät samalla, että menetät kaiken". T-30.III.1 Voitko kertoa minulle tästä lisää ja liittää sen siihen, millä tavalla olen ajatus Jumalan Mielessä?

Pyhä Henki: Jumalan Mieli on rajoittamaton, ehyt ja täydellinen. Sinä olet ajatus Jumalan Mielessä – rajoittamaton, ehyt ja täydellinen. Ajatuksesi, sisältäen Jumalan Ajatukset, ovat ikuisesti mielessäsi, koska ajatukset eivät jätä alkulähdettään. Voit kätkeä Jumalan Ajatuksen tietoisuudestasi, mutta se ei tarkoita, että mikään olisi muuttunut. Jumalan Rakkaus on ikuinen ja muuttumaton eikä siihen vaikuta se, että sinä olet unohtanut.

Rakkaus on *aina* tässä, juuri nyt. Mutta tietoisuutesi Rakkauden läsnäolosta ei ole. Vertauksessa tuhlaajapojasta isä "juoksi ja syleili häntä". (Luukas 15:20) Se on vertauskuva siitä, kun Hänen poikansa kääntyi ympäri ja muisti sen, mikä on ikuisesti totta. Jumala on. Se ei tule muuttumaan, eikä se voi milloinkaan muuttua. Jumala ei voi jättää. Jumala ei voi unohtaa Poikaansa. Miten eheys ja täydellisyys voisivat olla erillään? Ei ole muuta paikkaa, mihin ne menisivät! Ikuisuus on kaikki kaikkialla.

Kun Jumalan pyhä Poika unohtaa sen yksinkertaisen tosiasian, että hän on ehyt ja täydellinen, hänellä on taipumus etsiä eheyttä ja täydellisyyttä sieltä, missä sitä ei ole.

Kirsten: Kun epäjumala tai Jumalan Rakkauden korvike kuolee – mukaan luettuna sellaisen suhteen loppuminen, jonka uskoin tekevän minut eheyksi ja täydelliseksi – tuntuu siltä kuin osa minusta kuolisi. Uskomukseni menetykseen tulee todelliseksi ja maailmani on tuskallinen paikka olla. Rakkaus tuntuu silloin sisältävän tuskaa ja menetystä.

Se palautuu aina tähän lauseeseen "Älä etsi itsesi ulkopuolelta". T-29.VII Erityisistä ihmissuhteista irti päästämisen prosessi raivaa pois kaiken, mistä pidän kiinni, kaiken minkä pelkään menettäväni. Annan kaikki suhteeni sinulle, Pyhä Henki. Toivon vain rakkautta. En halua pitää kiinni mistään, mikä sisältää tuskaa ja mahdollisen menetyksen. Juuri se saa minut pelkäämään tulevaisuutta ja tekee kykenemättömäksi uppoutumaan täysin tähän hetkeen – ainoaan paikkaan, missä Jumalan muistaminen on mahdollista.

Pyhä Henki: Aamen

Ole tarkkailija ja nauti näytelmästä

Vietettyämme aikaa Reginan kanssa ja luovutettuamme hänelle yhteisön tehtävät, David ja minä palasimme Peace Houseen muutamaksi viikoksi lepäämään ja valmistautumaan tulevaa matkaa varten.

Päiväkirja

Kirsten: Hyvää huomenta, Pyhä Henki. Nautin elokuvan *Deconstructing Harry (Harry pala palalta)* katselusta eilen illalla. Elokuva näytti selkeästi sen, kuinka päähenkilö teki kaikki elämänsä henkilöt niiden havaintojen perusteella, joita hänellä heistä oli. Näen, että minä myös luon kaikki henkilöhahmot elämässäni ja se mitä heistä havaitsen, saa heidät näyttämään minusta erillisiltä. Kun minulla on heidän suhteensa odotuksia, annan heille jonkun muun tarkoituksen kuin anteeksiannon; siten sidon itseni uskomuksiini ja maailmaan. Prosessissa jossa "Kirsten puretaan" on selvää, että minun tulee tunnistaa ja vapauttaa kaikki uskomukseni siihen identiteettiin, jonka olen jokaiselle antanut, mukaan lukien itseni. Eilen illalla eräs uusi, juuri käymässä oleva ystävä jakoi kokemuksiaan "tarkkailijana" olemisesta. Hän kysyi, "Miten voisin pysyä siinä kokemuksessa?"

Pyhä Henki: Mieluummin kuin käyttää aikaa kysymyksiin "kuka, mitä, milloin, missä ja miksi", vain hyväksy se yksinkertainen totuus, että tämä kaikki on tehtyä. Se on niin yksinkertaista. Sinä annat roolit ja identiteetit kaikelle näkemällesi, sekä itsellesi että jokaiselle ympärilläsi. Anna minulle jokainen niihin liittyvä ajatuksesi ja minä tulkitsen ne sinulle uudelleen. Tule katsomaan näytelmää minun kanssani; meillä on talon parhaat istumapaikat! Turvallisesta paikasta korkealta näyttämön yläpuolelta, näytelmä on hyvin iloinen. Sinä tunnet henkilöhahmot hyvin; tunnet näyttelijät läheisesti. Näet rakkaasi näyttelemässä sinulle aivan kuin olisit ensi-illassa.

Joskus hahmot kyynelehtivät surussaan, sitten he nauravat ja puhkeavat laulamaan. Kun näytelmä loppuu, hahmot kumartavat. Ne, jotka näyttivät kokevan menetyksen ja surevat jonkun kuolemaa, ovat siellä kumartamassa niiden kanssa, jotka näyttivät riemuitsevan. Näyttelijät katsovat ylös sinuun; heidän silmänsä loistavat rakkaudesta. He taputtavat sinulle käsiään kiitollisuudesta koska katselet ylhäältä ja koska sallit heidän toteuttaa roolit, jotka heille annoit.

Olet unohtanut, että olet käsikirjoittaja, että sinä valitsit roolit. Unohduksessasi liityit näyttämöllä oleviin hahmoihin yrittäen turhaan ohjata näytelmää huolestuneesta ja epätoivoisesta tilasta käsin. Näin teit hahmoista todellisia ja näyttämöstä pelottavan taistelukentän. Kun muistat totuuden Itsestäsi, voit nähdä sen sellaisena, mikä se oli – esitys näyttämöllä.

Nauti vapaudestasi yhtä varmana kuin näyttelijät nauttivat omastaan – ikuisesti kiitollisina muistamaan keitä he ovat, ei enää vangittuna näytelmään, josta tehtiin hetkeksi todellinen. Henkilöhahmoja askarruttaneet kysymykset ovat kadonneet. Millään niistä ei ole nyt enää merkitystä, kun totuus on valjennut.

Esirippu laskeutuu onnellisten esiintyjien edessä. Kun esirippu jälleen nousee, näyttämö on tyhjä ja kunnioittava hiljaisuus täyttää ilman. Hahmot ovat täyttäneet roolinsa. Näyttelijät ovat tulleet istumaan kanssasi – eheinä ja parantuneina muistaessaan kuka sinä olet. Istutte yhdessä yhtenä, paistatellen täydellisyyden ilossa. Se on tehty.

Valheellinen anteeksianto

Päiväkirja

Kirsten: Hyvää huomenta, Pyhä Henki. On noussut pelkoa. Uskon näkeväni syyn pelkooni luettuani todellisesta ja valheellisesta anteeksiannosta tekstissä. Olisiko sinulla muutama sana auttamaan minut pelon läpi?

Pyhä Henki: Sano, "Kun pelkään, havaitsen hyökkäyksen. Hyökkäys on mahdotonta, joten minun siis täytyy havaita väärin. Kuka hyökkää minua vastaan? Minä hyökkään. Minun ulkopuolellani ei ole ketään; siten ei ole ketään, joka hyökkää minua vastaan. Olen saanut tämän hyökkäyksen tuntumaan todelliselta. Olen halukas harjoittamaan todellista anteeksiantoa, koska haluan vain rauhaa."

Kirsten: Kiitos.

Pyhä Henki: Anna pelkosi minulle.

Kirsten: Luulin, että olisin jo antanut, mutta olen yhä stressaantunut. Miksi?

Pyhä Henki: Muistatko tilanteet, joissa tarjosit valheellista anteeksiantoa? Annoit anteeksi veljellesi sen, minkä uskoit hänen tehneen sinulle. Se pitää pelon piilossa ja tuntuu vaikealta paljastaa. Ajattele sellaista kertaa, jossa olet puhunut jostakin tapauksesta, kun veljesi loukkasi tai painosti sinua tai sai olosi tuntumaan epämukavalta.

Kirsten: Tajusin sen! Muistan erään kerran ja se tuli esiin myös uudestaan ihan äskettäin, kun havaitsin, että David puskee minua mukavuusalueeni ulkopuolelle. Hän sai minut kohtaamaan tilanteen ja menemään sen läpi, vaikka minusta tuntui, etten ollut valmis, ja se tapahtuu nyt taas. Olen halukas olemaan väärässä tämän suhteen. Sain tämän hyökkäyksen tuntumaan todelliselta, mutta haluan vain rauhaa.

Pyhä Henki: David heijastaa osaa mielestäsi; siinä kaikki. Hänen ajatuksensa heijastavat omia ajatuksiasi, mutta et ole ajoittain halukas myöntämään sitä. Valmiutesi ja halukkuutesi päästää irti ja mennä eteenpäin ovat suora heijaste rauhallisesta mielen tilastasi. Jos pidät yllä yhtäkään epäjumalaa, vastustat Jumalan Tahtoa sinulle.

Kirsten: Tiedän että se on egosta, kun haluan tehdä omalla tavallani, omaan aikaani, silloin kun olen hyvä ja valmis. Siinä ajatuksessa, etten halua tehdä jotakin "koska David sanoi niin" on mukana erillisyyden tunne – niin kuin "hän" olisi "minusta" erillinen. Tiedän, että hänen ajatuksensa ovat minun omiani; ne ovat minulla ennen kuin hän sanoo ne ääneen. Silti reagoin vielä puolustautumalla, kun hän puhuu sanoja, jotka minä olen tukahduttanut. Se on hullua.

Pyhä Henki: Miltä sinusta tuntuu nyt?

Kirsten: Pelko katosi! David on viaton. Kiitos, kiitos, kiitos! Minulla tulee nyt olemaan rento ja rauhallinen päivä.

Pyhä Henki: Loistavaa.

Viha ja väärä-mielisyys

Minut ohjattiin kävelemään postitoimistoon ja kuuntelemaan samalla Davidin puhetta "Going Deeper" (syvemmälle mieleen) 1990-luvulta. Huomasin että David ja Beverly, oppilas, jonka kanssa hän puhui, kuvasivat samaa kokemusta kuin minulla juuri oli. He puhuivat siitä, miten ulkopuolella oleva ympäristö havaitaan mielenrauhan häiritsijänä. Minua häiritsi melu, joka syntyi ohi ajavasta äänekkäästä ajoneuvosta! Itse asiassa en pystynyt edes kuulemaan keskustelua ja minun piti pysäyttää ja kelata äänitettä taaksepäin. Heidän jatkaessa puhumista tästä väärästä havaitsemisesta minua alkoi ärsyttää yhä enemmän – meluisat ajoneuvot jatkoivat ohiajamistaan, aurinko paistoi yhä kuumemmin ja *todella* pitkä juna jyrisi ohi. Murrrrrr...

David puhui subjekti/objekti -jakautumisesta. Kyllä! Selkeästikin mielessäni oli meneillään subjekti/objekti -jakautuminen. Kun tietoisuus tästä valkeni, ärsyyntymiseni saavutti huippunsa. Olin ylikuumenemassa. MP3-soittimeni irtosi ja putosi jalkakäytävälle ja jouduin pysäyttämään äänitteen jatkuvasti ja odottamaan, että kovaääniset ajoneuvot menisivät ohi. En voinut uskoa, mitä tapahtui. Vaati koko keskittymiskapasiteettini, jotta pystyin kuulemaan, mitä David sanoi ja juuri sillä hetkellä, kun Beverly oivalsi, että vain hänen ajatuksensa voivat häntä häiritä, maailma tuntui tarjoavan minulle ystävällisen tauon.

Pysähdyin ja luovutin kaiken Pyhälle Hengelle. Näkökykyni muuttui ja muutaman hetken ajan koin yhteyttä kaiken ympärilläni olevan kanssa. Minua huuhtoi tietoisuus siitä, että mieleni ulkopuolella ei voinut olla mitään, minkä olisi mahdollista häiritä minua. Rauhallinen hiljaisuus putosi maailman ylle ja minä iloitsin, kun huomasin käveleväni viileässä varjossa koko paluumatkan Peace Houseen. Miten hämmästyttävä paraneminen!

Kannettuna pimeydestä valkeuteen

Päiväkirja

Kirsten: Hyvää huomenta, Pyhä Henki. Heräsin aamulla väsyneenä ja ärtyneenä. Apua!

Pyhä Henki: Lue harjoitus 6, "Olen poissa tolaltani, koska näen jotain sellaista, mitä ei ole olemassa".

Kirsten: No, kyllä. En näe mitään syytä ärsyyntymiseeni, mutta tunnen itseni vihaiseksi. Hartiat ovat jännittyneet ja vatsa sekaisin. *Suljen silmäni. Rauha huuhtoo ylitseni ja Pyhä Henki laulaa minulle serenadin.*

Pyhä Henki: [Laulaa kauniilla baritonilla instrumenttisäestyksen kera]: "Love is in the air, every time I look around. Love is in the air, in every sight and every sound. It's something that I must believe in, and it's there when I look in your eyes..." ("Rakkautta on ilmassa, aina kun katson ympärilleni. Rakkautta on ilmassa, jokaisessa näyssä ja jokaisessa äänessä. Se on jotain, johon minun on uskottava ja se on siellä, kun katson silmiisi...")

Kirsten: [Kyyneleet pulpahtavat pintaan.]: Olen niin rakastettu. Luin aiemmin, "Pieniä mielenrauhan menetyksiä ei ole olemassakaan. Kaikki ne häiritsevät sitä yhtä paljon." OT-5.4 Pidän tätä järkytystä samana kuin kaikkia järkytyksiä ja annan sen mennä. Aamulla tunsin tässä mielentilassa erillisyyttä Davidiin ja Tripodiin, kieltäydyin jopa sanomasta hyvää huomenta, koska en halunnut. Minulla oli tunne itsepäisyydestä ja ajatus, *minä teen omia asioitani, älä keskeytä minua*. Syötin kissat ennen kuin istuudin mutta jätin huomiomatta Tripodin pyynnön päästä alakertaan leikkimään. Päätin, että hän voisi yhtä hyvin odottaa. Höpö höpö. Se kaikki on egoa. Erillisyyttä. Väärä-mielisyyttä. Se on kaikki sitä. Onko jotain muuta, Pyhä Henki?

Pyhä Henki: Muista, että tämä kaikki on vapaaehtoista. Sinun ei tarvitse "tehdä" mitään. Ego saa sinut tuntemaan painetta ja väsymystä, aivan niin kuin sinulla olisi niin paljon tehtävää, mutta ei tarpeeksi aikaa. Sen mukana tulee uhrautumisen tunne ja sitten toivot, että olisit jossakin muualla tai tekemässä jotakin muuta.

Kirsten: Kyllä. Ja lisäksi vielä kilpaileminen ja tulevaisuuden vastustaminen. Vertaan tätä nyt siihen aikaan, kun minulla oli mahdollisuus meditoida ja levätä koko päivä, enkä halua matkustaa ennen kuin olen levännyt. Minulla on tehtävänä pitkä lista asioita, puheluiden hoitamista, varusteiden tarkistamista, organisointia jne.

Pyhä Henki: Anna listasi minulle. Kysy minulta, mitä minä haluaisin sinun tekevän. Minä tiedän, mikä on sinun korkeimmaksi parhaaksesi. Ohjaan sinua tavalla, mikä saa päiväsi sujumaan virtauksessa ja kaikki minkä tulee tulla tehdyksi, tulee tehdyksi ilman sinun pienintäkään ponnistustasi. Katsoessasi taaksepäin väärä-mielisyydestä käsin näet sen mitä teet kovana työnä. Tämä uskomus projisoituu sitten tähän päivään ja luo rasituksen tunteen.

Kirsten: Kyllä. Kun olen tässä tilassa, en vaan pysty näkemään totuutta. Eilen kun olin oikeassa mielessäni, kaikki tapahtui ihmeellisessä virtauksessa. Niin paljon tuli valmiiksi. Minua hämmästyttää se, kuinka kaikki vääristyy, kun olen "egossa".

Pyhä Henki: Miltä sinusta tuntuu nyt?

Kirsten: Paljon paremmalta. Huomasin juuri kauniin, uuden lehden tuossa kasvissa.

Pyhä Henki: Tervetuloa päivääsi.

Kirsten: Muistin juuri virittää päiväni. Päätän, että päiväni on onnellinen, hauska ja rauhallinen. Tunnen jälleen selkeyttä. Olen niiiiiin kiitollinen. Kiitos, Pyhä Henki, kiitos todella paljon.

Rauhan opas

"Synnitön veljeni opastaa minut rauhaan. Syntinen veljeni opastaa minut tuskaan. Sen näen, minkä itse valitsen nähdäkseni." OT-351

Luen tänä aamuna tekstistä luvun "Muuttumaton todellisuus" ja inspiroiduin kirjoittamaan. T-30.VIII

Päiväkirja

>Mieleni ulkopuolella ei ole mitään.
>Veljeni tuomitseminen on itseni tuomitsemista.
>Veljeni rakastaminen ja hänen viattomuutensa näkeminen,
>On itseni tuntemista.
>
>Tämä maailma projisoitiin piilottamaan kauhun ajatus,
>projisoimaan synti veljeeni,
>suojelemaan egoa uskomalla syntiin.
>
>Pyhä Henki on aina kanssani.
>Valitsen Hänen äänensä kuulemisen
>ja pelkästään Hänen äänensä,
>joka on Jumalan Ääni.

Olen ollut useita kuukausia hienovaraisen jännityksen vallassa, uhrautumisen tunteessa, aivan kuin jotakin olisi luovutettu. David on minulle Jumalan puolesta tehdyn yhden päätöksen jatkuva muistuttaja, joten joskus pelkkä hänen lähistöllään oleminen lisää jännitystä. Eilen illalla se kaikki purkautui ulos. Tuntui hyvin oudolta, koska vaikka kyyneleet virtasivat pitkin poskiani, ei tuntunut siltä kuin se olisin ollut minä, joka itki. Tuntui siltä kuin olisin tarkkaillut Kirstenin hahmoa.

Olin vetäytynyt Davidista ja viettänyt aikaa eri huoneessa, mutta kun tunteeni alkoivat nousta, hän tuli pitelemään minua aivan kuin olisi saanut merkin. Sallin kaiken, mitä tunsin nousta ja tulla puhutuksi ääneen; surun ja menetyksen tunteet, ajatukset siitä, etten tiedä kuka olen tai mitä kertoa perheelleni.

Tuntui siltä kuin itsekäsitys olisi täydellisesti purettu. Ymmärsin syvällä tasolla, että elämäni ei enää ollut minun omani. Eikä minulla ollut olemassa mitään toista elämää. En ollut enää se, kuka olin ollut, mutten tiennyt, miten olla joku muu.

Minusta tuntui kuin minut olisi puristettu neulan silmän läpi. Kyyneleet virtasivat ja ennen kuin huomasinkaan, tuli kikatus ja korvasi surun. Olin toisella puolella.

Luku 9

Valitse viisaasti

Kesä 2005

"Miten yksinkertaista pelastus onkaan! Se ei väitä muuta, kuin että mikä ei koskaan ollut totta, ei ole sitä nyt eikä koskaan tule sitä olemaankaan. Mahdotonta ei koskaan tapahtunut, eikä siitä voi olla mitään seurauksia. Siinä kaikki." T-31.I.1

Minä olen kaikki elävät olennot

Tänä aamuna luen Kurssin lukua "Lopullinen näkökyky", joka kertoo pelastuksesta. T-31

Päiväkirja

Kirsten: Hyvää huomenta, Pyhä Henki. Oppitunnit pähkinänkuoressa, niitä on kaksi: syyllisyys ja viattomuus. Jos opetan itselleni, että Jumalan Poika on syyllinen, lopputuloksena on kivun ja erillisyyden maailma. Jos opetan itselleni, että Jumalan Poika on viaton, se on todellinen maailma. Tässä näen, että kaikki elävät olennot tahtovat olla ehyitä ja tunnistan jokaisen rakkauden kutsun sellaisena, kuin se todella on. On kaksi tapaa havaita maailma – joko syyllisenä tai viattomana – ja sen mukainen maailma kustakin havainnosta nousee.

Pyhä Henki: Kyllä. Se on näin yksinkertaista.

Kirsten: Joten minun tarvitsee vain tietää, että veljeni ja minä olemme viattomia ja nähdä kaikkien "muotojen" ohi niiden takana oleva rakkaus, ja vastata sen mukaisesti?

Pyhä Henki: Kyllä.

Kirsten: Ja kun minua kohtaa kiusaus jonkin epäjumalan muodossa, silloin olen valitsemassa egon oppituntia. Onko silloin todennäköistä, että näen epätoivon ja kuoleman maailman?

Pyhä Henki: Kyllä.

Kirsten: Minun tulee antaa pestä pois kaikki tuomitseminen ja menneisyyden mielikuvat, jotta voin kokea jokaisen hetken uudesti syntyneenä. Ja minun tulee päästää irti tarinasta ja tervehtiä veljeäni aivan kuin se tapahtuisi ensimmäistä kertaa, jotta voisin kokea todellisen maailman?

Pyhä Henki: Kyllä. Menneisyyden tarinoista kiinni pitäminen pitää kiinni maailmassa, jota et enää halua.

Kirsten: Se on valheellista empatiaa, eikö niin? Veljeni muistuttaminen hänen tarinoistaan saa ne näyttämään siltä kuin ne olisivat hänen todellisuuttaan.

Pyhä Henki: Veljesi sitominen menneisyyteen on hänen tuomitsemistaan kuolemaan. Hänen vapauttamisensa siteistä vapauttaa sinut vääristä havainnoista häntä kohtaan. Sinä teit tämän maailman, koska uskoit, että Jumalan Poika on syyllinen.

Kirsten: Ei mikään ihme, että turhanpäiväinen rupattelu tuntuu aivan kuolemalta! Mielessäni on jotakin muutakin. Kerro minulle näistä riveistä, "Ei ole olemassa yhtään elävää olentoa, joka Universaalisen Tahdon mukaisesti ei toivoisi olevansa täydellinen..."

T-31.I.9 Mikä on elävä olento? Mieleen tulevat ihmiset ja eläimet, mutta tuntuu siltä kuin niiden lisäksi olisi muutakin.

Pyhä Henki: Jumala on elämä. Elämä luo elämän kaltaisuudessa. Kaikki tässä maailmassa ajattelemasi "olennot" ovat muotoa. Ne eivät ole elämä itsessään ja itsestään. Jumalan Rakkaus on ikuista ja kaiken kattavaa. Syyllisyydessä havaittu maailmankaikkeus koetaan kuoleman maailmana. Viattomuudessa ja rakkaudessa havaittuna se koetaan maailmana, jossa ei ole kuolemaa. Maailmankaikkeus on ehyt. Kaikki elävät olennot ovat yksi. Vain pirstoutunut havainnoiminen, jakaantunut mieli ja erehdykseen perustuva uskomus näkee erillisyyden maailman.

[Huomasin, että oli vaikea vastaanottaa yllä oleva vastaus Pyhältä Hengeltä; se tuntui hajanaiselta ja epämääräiseltä. Suttasin sen yli, koska en ollut ollenkaan varma, oliko se edes Hengeltä. Luin sen myöhemmin läpi Davidin kanssa ja ymmärsin, että se oli Hengeltä, mutta otin sen vastaan pirstoutuneella mielellä.]

Kirsten: Minä olen kaikki elävät olennot!

Minusta tuli tehdastyöläinen!

"Sinun on ymmärrettävä, että et reagoi mihinkään suoraan, vaan pelkästään omaan tulkintaasi siitä. Tulkinnastasi tulee siis se, mikä oikeuttaa reaktiosi. Sen vuoksi toisten ihmisten tarkoitusperien analysointi on sinulle vaarallista. Jos päätät, että joku todella yrittää hyökätä sinua vastaan tai hylätä sinut tai orjuuttaa sinua, reagoit aivan kuin hän olisi tosiaankin menetellyt niin, jolloin pidät hänen virheitään tosina. Kun virheitä lähdetään tulkitsemaan, niille annetaan voimaa, ja kun niin tehdään, totuus jää huomaamatta." T-12.I.1

Ego kohotti päätään, kun liimasin toimistossa CD-levyjä matkaamme varten. Tehtävä tuntui minusta ala-arvoiselta. CD-levyjen polttaminen, tarrojen tulostaminen ja niiden liimailu levyjen päälle, levyjen laittaminen kirjekuoriin ja kumilenkkien kiinnitys CD-setteihin yksi toisensa jälkeen tuntui yksitoikkoiselta. Murrrrr! Tunsin, että minussa nousi ylpeyttä halveksunnan mukana koko projektia kohtaan. Minähän olin aina ennen ollut tärkeä! Onko Davidilla hajuakaan siitä, kuka minä olen ja mihin minä kykenen? Täällä minä liimailen alakerrassa sadoittain CD-levyjä niin kuin jokin tehdastyöläinen ja hän tekee tuolla yläpuolellani kaikki korkeampaa kommunikointia vaativat tehtävät! Protestoin tehtävää vastaan ja minusta tuntui kamalalta, joten menin tapaamaan Davidia.

Hänen vastauksensa? "Tämä on täysin vapaaehtoista. Ei sinun tarvitse tehdä mitään." Se oli vastakohta sille, mitä ego oli olettanut. Olin antanut Davidille auktoriteettiroolin ja itselleni roolin työntekijänä, jolla ei ollut muuta valintaa kuin tehdä paljon töitä ja totella. Tunsin, miten mieleni avautui. Oli kuin raskas verho olisi vedetty sivuun, jolloin ohut valon säde pääsi paistamaan pimeyteen. Muistin, että olin suostunut tähän projektiin vapaaehtoisesti! Niinpä juuri! Olin tullut Peace Houseen vapaasta tahdostani uppoutua tähän kaikkeen!

Tunnistaessani tämän kykenin kysymään Davidilta, miksi minusta tuntui, että CD-levyjen liimaaminen oli niin "arvoni alapuolella". Meillä oli suurenmoinen keskustelu tehtävistä, joiden ainoa tarkoitus oli itsekäsityksen tekemättömäksi tekeminen, mukaan luettuna ylpeyden tunteet ja vertaileminen. David kysyi, tekisin mieluummin jotakin muuta. Rukoilin ja tunsin miten tuttu rauha palasi mieleeni. "Ei!" Onnellinen oivallukseni oli: "Ei ole mitään mitä tekisin mieluummin kuin liimaisin CD-levyjä!" Kävin mielessäni läpi niin syvää tekemättömäksi tekemistä, etten tuntenut itseäni kykeneväksi tekemään mitään, mikä sisältäisi ajattelua. Koska tekeminen CD-projektissa oli niin yksitoikkoista ja yksinkertaista, se oli täydellinen tehtävä juuri siinä kohdassa.

Palatessani alakertaan tunsin valtavan suurta kiitollisuutta. Tehtävän ainoa tarkoitus oli mieleni parantuminen – se tapahtui Jumala-suhteeni vuoksi. Ja CD-levyjen sisältö, jonka saatavuutta olin avustamassa, oli niin selkeä ja syvä. Ylitsevuotavan kiitollisena juoksin takaisin yläkertaan antamaan Davidille ison halauksen.

Valitse viisaasti

"Teet aina valinnan oman heikkoutesi ja sinussa olevan Kristuksen voiman välillä. Ja kumman valitset, osoittaa, kumpi mielestäsi on todellinen. Et anna heikkoudelle valtaa sillä yksinkertaisella tavalla, että et koskaan käytä sitä toimiesi ohjaajana. Silloin sinussa oleva Kristuksen valkeus on vastuussa kaikesta mitä teet." T-31.VIII.2

Kaksi vuotta ennen Davidin tapaamista minut ohjattiin ostamaan pieni talo Uudesta Seelannista. Tuntuu siltä, että on tullut aika kyseenalaistaa, onko talon omistamista tarkoitus edelleen jatkaa. Kyseenalaistan, onko vai eikö talon omistaminen linjassa Jeesuksen opetusten kanssa jumalaisesta sallimuksesta ja erityisesti hänen kysymyksensä: "Jumalan opettaja ei halua mitään sellaista, mitä hän ei voisi antaa edelleen... Miksi hän sellaista haluaisi?" OK-4.VII.2

Viimeiset pari päivää ovat olleet ajelua tunteiden vuoristoradalla – ajatuksia tulevaisuuden turvasta, Uudesta Seelannista ja kuvittelemistani perheen reaktioista pöllähteli mielessäni. Tänä aamuna minut ohjattiin lukemaan "Valitse vielä kerran", mikä on tekstin viimeinen luku. Sitä lukiessani tunsin, että Jeesus puhui suoraan minulle.

Päiväkirja

Kirsten: Kiitos Jeesus. En aio kieltää sinua. Aion antaa vain voiman ohjata toimiani. Tahdon antaa Jumalan voiman ohjata toimiani, ajatuksiani ja sanojani. Tahdon jakaa *ainoastaan* Kristuksen näkökyvyn veljieni kanssa, koska minun voimani on heidän. Tunnen tänään rauhaa, mutta taloasia tulee mieleeni. Mitä voit kertoa minulle siitä?

Jeesus: Olet huolestunut olettamuksista: *Mitä jos...? Pitäisikö minun ...? Olisiko parempi...? Miltä Jackiesta tuntuisi? Olisiko jokin parempi lopputulos? Voinko pitää molemmat maailmat?*

Anna talo minulle ja anna asian olla. Älä suhtaudu tekemisiisi epävarmuudella. Älä seuraa merkityksettömiä ajatusjunia, joiden lopputulos muodossa ei ole vielä tiedossa. Älä epäile identiteettiäsi. Älä epäile veljesi identiteettiä. Älä epäile ohjaustani. Anna kaikki minulle uskoen ja luottaen. Minä pidän huolen kaikesta tavalla, jota et ole osannut kuvitellakaan, koska sinä tulet paikasta, jossa epäilys asuu. Luulet haluavasi lopputuloksen, joka olisi paras jokaiselle tässä mukana olevalle, mutta todellisuudessa sinä toimit pelosta käsin.

Ajatuksesi pitävät sinut Jumalan Tahdosta erillään. Älä kiellä minua. Sinä kiellät lahjan, Jumalan rauhan joka kerta kun epäilet ohjaustani. Laita kaikki uskosi minuun. Laita kaikki luottamuksesi minuun ja pidä se siinä. Älä nappaa sitä takaisin ja laita sitä omiin pikkuruisiin pelon ja puutteen ajatuksiisi; ne eivät anna sinulle sitä, mitä toivot yli kaiken muun. Sinä pidät käsissäsi päätöksen voimaa. Käytä sitä viisaasti. Valitse Taivas ja se sinulle annetaan.

Mitä minä todella pelkään?

Katsoessani ajatusta talon myymisestä tunsin pelkoa, joka tuntui tilanteeseen nähden täysin suhteettomalta; se tuntui sisäelimissä, aivan kuin olisin kohtaamassa kuolemaa. Aloin rukoilla kysyäkseni, miksi. Olinhan ollut aivan kunnossa ennen talon ostamista, eikä minulle tosiaankaan voinut tapahtua mitään fyysisesti siksi, että myisin sen. En ollut harkitsemassa laskuvarjohyppäämistä ilman laskuvarjoa!
    Mieleni hiljaisuudessa oivalsin, että perheen jäsenteni ilmaisemat pelkoajatukset olivatkin omia ajatuksiani. Projisoimalla heihin vältin näkemästä, että se olin minä itse, joka pelkäsin itsenäisyyteni menettämistä. Näin, että talo edusti turvallisuutta, varmuutta ja hyvää sijoitusta.
    Vajotessani syvemmälle mieleeni näin, että olin kohtaamassa uskomuksen siitä, että saattaisin olla tekemässä elämäni suurimman virheen. Tuntui siltä kuin olisin tullut kosketuksiin uskomuksen kanssa, joka väreili kohti ensimmäistä uskomusta, sitä että voisin jättää Jumalan, jättää Kotini ja menettää ainoan tärkeän asian – todellisen turvani. Todellinen pelkoni olikin, että tekisin peruuttamattoman virheen ja minun olisi sen jälkeen elettävä tämän virheen kauheiden seurauksien kanssa.

Tiedän nyt, että minulla ei ole talolle muuta tarkoitusta kuin tunne valheellisesta turvallisuudesta. Kiitos Jeesus. Olen niin kiitollinen. Haluan tietää, että Kotini on Jumalassa. Luotan sinuun.

Viivyttely on puolustuskeino

Olen huomannut, että vaikka tunnen nyt selkeyttä talosta luopumisen suhteen, epäröin ilmoittaa sitä perheelleni. Minusta tuntuu samalta kuin pelätessäni kertoa heille, että olin menossa naimisiin Davidin kanssa – se oli iso askel ja selkeä merkki siitä, että elämäni oli menossa täysin eri suuntaan kuin kukaan meistä oli olettanut.

Muistan, miten minua ahdisti kohdata vihan ja loukkaantumisen tunteet ja viivyttelin kertomista keinona "suojella" meitä kaikkia. Tajusin myöhemmin, että jos olisin kertonut heille tunteistani välittömästi, olisin voinut ottaa heidät mukaan seikkailuun. Koska pidättelin pelon takia, syyllisyyden ja jännityksen kokemukset lisääntyivät ja se sai minut tuntemaan kuin olisin juuttunut kahden maailman väliin. Mitä pidempään jätin kommunikoimatta, sitä suuremmalta riski tuntui.

Oikeutin tämän vääjäämättä tulossa olevan keskustelun viivyttelyä ajatuksilla kuten, *he eivät kuitenkaan ymmärrä – miten he voisivatkaan? Erityisesti Roger. Hän ei pysty ymmärtämään; hän tulee kyseenalaistamaan minut ja epäilemään.* Saatoin kuvitella Rogerin äänen mielessäni ilmaisemassa kaikki epäilyni, vahvistaen sitä, että hän ei tukenut saamaani ohjausta.

Muistan, että pelkoni kertoa perheelle naimisiin menostani oli vaikuttanut suhteeseen Davidin kanssa. Olin projisoinut epäilyni häneen, aivan kuin hän olisi se, joka pakottaisi minut kertomaan heille.

Näen nyt selkeästi ajatuksen siitä, että käsillä oleva hetki ei olisi oikea aika kommunikointiin, vain lisäävän erillisyyden tunnetta, mitä pidempään odotan. Se sallii epäilyksen tunkeutua mieleeni ja siitä lähtee kehittymään luottamuksen puute Henkeen. Näen, kuinka tärkeää on kommunikoida suoraan ja viivyttelemättä. Suhteeni Jumalaan ja koko henkinen matkani riippuu siitä.

Luku 10

Yksi läksy – yksi mieli

Kesä 2005

Ykseys vain On.
Päästä irti ajatuksistasi.
Ja uppoa kokemukseen, joka sinä Olet;
Kokemukseen, jonka jaat Jumalan kanssa.

Sitä kokemusta ei voi opettaa,
eikä sitä voi oppia.
Päästä irti jokaisesta uskomuksestasi,
joka pitää sinut erillään veljestäsi

Koska hänessä sinä tulet löytämään Itsesi.
Hänessä sinä tulet löytämään Jumalan.
Sinä ja veljesi olette yksi,
Jumalalla on yksi Poika.

Todellinen vaihtoehto

Päiväkirja

Kirsten: Hyvää huomenta, Jeesus. Minua kalvaa huoli perheestäni.

Jeesus: Kerro tarkemmin.

Kirsten: En halua, että he ovat minusta huolissaan. Haluan että he ovat onnellisia ja luottavat siihen, että sinä olet oppaani.

Jeesus: Sinä puhut omasta onnellisuudestasi ja luottamuksestasi.

Kirsten: Kyllä! Niin teen. Totuudessa ei ole kompromisseja, mutta joissain asioissa minä viivyttelen Tarkoituksen valintaa. Haluan roikottaa asioita vähän pidempään, kunnes tuntuu siltä, että "ajoitus on oikea".

Jeesus: Haluat pitää jalan molemmissa maailmoissa. Jos tiedät, että harhojen ainoa todellinen vaihtoehto on tarkoitus, niin silloin käytät aikaa puolustautumiseen totuutta vastaan. Katsotaanpa ajoittamisen käsitettä.

Kirsten: On vain nyt-hetki. Mutta entä asioiden jumalainen järjestys? Synkronisiteetit?

Jeesus: Ennen kuin Abraham oli, MINÄ OLEN. Ennen kuin aika alkoi, elämä oli ikuista. Kysy itseltäsi, mihin sellaiseen olet nyt takertunut, joka estää sinua palaamasta Taivaan tietoisuuteen. Kaikki polut tässä maailmassa johtavat kuolemaan. Juuri nyt sinä olet siinä, missä toivotkin olevasi. Juuri nyt on koko Taivas ulottuvillasi sisimmässäsi. Juuri nyt on kaikki se, mitä olet koskaan sisimmässäsi halunnut ja ne maailman asiat, joihin takerrut, estävät tämän tiedostamisen. Ajoittaminen on jälleen yksi este, jos valitset käyttää sitä sellaisena.

Kirsten: [Nauran tunnistaessani.] On hämmästyttävää, kuinka paljon tuosta on apua!

Jeesus: Taivas on kanssasi juuri tässä ja odottaa sinun iloista paluutasi. Etsit ensin Taivasten Valtakuntaa. Jatka kysymyksiäsi, viaton lapseni. Tämä on sinun polkusi Kotiin.

Itsekäsitys naamiona

Tänä aamuna istuessani pyhätössä tunsin rauhaa ja hiljaisuutta, joka säteili syvältä sisältä. Siihen sisältyi kaikki – se laajeni koko huoneeseen, naapurustoon, maailmankaikkeuteen. Angel-kissa retkotti sohvan päällä normaaliasennossaan ja kuorsasi pehmeästi. Pakastin humisi, se melkein hyräili taustalla. Donna Marie Careyn laulu "Silence" ("Hiljaisuus") soi mielessäni.

Päiväkirja

Kirsten: Hyvää huomenta, Pyhä henki. Onko sinulla minulle viestiä?

Pyhä Henki: Pidä tämä ajatus koko päivän, "Olen Henki. Valitsen Hengen tunnistamisen. Olen sen arvoinen, että tahtoni toteutuu".

Kirsten: Voi kiitos. Toinenkin laulu nousee mieleeni, Karen Druckerin "Holy" ("Pyhä"). "You are holy, holy, holy… we are holy, holy, holy, we are whole…" ("Sinä olet pyhä, pyhä, pyhä… me olemme pyhiä, pyhiä, pyhiä, me olemme ehyitä"). Jumalaista.

Minut ohjattiin lukemaan luvut "Pelastajan näkökyky" sekä "Käsitys itsestä ja Itse" Kurssin luvusta 31. Se meni syvälle. Lukiessani nousi tietoisuus: Jokainen pitää itsestään yllä käsitystä, joka on kuin kilpi totuuden edessä. Pinnalla tämä käsitys itsestä on "hyvä", se on viattomuuden kasvot, ei-toivottujen olosuhteiden uhri. Mutta pinnan alla on toinen osa itseä, tunne siitä, että on jokin pimeä uppouma, jonka olemassaoloa kukaan ei halua myöntää. Erityisesti tämä rivi resonoi syvällä sydämessäni: "Pelastajan näkemä kuva veljestäsi on yhtä viaton kuin se on vailla kaikkea sinua koskevaa arvostelua. Se ei näe ketään menneisyyden valossa. Näin se palvelee täysin avointa mieltä, jota eivät vanhat käsitykset hämärrä ja joka on valmis näkemään ainoastaan sen, mitä nykyhetkellä on tarjottavanaan." T-31.VII.13

Se oli kuin juhlaa! *Kaikki* on keksittyä! Miten hienoa! Kuinka vapauttavaa! Ja sitten tämän oivalluksen syvyys iski minuun. *Voi hyvä Jumala. Kaikki on keksittyä.* Näin yhtäkkiä, että jokainen koskaan tuntemani henkilö on ollut käsite. Koin epäuskoa, minusta tuntui kuin koko maailma olisi romahtanut. Hyvä Jumala sentään. Menin puhumaan Davidin kanssa.

Kirsten: [Kyyneleet alkoivat virrata.] David, tämähän räjäyttää mielen. Jokainen milloinkaan tapaamani – veljeni, isäni, jokainen – heistä jokaisella on pinnalla viattomuuden kasvot ja sen alla pelokas tila. Luettuani tämän tekstin en enää ihmetellyt, miksi ihmiset eivät voi luottaa toisiinsa. He näkevät viattomuuden kasvot ja tietävät että niiden alla on jotakin piilotettua. Entäpä ihmiset, jotka ovat surullisia, jotka toivoisivat elävänsä erilaista elämää, jotka uskovat, että heitä on käytetty hyväksi tai että he ovat uhreja? Tunnen surua heidän vuokseen.

David: Olisi turhauttavaa ja surullista, jos se olisi totta. Siksi on niin ihmeellistä, että ei ole olemassa yksilöitä, erillisiä ihmisiä. Valaistuminen ei tapahdu yksilölle; se on kaikenkattavaa. Kun hyväksyt itsellesi Sovituksen, jokainen on kanssasi. Jeesus sanoo, että suuret joukot toistensa jälkeen nousevat kanssasi, koska on vain yksi kokemus – vain yksi mieli. Hän menee käsitteen erillisistä veljistä ja siskoista tuolle puolen Työkirjan harjoituksissa, "Kun paranen, en parane yksin" OT-137 ja "Hyväksyn Sovituksen itselleni". OT-139

Kirsten: Entä ne, jotka vielä näyttävät surullisilta ja yksinäisiltä? Kokemukseni ei varmaankaan ole sama silloin kuin olen oikeassa mielessäni. Istuessani aamulla opiskelemaan olin täysin rauhallinen ja koin vain rauhaa ja hiljaisuutta koko maailmankaikkeudessa. Silloin kun näen erillisiä ihmisiä erillisine kehoineen ja omina erillisinä mielinään, tunnen joidenkin vuoksi surua, kun taas toiset näyttävät olevan ihan kunnossa.

David: Ei ole mitään minkä vuoksi olla surullinen. Kaikki eläimet, joita yritit pelastaa lapsena, olivat osa käsitystä, joka sinulla oli itsestäsi. Näit viattomat eläimet, viattoman ympäristön ja ihmiset, jotka tappavat.

Kirsten: Kyllä! Viattomat kasvot, viattomat eläimet… se taistelu oli jo hävitty. On niin iso helpotus nähdä, että kyse on aina ollut omasta mielestäni. Pääni on yhä hieman pyörällä.

Seuraavassa on ymmärrykseni lukemisistani parina edellisenä päivänä: On vapautta nähdä naamioiden läpi suoraan todelliseen Identiteettiin, Kristukseen sisimmässä, valoon. Tämä on tarkoitukseni. Minua tarvitaan Pelastuksessa. Se on sitä, että hylkään käsityksen itsestäni ja katson veljeäni ilman menneisyyttä, ilman tuomitsemista, että katson Kristuksen kasvoja. Verho on Jumalan pelkoa, uskomus, että veljeni ja itseni välillä on kuilu. Voin havaita niin vain, jos uskon, että olen erillinen itse. Sen mukaan, miten katson veljeäni ja itseäni, valitsen joko Taivaan tai helvetin. Minä olen Henki. Valitsen Hengen tunnistamisen. Toivon Taivasta ja olen sen arvoinen, että tahtoni toteutuu.

Harjoituksen soveltaminen käytäntöön

Yöllä olin jälleen valveilla. Tällä kertaa minusta ei tuntunut, että minua olisi häiritty tai olisin poissa tolaltani, mutta minulla oli ajatus, että herääminen oli tarpeetonta ja sen olisi voinut välttää.

Päiväkirja

Kirsten: Hyvää huomenta, Pyhä Henki. Mitä kertoisit minulle tunteestani, että minua häiritään?

Pyhä Henki: Lue Kurssin tekstiosasta "Valitse uudelleen", sekä Opettajan käsikirjasta "Mikä on uhrautumisen todellinen merkitys". T-31.VIII, OK-13

Kirsten: Kiitos, että ohjaat minut lukemaan nämä uudelleen. Tiedän, että kukaan muu ei pysty sotkemaan rauhaani kuin minä itse, mutta nukkuminen aiheena on noussut jälleen esiin. Olisiko jotain viisaita sanoja? Olen *niin* valmis luopumaan tästä!

Pyhä Henki: Hyvä. Kun väsyt epäjumalaan ja lakkaat pitämästä sitä yllä, mistä se saa voimansa, se lakkaa olemasta.

Kirsten: Se on siis niin yksinkertaista?

Pyhä Henki: Kyllä. Kaikki ponnistelu tulee menneisyydestä ja tulevaisuuden mielikuvista. Tämä koettelemus on oppitunti, joka tuotiin sinulle uudelleen, jotta voisit antaa anteeksi ja vapauttaa sen.

Kirsten: Onko jotain muuta, mistä en ole tietoinen? Minusta tuntuu kuin olisin kaivanut ja kaivanut ja paljastanut monia nukkumiskäsitteeseen liittyviä uskomuksia, mutta edelleen minua häiritsee, jos herään ennen kuin olen valmis. Minusta tuntuu aina siltä, että tarvitsisin enemmän unta, niin kuin sitä ei olisi ollut aivan tarpeeksi.

Pyhä Henki: Vie harjoituksesi käytäntöön. Sovella nukkumiskäsitteeseen sitä, mitä olet oppinut "valmiina olemisesta", "painostettuna olemisesta" ja "ajoituksesta".

Kirsten: Alan ymmärtää, että aikaan liittyvä rakenne on syvällä. Aivan niin kuin kerroit minulle kaksi päivää sitten, "Ennen kuin aika alkoi, elämä oli ikuista. Juuri nyt kaikki Taivaassa on sinun ulottuvillasi. Juuri nyt sisälläsi on kaikki, mitä olet koskaan halunnut ja asiat, joihin tässä maailmassa takerrut, ovat esteitä tämän tietoisuuden edessä. Ajoittaminen/aika on vain yksi este, jos valitset käyttää sitä sellaisena".

Toiveeni valita nukkumisen harha pitää sen verhottuna mysteeriin. Tuntuu normaalilta olettaa, että saisi tietyn määrän ja tietyn tyyppistä unta, mutta nämä ovat tekemiäni uskomuksia. Niiden vuoksi menetän rauhani. Ei kaikki huolehdi unesta samalla tavalla kuin minä; tiedän, että se on *minun* läksyni. Tulen muistamaan tämän, kun tunnen houkutusta projisoida syy mielen järkytykseeni Davidiin ja aikaan. Onko jotakin muuta?

Pyhä Henki: Tee se, mistä on eniten apua minun ohjauksessani, kun sinusta millään tavalla tuntuu, että rauhaasi häiritään. Ohjaan toimintaasi aina tavalla, joka liittää sinut yhteen veljesi ja totuuden kanssa. Muista aina kääntyä minun puoleeni. Älä kiellä minua; älä kiellä itseltäsi mahdollisuutta palata rauhaan ja onnellisuuteen.

Kirsten: Kiitos. Rakastan sinua.

Ajattomuuden lahja

"…ajalla on kuitenkin loppunsa, ja juuri se on Jumalan opettajien tarkoitus saada aikaan. Sillä aika on heidän käsissään." OK-1.4

David ja minä saimme useita kutsuja kokoontumisten pitämiseen. Huomasimme koottuamme kaikki palat yhteen, että olimme aloittamassa matkaa, joka kestäisi 7 kuukautta! Tulisimme pysähtymään Wisconsinissa, Vermontissa, Floridassa, Kaliforniassa, Kolumbiassa ja Venezuelassa Etelä-Amerikassa ja useissa paikoissa Uudessa Seelannissa ja Australiassa.

Päiväkirja

Kirsten: Hyvää huomenta, Pyhä Henki. Olisiko jotain sanottavaa minulle, kun lähdemme matkalle?

Pyhä Henki: Osoita, kuka sinä olet ja mitä tiedät: totuus, rauha, rakkaus,ykseys. Lue Kurssin Opettajan käsikirjasta "Ketkä ovat Jumalan opettajia?"

Kirsten: Milloin tahansa on tunne kiireestä, stressistä tai väsymyksestä, on siinä aina kyse ajasta. Mitä voit kertoa minulle aikakäsitteestä vapautumisesta? Ja siitä, että aika on käsissäni, kuten Opettajan käsikirjassa kuvataan?

Pyhä Henki: Ajan käsissä pitäminen on vertauskuva. Totuudessa on vain pyhä hetki. Ikuisuus ei tunne aikaa. Aika on käsite, egon tekemä harha. Aika on maailmasta ja se havaitaan kehon silmillä. Keho ja jokainen siihen uskova kokee sen. Jokainen elävä ja kuoleva näyttää todistavan ajan seurauksia aina uudelleen ja uudelleen. Kaikki mikä syntyy ajassa, päättyy ajassa. Ajan päättyminen on todellakin syy juhlaan! Jumalan Poika ei voi kuolla! Näyttämällä sen, kuka sinä todella olet – syytön, peloton, synnitön, lempeä, rauhallinen, luottava ja avoin – muistutat jokaista rakkaudesta ja elämästä, joka ei ole tästä maailmasta.

> Tässä pyhässä hetkessä Jumala muistetaan.
> Tässä pyhässä hetkessä ajan maailma on unohdettu.
> Tässä pyhässä hetkessä totuus valkenee.
> Sinä tuot ajattomuuden lahjan mukanasi.

Totuus opettajista ja oppilaista

"Opetus- ja oppimistilanne alkaa silloin, kun opettaja ja oppilas kohtaavat toisensa. Sillä opettaja ei oikeastaan ole se, joka opettaa. Jumalan Opettaja puhuu siellä, missä ketkä tahansa kaksi ihmistä on kokoontunut yhteen oppimistarkoituksessa. Heidän suhteensa on pyhä yhteisen tarkoituksensa vuoksi, ja Jumala on luvannut lähettää Henkensä jokaiseen pyhään ihmissuhteeseen. Opettamis-/oppimistilanteessa kumpikin oppii, että antaminen ja saaminen ovat sama asia." OK-2.5

Olen lukenut ja kysynyt Opettajan käsikirjan oppilaista ja opettajista ensimmäisinä pohjoiseen ajomme päivinä.

Päiväkirja

Kirsten: Hyvää huomenta, Pyhä Henki. Voitko selittää tämän, "Kullekin opettajalle on määrätty tietyt oppilaat, jotka alkavat etsiä häntä heti, kun hän on vastannut Kutsuun". OK-2.1 Jos mieli on yksi ja veljeni ovat Itseni heijasteita, mitä silloin tarkoittaa, että he odottavat minua?

Pyhä Henki: Sinä olet kokemassa ykseyttä. Todellisuudessa ei ole oppilaita odottamassa opettajiaan. Pyhä Henki annettiin hetkenä, jolloin Jumalasta eroamisen ajatus astui Jumalan Pojan mieleen. Oppilaat odottamassa opettajiaan on avuksi vertauskuvana, symbolina nukkuvalle mielelle. Oppilaat heijastavat opettajan halukkuutta, valmiutta ja luottamusta. Valo on jokaisessa, mieli kurkottaa vain itseään kohti. Kun epäilys – pimeys – on valaistu pois, valo nähdään ja se loistaa kirkkaammin kuin koskaan.

Antaminen ja oppiminen ovat sama asia. Henki astuu mieleen, kun ketkä tahansa kaksi liittyvät yhteen ja jakavat halun parantua. Aika kulkee taaksepäin muinaisuuteen, jossa se näytti alkavan.

Opettaja ja oppilas näyttävät tulevan yhteen nykyhetkessä. Vertauskuvallisesti sanottuna, kun oppilas haluaa totuutta ja jumalaista ohjausta, hänet tuodaan yhteen toisen kanssa, joka myös on avoin vastaanottamaan ja jakamaan totuutta. Se, joka kysyy, tunnetaan "oppilaana". Heidän liittymisensä kautta valo loistaa heidän avoimiin mieliinsä ja se tunnistetaan viisautena, totuutena ja jumalaisena ohjauksena.

Sovitus oikaisi harhan välittömästi. Ajassa tämä näytti tapahtuneen kauan sitten; *mutta todellisuudessa sitä ei koskaan tapahtunut.*

Kirsten: Joten minä päätän, milloin haluan oppia tämän oppikurssin. Kun hyväksyn, niin se on opittu. Nyt ymmärrän! Taivas, todellisuus on syvällä sisimmässä. Astun mielessäni askeleen taaksepäin ajan maailmasta totuuteen. Se on niin selkeää. Tietysti! Siinä on järkeä. Missä avautumista tapahtuu, siellä Henki virtaa läpi, koska Henki on kaikkialla.

Jokainen, jonka tapaat, on se Yksi

Jatkan Opettajan käsikirjan lukemista. Jeesus kuvailee "opettamisen tasot" erilaisina kohtaamisina ja ne voi luokitella kolmeen luokkaan:

1. Lyhyet kohtaamiset, sellaiset kuten tapaaminen hississä.

2. Pitkäaikaisemmat ihmissuhteet - ovat väliaikaisia tehtäviä ja ne on maksimoitu, kun parantuminen tai oppiminen suhteessa on saatu päätökseen.

3. Koko elämän mittaiset suhteet ovat tehtäviä, joissa on rajaton määrä oppimismahdollisuuksia; voi olla vihamielisyyttä, jos oppituntia ei tunnisteta.

Päiväkirja

Kirsten: Onko oppituntina anteeksianto?

Pyhä Henki: Kyllä.

Kirsten: Joten elinikäisessä ihmissuhteessa kaksi ihmistä painelee toistensa nappuloita ja auttaa paljastamaan egon toisessa. Mutta ennen kuin he tunnistavat tämän ja harjoittavat anteeksiantoa, suhde voi tuntua epäpyhältä. Ymmärrän että pelastus on aina tässä, koska se on aina nyt. Eri tasot ovat todella vain minä, Jumalan Poika, joka näyttää toimivan erilaisissa suhteissa oppiakseen "uusia" läksyjä, mutta ne eivät todellisuudessa ole uusia läksyjä. Oppituntina on aina anteeksianto. Kohtaan aina itseni heijasteen. Jokainen kohtaaminen on mahdollisuus nähdä Kristus, luopua erillisistä intresseistä ja nähdä niiden sijasta samanlaisuus.

Voitko kertoa, millä tavalla suunnitelma sisältää jokaiselle Jumalan opettajalle hyvin tarkkaan määrätyt kohtaamiset?

[Koin täyden ymmärryksen, joka tuli Hengeltä, mutta kommunikointi ei tapahtunut sanoilla. Se oli kokemus. Raapustin muistiinpanoja, joista seuraava on yhteenveto.]

Mieli on Yksi.
Kaikki asiat ovat oppitunteja, jotka Jumala haluaa minun oppivan.
Jokainen kohtaaminen on pyhä.
On yksi ainoa päätös tehtävänä.
Pyydän Sinun ohjaustasi ja minut saatetaan yhteen veljeni kanssa täydellisiin oppimistilanteisiin. Jokainen kohtaaminen on mahdollisuus anteeksiantoon, asioiden toisella tavalla näkemiseen, Kristuksen näkemiseen.
Kun kuuntelen ja seuraan Sinua, minut ohjataan sinne, minne minun kuuluu mennä, kenelle puhua ja mitä sanoa.
Jokainen kohtaaminen on pyhä opettamis-/oppimistilanne, jossa pelastus on läsnä.
Pyhä hetki voidaan kokea tässä tarkoituksessa; todellinen maailma voidaan nähdä.

Pyhä Henki: Kyllä. Et voi muuta kuin olla oikeassa paikassa oikeaan aikaan. Jokainen, jonka kohtaat, tarjoaa sinulle pelastuksen. Sinä viet pelastuksen lahjan mukanasi jokaiseen kohtaamiseen ja jokaiseen kokemaasi suhteeseen. Älä koskaan unohda tätä.

Luku 11

Jumalainen sallimus

Kesä 2005

"...luottamus ratkaisisi kaikki ongelmasi tällä hetkellä." T-26.VIII.2

Tunnen rakkautta

David ja minä ajoimme pohjoiseen, Wisconsiin. Auton tavarasäiliössä oli laatikoita, jotka sisälsivät useita Davidin puheista tekemiäni CD:tä ja DVD:tä, sekä kannettavan stereolaitteen, jolla saattoi soittaa musiikkia kokoontumisissa. Edellisenä iltana ennen seuraavan päivän pientä kokoontumista erään ystävän kotona, oli tuntunut vaivalloiselta tehdä useita matkoja autolle ja kantaa stereot ja varusteet. Kun olimme kantaneet kaiken sisään, oli minun tehtäväni pystyttää tarvikepöytä ja asentaa stereot ja halusin tietysti myös tervehtiä isäntäväkeämme. Minusta tuntui ylivoimaiselta, koska ihmiset saapuivat aikaisin ja halusivat liittyä, enkä voinut nauttia, koska minulla oli tunne kiireestä, enkä kyennyt olemaan läsnä uusille ystäville juuri ennen kokoontumista.

Olimme sopineet iltakokoontumisen Unity Churchiin ja saavuimme alueelle aikaisin iltapäivällä. Olimme nälkäisiä ja veimme auton parkkialueelle lähelle McDonald'sia. Huomasimme, että automme oli aivan matkalaukkukaupan edessä. Davidissa syttyi yhtäkkiä valo ja hän sanoi, "Ehkä voisimme löytää laukun, johon voisimme laittaa tarvikkeet". *Vau! Mikä mahtava idea!* Ajattelin. Tunnistimme molemmat lempeyden ja helppouden tunteen Hengen ohjauksessa ja menimme iloisina sisälle liikkeeseen.

Meitä tervehti hyväntuulinen myyjä ja näimme edessämme kaksi yhteensopivaa vedettävää matkalaukkua pyörillä ja säädettävillä kahvoilla. Ne olivat liikkeessä ainoat sen kokoiset ja ne olivat tarjouksessa! Sovitimme stereolaitetta ja se sopi täydellisesti toiseen matkalaukuista. Toinen laukku oli kooltaan ihanteellinen tarvikkeille silloin kun kokoontumisia olisi useampia. Enää ei tarvitsisi kantaa lukuisia kartonkilaatikoita edestakaisin! Olimme riemuissamme, koska meille tarjottiin tämä yksinkertainen ratkaisu! Se oli niin helppoa! Kerroimme liikkeen myyjälle, mihin tarkoitukseen laukut olivat ja kuinka kiitollisia olimme siitä, että Pyhä Henki varusti meidät niin rakastavalla tavalla. Hän oli täysin samaa mieltä ja säkenöi kanssamme onnesta saadessaan olla osa ihmettä!

Uudet laukut auton tavaratilassa menimme sisälle McDonald'siin iloa säteillen. Yllätyimme, kun sisään mennessämme ravintolan poikki kaikui ääni, "Mää tuuuunnen rakkauden! Voi pojat, mää tuuuuunnen rakkauden!" Näimme, että kaunis, isokokoinen sädehtivä mies katseli suoraan meihin. Virnistimme toisillemme ja kävelimme häntä kohti ja hän värisi, kun kävelimme lähemmäksi. "Vau" hän sanoi, "Te kaksi! Mitä te teette?! Jeesus! Minä tuuuunnen teissä rakkauden!" Nauroimme ääneen ja meillä oli hänen kanssaan kaunis kohtaaminen, jossa juhlimme rakkautta Jeesukseen, jonka jaoimme hänen kanssaan ja sitä, miten ihmeellinen tämä elämä on!

Saavuttuamme Unity Churchiin meillä oli runsaasti aikaa järjestää kokoontuminen ja uudet laukkumme toimivat loistavasti!

Mahtava kauha

Olin innostunut tehtävästäni valita intuitiivisesti laulu tai pari soitettavaksi kokoontumisten alussa ja yksi lopussa, jos aikaa oli. Minun rooliini kuului myös ilmoittaa myytävistä tuotteistamme ja puhua lahjoituksista. Sinä iltana Davidin pitämä kokoontuminen oli kaunis ja syvällinen. Loppua kohden valmistelin hermostuneesti puhetta mielessäni. Ennen kuin sain sanottua sanaakaan, David puhui. Hän kertoi kaikille, että meillä oli monia, monia apukeinoja jaettavana ja että annoimme ne ilolla ilmaiseksi.

Hänen tarkat sanansa olivat, "Joten ota vaan niin monta kuin haluat ja halutessasi jätä lahjoitus".

Juuri silloin eräs nainen tuli juosten pöydän luo kasvoillaan leveä hymy. Hän laittoi kätensä kauhan muotoiseksi, samanlaiseksi kuin on traktorin edessä ja kauhoi yhdellä liikkeellä parikymmentä CD:tä. Sitten hän sujahti ulos ovesta ja sanoi haltioituneena "Jihuu! Kiitos todella paljon!"

En voinut uskoa sitä! Katsoin Davidia ja ihmettelin, kuinka hän oli voinut sanoa jotain tuollaista! Koko "minun" tekemä kova työ, eikä dollariakaan korissa! David vain katsoi minuun isoilla loistavilla silmillään – ikuisuuden viisaus huvitteli hiljaisesti koko lavastuksen takana. Menin pöydän luo ja olin hiljaisesti halukas tulla näytetyksi, mitä varten tämä kaikki oli.

Pystyin näkemään sen. Minulle näytettiin, kuinka vähän tiesin jumalaisesta sallimuksesta. Saatoin tuntea epävarmuuden, jota tunsin aina kun puhuin lahjoituksilla tukemisesta. Tunsin vain vastavuoroisuusperiaatteen – että saat jotakin vaihtokauppana siitä mitä annat. Ja jos et saa, silloin sinulla ei ole. Vapiseva tapa, jolla puhuin siitä, että meitä tuettiin lahjoituksilla, kertoi, että minulla ei ollut kokemuksen tuomaa näkemystä sanoissani. Reaktioni naisen "mahtavaan kauhaan" kertoi minulle, että uskoin tehneeni CD:t henkilökohtaisesti ja että tarvitsisimme tietyn määrän tuloja suhteessa CD-levyihin, jotta se olisi kannattavaa. Myöhemmin rukouksessa tajusin, että odotin ihmisten antavan saman määrän, kuin hinta olisi, jotta tietäisin jumalaisen sallimuksen toimivan.

Bumpity-talo ja jäätelöihmeitä

Jatkoimme matkaa seuraavana päivänä ja ajoimme koko päivän päästäksemme ystäviemme Bobin ja Kathyn kotiin, "Bumpity-taloon". Ajaessamme ylös "bumpityn" ajokaistaa tulivat Kathy ja Bob ulos, nousivat etuoven edustalla olevalle retkipöydälle ja alkoivat laulaa toivottaakseen meidät tervetulleiksi! He olivat ihastuttavia ja niin iloisia, Bob pitkässä, valkoisessa poninhännässään ja Kathy pehmeine kasvoineen ja vaaleansinisine silmineen ja he molemmat lauloivat, "Ovi on aina auki, eikä sinun tarvitse koskaan koputtaa!" Ja voin kertoa, että he tarkoittivat jokaista laulamaansa sanaa ja tunsin välittömästi oloni tervetulleeksi.

Asetuimme taloksi sinä iltana ja olin kiitollinen, että kahtena seuraavana päivänä ei ollut suunnitteilla matkaa tai kokoontumisia. *Kaksi kokonaista päivää!* Se oli harvinaista ja odotin innolla, että saisin levätä ja rentoutua Davidin ja uusien ystävieni kanssa tässä paikassa, jossa oli hyvin tilaa.

Seuraavana päivänä heräsin tunteeseen, että olin tullut rajoilleni. En tiennyt miksi, mutta tunsin koko olemukseni raskaaksi, aivan kuin Henki olisi vetänyt ja venyttänyt minua kuin kuminauhaa ja etten vaan enää pystynyt antamaan enempää.

David piti minua käsivarsillaan ja lausui muutamia lohduttavia sanoja siitä, etten tuomitsisi sitä, mitä oli nousemassa tai miltä se näytti ja itkin vähän. En pystynyt kuvittelemaan mitään, mistä olisi apua, enkä tiennyt mitä tehdä. David ehdotti, että menisimme ajelulle. Menimme lähellä sijaitsevaan pikkukaupunkiin ja siellä puistoon, joka oli kaupungin keskellä. Käveltyämme istuimme puiston penkille. Arvostin Davidin kanssa kaksin olemista ja sitä että ympärilläni ei ollut ketään, jota en tuntenut. Minusta tuntui rankalta olla jatkuvasti uusien ihmisten kanssa, enkä myöskään halunnut, että kukaan näkisi minua egon pakokauhussa. Tunne vaan ei silti muuttunut.

David oli rakastava ja tuki minua, eikä häneen vaikuttanut lainkaan se pimeys, jossa olin. Hän vaikutti aivan yhtä iloiselta kuin muulloinkin ja sitten yhtäkkiä hän katsoi ylös ja sanoi, "Katso! Dairy Queen!" En tiennyt, mikä se oli ja se varmaan näkyi kasvoiltani. "Se on jäätelökauppa", David selitti. En tiennyt, mitä halusin, mutta ei tuntunut erityisesti siltä, että se olisi jäätelöä. "Mennään Dairy Queeniin", hän sanoi ja hymyili niin kuin siinä olisi täydellinen vastaus. Tunsin toivottomuutta mutta nousin kuuliaisesti ylös, tartuin Davidin ojentamaan käteen ja kävelin hänen kanssaan kauppaan.

Kävellessämme sisään meitä tervehti pieni mies liituraitapuvussa ja siihen yhteensopivassa punavalkoisessa hatussa. David sanoi hänelle aivan kuin hidastettuna, "Kirsten tässä on Uuuudesta Seeeelannista". Pikkumies katsoi minua ja sitten jälleen Davidia, joka jatkoi, "Hän ei ole koskaan aiemmin ollut Dairy Queenissa. Hän ei edes tiedä, mikä Dairy Queen on!" Davidin puhuessa pikkumies suoristi itsensä, röyhisti rintaansa ja alkoi sädehtiä Davidin lopetellessa. Hän katsoi minua ja sanoi, "Etkö ole koskaan aiemmin ollut Dairy Queenissä? No, minäpä kerron sinulle, mitä kaikkea meillä on!" Hän oli niin eloisa ja iloinen voidessaan kertoa kaiken Blizzardeista, jäätelöannoksista ja tötteröistä, että puolivälissä jäätelöannosten listaa mielialani oli täysin muuttunut! Olin jo parantunut, kun saimme jäätelömme ja olimme menossa ulos ovesta. Ilo pikkumiehen näkemisestä täydessä toiminnassa jakamassa sydäntään oli ihastuttavaa!

David kertoi tästä vertauskuvasta kaikkialla ja sana kiiri ympäriinsä, että minä pidän jäätelöstä! Menimmepä minne tahansa, toi isäntäväkemme minulle iloisesti jäätelöä, ilahtuneena saadessaan tarjota lahjan! Joskus minusta ei oikeastaan tuntunut siltä, että olisin halunnut jäätelöä, mutta ilme ystäviemme kasvoilla kosketti sydäntäni, kun he jakoivat rakkauttaan kanssani. Opin ottamaan rakkauden lahjan vastaan yli henkilökohtaisen haluni tai halun puuttumisen siinä hetkessä. Olin hyvin onnellinen voidessani olla osa lahjaa!

Lisää oppitunteja jumalaisesta sallimuksesta

Olimme suunnitelleet Bumpity-taloon kolmipäiväisen kokoontumisen ja ihmisiä saapui sinne ympäri Wisconsia. Ensimmäisen päivän loppuessa lahjoituskorissa ei ollut mitään. Mainitsin siitä samana iltana Davidille. Hän sanoi, "No, ihmiset vaan antavat silloin, kun heistä tuntuu siltä". Seuraavana päivänä huomasin tarkkailevani tyhjää koria herkeämättä. Mikä jumalaisen sallimuksen näyttö se olikaan?! Toisen kahdeksan tuntia kestäneen päivän loppuun mennessä korissa ei ollut vieläkään mitään, ei edes yhtä dollaria.

Bobin ja Kathyn luona oli varsin lukuisa joukko ihmisiä, ja he tekivät lahjoituksia majoitustaan vastaan, mutta meille päin ei opetuksesta tullut mitään.

Tunsin sinä iltana, kuinka viha ja vastustus lähtivät nousemaan. Katsoin ajatuksia, jotka olivat projisointeja kaikkia osanottajia kohtaan. *Jos he eivät tee lahjoituksia niin he eivät ymmärrä sen arvoa, mitä me annamme. Kukaan ei arvosta tämän syvyyttä; he eivät välitä; he ottavat vain ilmaiseksi.* Sana "pidättäminen" alkoi tulla mieleeni ja vein sen syvälle rukoukseen, halusin nähdä, mitä mahdan pidätellä.

Sain välittömästi välähdyksen Uudesta Seelannista ja autostani. En ollut luovuttanut autoani Hengelle. Ja sitten muistin pankkitilin. Minulla oli pankkitili, jota myös panttasin Hengeltä. Ja sitten muistin Uudessa Seelannissa olevan talon, josta en ollut täysin luopunut. Nämä kaikki omistukset olivat osa varasuunnitelmaa, mikäli asiat eivät Amerikassa onnistuisi. Jos Jumalan suunnitelma minua varten ei toimisi, oli minulla olemassa "varasuunnitelma".

Suurimman osan iltaa kävin läpi näitä asioita mielessäni ja annoin ne kaikki rukouksessa Hengelle. Sallin tästä luopumisesta seuranneen pelon nousta ja tunsin itseni jälleen upouudeksi, kuin lapsukaiseksi Jeesuksen käsissä.

Seuraavana päivänä huomasin lounasaikaan, etten ollut katsonut lahjoituskoriin kertaakaan; se oli jäänyt täysin pois tietoisuudestani. Minulla oli hyvin vähän sanottavaa ja olin nöyrässä ja hiljaisessa tilassa. Mieleni oli muuttunut vastustuksen ja puutteen tunteesta syvään kunnioituksen ja kiitollisuuden tunteeseen. Muistin, että kaikki mikä tapahtui, oli tarkoitettu olemaan minulle avuksi näyttämään mieleni, uskomukseni ja mistä vielä selkeästi oli päästettävä irti. Minulla ei enää ollut mielessäni raha-ajatuksia!

Viimeisen kokoontumisen aikana Davidin puhuessa luottamuksesta Henkeen kaikessa, nosti eräs osanottaja esiin kysymyksen rahavaroista ja sanoi, "No, onhan se teille ok. Teillä on lahjoitukset ja kun kierrätte ympäriinsä, ihmiset antavat teille rahaa, tankkaavat autonne, ottavat teidät luokseen ja tarjoavat paikan olemiseen. Teitä avustetaan täydellisesti 'jokaisen toisen' toimesta. Ja teille maksetaan, joten miten voitte sanoa, että kyse on luottamuksesta?"

Tyhjä lahjoituskori oli täydellinen rekvisiitta jumalaisen sallimuksen esittelyyn! David vastasi pitämällä koria ylhäällä ja sanomalla, "On aivan ehdotonta, ettei ole mitään pakkoa tai odotusta, että kenenkään pitäisi maksaa mitään. Henki antaa kaiken ilmaiseksi ja tarjoaa niiden kautta, jotka tuntevat Hengen kutsun. Kaikki tulee Hengeltä". Hän jatkoi eteenpäin syvän innoituksen vallassa puhuen kauniisti jumalaisesta sallimuksesta ja miten se toimii – tunsin, että se oli minulle. Tunsin syvää arvostusta ja tunsin niin paljon rakkautta jokaista kohtaan heidän esitettyään osansa niin täydellisesti. Viimeisen kokoontumisen jälkeen jokainen koki innostuksen antaa ja kori tulvehti yli.

Minulla oli vielä pitkä matka kuljettavana, mutta jokaista askeltani vahvistettiin niin paljon kiitollisuudella ja runsaudella, etten voinut olla sitä huomaamatta. Olin kokemassa hyvin todellista mielenrauhan lahjaa ja tietoisuutta todellisesta turvasta jokaisella ottamallani askeleella, kun päästin irti peloistani ja tarpeistani tätä maailmaa kohtaan.

Luku 12

Haluan Kotiin

Kesä/syksy 2005

Rakkaus on kaikki mitä on.
Polku kotiin muistamiseen
On luopumista kaikesta, mikä ei ole rakkautta.
Kun muistaa että Rakkaus on kaikki mitä on,
Muistaa Jumalan.
Luota tämän tosiasian yksinkertaisuuteen
Olet se mitä etsit.
Rakkaus on kaikki mitä on.

Kotiin Taivaaseen

Meillä oli Bumpity-talossa eräänä iltana hyvin eloisa keskustelu, missä nousi esiin aihe "halusta mennä kotiin Taivaaseen". Tässä päiväkirjakirjoitukseni, jossa keskustelen Pyhän Hengen kanssa seuraavana päivänä:

Päiväkirja

Kirsten: Hyvää huomenta, Pyhä Henki. Eilen illalla eräs ystävä kysyi, "Milloin se tapahtuu? Haluan mennä kotiin. Haluan olla Taivaassa". Aivan niin kuin jossain muualla todella olisi paikka, johon mennä. Mitä voit kertoa tästä minulle?

Pyhä Henki: Se, mitä tunnet juuri nyt – rauhaa, asettumista, läsnäoloa – on kuin olisit Taivaan kynnyksellä. Tämä maailma on keksitty; sen lait ovat tekaistuja. Syy miksi se tuntuu niin todelliselta ja on tarve selviytyä tai paeta sitä, on, että sen ottaa vakavasti. Mieli, joka ei enää usko, että tämä maailma olisi tosi ja todellinen, on siitä vapaa. Mieli, joka tuomitsee, tuntee itsensä ajan ja paikan vangiksi.

Kirsten: Taivasten Valtakunta on sisimmässä.

Pyhä Henki: Kyllä. Valon välähdykset ja muut visuaaliset ilmiöt, joita sinä ja ystäväsi koette ja joista puhutte, ovat muistuttajia, symboleja siitä, että tämä maailma ei ole sitä miltä se näyttää.

Kirsten: Joten erityistehosteiden haluaminen ei ole parasta ajan käyttöä. On parempi siirtää sivuun kaikki tuomitseminen ja soveltaa harjoitusta käytäntöön.

Pyhä Henki: Kyllä. Tie tästä maailmasta vapautumiseen on päästää irti siitä. Se, että toivoo ja haluaa tiettyjä kokemuksia maailmassa tai maailmasta, saa sen tuntumaan todelliselta. Ei maailmaa tarvitse paeta vaan uskomusta, että se on todellinen.

Kirsten: Minulla ei ole tarvetta tietää tämän enempää. Olen utelias sen suhteen, minne täältä, mutta sen ajatteleminen tuntuu vievän minut pois ainoasta tavoitteestani, joka on Jumalan rauha. Ei tunnu, että olisi avuksi yrittää kuvitella olevansa jossakin muualla tai kokemassa jotakin muuta, kuin mitä on tässä ja nyt. Se saa ajan tuntumaan todelliselta, esteeltä taivaaseen, aivan kuin siinä välissä missä olen ja missä haluan olla, olisi todellinen ongelma. Minun tarvitsee vain rentoutua ja vajota hetkeen kokeakseni rauhaa; voin tuntea, että tämä hetki heijastaa Taivastilaa.

Jumalalle vihainen

Olin edelleen ystävien kanssa Bumpity-talossa ja menin iltapäivänokosille. Huomasin ärsyyntyväni, kun kuulin Davidin pesevän hampaitaan alakerran hallissa. Mielestäni hän teki sen turhan äänekkäästi. Ajatuksia virtasi mieleeni: *Ei kyllä kaikki metelöi tuolla tavalla. Hän tekee sitä jatkuvasti. Olen siihen täysin kyllästynyt. Minun ei tarvitse sietää sitä.* Täysin odottamatta David tuli huoneeseen ja meni pitkälleen. Kerroin hänelle, miltä minusta tuntui – enkä ensimmäistä kertaa. "David, olen vihainen sinulle, koska teet noita 'sylkemisääniä'." Hän vastasi, "Et sinä minulle ole vihainen, olet vihainen Jumalalle" ja sitten hän kääntyi ympäri ja vaipui uneen.

Tartuin tähän ja aloin tekemään töitä sen kanssa. *Olenko vihainen Jumalalle? Koska minuun sattuu. Tämä maailma on tuskallinen paikka. Missä tuska on? Päähän, niskaan ja hartioihin on sattunut kaksi päivää ja nyt sattuu silmiin. Jos kaikki kipu johtuu kehoon projisoidusta päätöksestä ja tämä on kaikki mieltäni, mistä ajatukseni kivusta tulevat?*

Kävin läpi henkisen katselmuksen kohdista, joissa oli ollut viime aikoina kipua ja kärsimystä. Huomasin, että olin havainnut kipua päivittäin nyt jo useita päiviä. Yksi kerrallaan kävin läpi henkilöt ja tilanteet, joissa olin havainnut kipua, kamppailua elämän kanssa tai halun parantua, mutta joka "ei ollut ihan vielä siellä". Sanoin muistikuvan löytäessäni joka kerta itselleni, "Havaitsin tässä henkilössä kipua ja projisoin tämän kivun kehooni". Toistin tätä ja vapautin kivun mielestäni ja kehostani. Kun olin lopettelemassa katselmustani, kaikki kipu oli poissa. Jotain epämääräistä surua nousi esiin ja itkin muutamia kyyneleitä, mutta jälkeen päin tunsin rauhaa. Olin ollut epävarma, menisinkö sinä iltana Davidin ja ystäviemme kanssa elokuviin. Nyt tunsin itseni kevyeksi ja vapaaksi, joten nousin ylös, kävin suihkussa ja lähdimme ulos yhdessä.

Jaoin kokemukseni autossa matkalla elokuviin. Ennen pitkää me kaikki nauroimme kuin lapset karkkikaupassa.

Unia

Päiväkirja

Kirsten: Hyvää huomenta, Pyhä Henki. Kiitos tästä päivästä. Viime yön uneni olivat ihan levällään. Keskeinen teema jokaisessa tilanteessa oli hallinnan puute.

Pyhä Henki: Mielesi esittää näkyväksi toiveiden täyttymisen. Unesi symboloivat ajatuksiasi ja mahdollisia vaihtoehtoja päivän aikana tapahtuneisiin tilanteisiin.

Kirsten: Tuntuu siltä kuin tuomitsisin käyttäytymiseni, asenteeni ja itseni jopa silloin kun näen unta nukkuessani. Heräsin syyllisenä siitä, että olin läksyttänyt unessani koiraani!

Pyhä Henki: Se *kaikki* on mieltä, se *kaikki* on ajatuksia, se *kaikki* on unta. Anna ne kaikki minulle. Anna anteeksi itsellesi ja havainnoillesi siitä, mitä tapahtui, mukaan lukien henkilöhahmot ja mitä he tekevät. Ilman tarkoitusta ne ovat merkityksettömiä niin kuin kaikki, mikä on tästä maailmasta. Anna ne anteeksi, anna niille siunauksesi ja vapauta ne siitä, mitä ajattelit niiden olevan.

[Istun meditaatiossa ja toivotan anteeksiannon tervetulleeksi pesemään muistikuvat äskeisistä yöunistani ja päiväajan kokemuksistani. Lempeä rauha säteilee mieleni läpi siunaten jokaista ja kaikkea.]

Kirsten: Voi kiitos, Pyhä Henki. Näen nyt, että kaikki mitä havaitsen, on omassa tietoisuudessani. Minulla on hienovarainen tunne siitä, kuin olisin tehnyt jotakin väärin, että olin epärehellinen. Haluan hyvittää ja saada sen menemään "tällä kertaa" oikein jokaisessa unen tilanteessa. Haluan että maailma pelaa minun tavallani ja syytän henkilöhahmoja, jos he eivät tee sitä, mitä minä haluan heidän tekevän. Ne kaikki ovat väärä-mielisiä ajatuksia, jotka minä ja henkilöhahmoni näyttelemme ja ne perustuvat uskomukseen Jumalaerosta. Yritän hallita maailmaa perustuen syyllisyyteen ja pelkoon hallinnan puutteesta. Onko sinulla jotakin lisättävää?

Pyhä Henki: Rakasta veljeäsi kuin itseäsi mukaan lukien heidät, jotka ovat yöajan unissasi. Sinä olet viaton. Rakasta itseäsi, myös yöuniesi "sinua".

Kirsten: Entäpä, kun aloitan päiväni? Päätän, millaisen päivän haluan. Valitsen rauhan ja rakkauden ja olen halukas antamaan anteeksi minkä tahansa asian, joka eteeni tulee parannettavaksi niin että uneni tapahtuu sen mukaisesti. Huomattuani hallintaongelman yöajan unissani, ehkäpä yritän hallita myös päiväajan untani.

Pyhä Henki: Ego ylläpitää tunnetta hallinnan puutteesta ja hallinnan tarvetta; vain ego ei tiedä mitä se haluaa. Sen päätös haluta jotakin perustuu puutteeseen ja pelkoon ja se yrittää hallita olosuhteita ja lopputuloksia saavuttaakseen päämääräänsä. Mutta se ei tyydy siihen, että se saa mitä haluaa. Siitä ei tunnu koskaan, että sillä olisi asiat hallinnassa ja että se olisi turvassa; se haluaa hallita niin kovasti, koska se uskoo löytävänsä turvan muodoista ja harhoista. Kun valitset Jumalan, valitset kuulla ja seurata minun ohjaustani. Teet sen yhden päätöksen, mistä on todellisia seurauksia. Taivaassa ei ole puutetta; siksi siellä ei ole tarpeitakaan. Siellä ei ole puutetta mistään, eikä siellä ole mitään tavoiteltavaa, ei mitään mikä voisi sekoittaa tai rajoittaa; siksi hallinta on merkityksetöntä.

Tämä maailma on näyttämö täynnä lavasteita. Lavasteet eivät tuo pysyvää rauhaa ja onnellisuutta – miten ne voisivatkaan? Ne ovat lavasteita! Halutessaan lavasteita henkilöhahmot uskovat, että näytelmää tulee hallita; he pelkäävät, että toiset henkilöhahmot saattaisivat sekaantua tähän mielenvikaiseen toiveeseen saavuttaa ja pitää itsellä nämä kohteet, joilla ei ole sisältöä. Kun annat päiväsi, elämäsi minulle täydellisellä halukkuudella kuunnella ja seurata ohjaustani, ohjaan sinut tämän näennäisen, epätodellisten lavasteiden ja näyttämöjen sokkelon läpi. Lavasteita voidaan käyttää avuksi symboleina näyttämään sinulle tietä. Ystävähahmot elämässäsi tulevat todistamaan rakkauden, onnellisuuden ja rauhan toiveistasi. Kun tahtosi on yhdistynyt minun tahtooni, pelistä tulee nautittava; se on täynnä ihmeitä, rakkautta ja naurua.

Kirsten: Kiitos, Pyhä Henki.

Jumalan Rakkaus

Luettuani tänä aamuna parantumisesta Opettajan käsikirjasta, minulla oli elävä kokemus Jumalasta – minua syleili ja ympäröi kaikenkattava rakkaus, joka on.

Jaoin kokemukseni aamulla Davidin, Kathyn ja Bobin kanssa Bumpity-talossa. Yritin selittää, että se rakkaus, joka he ovat, sekä yhteisestä tarkoituksestamme syntyvä kannustava, ravitseva ympäristö, *on* valo, joka loistaa pois pimeyden. Olen käynyt läpi paljon parantumista viimeisten kahden viikon aikana, se on käynyt niin nopeasti ja helposti, koska olen joka hetki kylpenyt rakkaudessa.

Päiväkirja

Kirsten: Hyvää huomenta, Pyhä Henki. Siinä, mitä tänä aamuna luin, sanottiin että paraneminen on varmaa, mutta sitä ei aina hyväksytä välittömästi. Joten jopa silloin kun epäilen, minun tulee antaa luottamuksessa ja varmana lopputuloksesta. Sitä on todellinen antaminen. Henki vastaanottajan mielessä etsii lahjaa, ja Henki antajan mielessä antaa sen. Annetaan Jumalalta Jumalalle: sitä ei voi siis koskaan hukata tai kadottaa, eikä se voi olla vaikuttamatta. Onko sinulla jotakin lisättävää?

Pyhä Henki: Annat elämän lahjan veljellesi olemalla yksinkertaisesti se, kuka olet. Puhu Kristukselle veljessäsi. Älä katso ulkomuotoja ja tilapäisiä harhoja, joita hän saattaa pitää itsenään.

Kirsten: Voisitko selittää tämän, "Annetaan Jumalalta Jumalalle?"

Pyhä Henki: Jumala on. Harhat eivät ole mitään. Valo, paraneminen, rakkaus, totuus ja minun läsnäoloni sinussa näyttävät liittyvän yhteen veljesi kanssa, kun hän pyytää paranemista ja paraneminen tarjotaan. Totuudessa ei ole mitään parannettavaa. Tämä projisoitu maailma ja sen kuvat eivät ole paranemisen kohde; mieli on. Totuudessa mieli on ehyt ja parantunut. Kun valo loistaa kahden näennäisesti erillisen mielen välillä, huomataan, että paraneminen on jo täydellistä, että oikeastaan ei mitään parannettavaa ollutkaan. Miten sellainen, joka on ollut aina ehyt, voisi tarvita parantumista? Jumala on, koska Jumala on kaikkialla. Jumalan voi tuntea ja kokea, mutta Jumalaa ei voi nähdä projisoiduissa harhoissa. Intensiivisen rakkauden hetket ja ilmestykset ovat välähdyksiä siitä, mitä maailman tuolla puolen on.

Kirsten: Joten paraneminen on yksinkertaisesti irti päästämistä uskomuksesta, että mikään tässä maailmassa olisi totta. Jumalan muistaminen ja kokeminen on paranemista, koska se on totuus. Ei ole mitään parannettavaa.

Pyhä Henki: Kyllä.

Kirsten: Voin tuntea nyt Hänen läsnäolonsa. Se tuntuu kuin huminalta, lempeältä ja kuitenkin voimakkaalta - kunnioittava kaikkeus ympäröi ja syleilee minua. Koti on kaikkialla. Tunnen niin paljon kiitollisuutta ja niin paljon rakkautta.

Vain totuus on totta

"Maailmassa tapahtuva havainnointi perustuu uskoon, jonka mukaan vaikeuksissa on aste-eroja. Se perustuu erilaisuuteen; epätasaiseen taustaan ja vaihtelevaan etualaan... pimeyden ja valon vaihteleviin määriin ja tuhansiin vastakohtiin, jolloin kaikki nähdyt seikat kilpailevat toistensa kanssa huomiosta... Kehon silmät näkevät vain ristiriitoja. Niistä älä etsi rauhaa ja ymmärrystä... Yksi ja ainoa vastaus kaikkiin harhoihin on totuus." OK-8.1.1-6

Aamulukemiseni Opettajan käsikirjasta käsitteli havainnointia. Minulla oli jonkin verran ymmärrystä näistä opetuksista, mutta myös kysymyksiä.

Päiväkirja

Kirsten: Hyvää huomenta, Pyhä Henki. Ymmärrän Kurssin perimmäisen opetuksen – vain totuus on totta ja vain rakkaus on todellista. Jotta havainnointi olisi yhtenäistä, kaikki valheellinen tulee laittaa samaan kategoriaan ilman yhtäkään poikkeusta. Jos pitää kiinni yhdestäkään harhasta ja pitää sen erillään toisista harhoista, tarkoittaa se kiinni pitämistä kaikista harhoista. Tästä unesta herääminen tarkoittaa, että päästää täysin irti maailmasta. Miten voin harjoittaa sitä?

Pyhä Henki: Harjoita tätä läksyä läpi koko päivän: Laita kaikki mitä näet jompaankumpaan kategoriaan – totta vai valhetta, todellista vai epätodellista.

Kirsten: Eli kun koen rakkautta, kun näen Kristuksen kasvot veljessäni, kun silitän kissaa ja se kehrää onnesta... se kaikki todistaa todellisesta?

Pyhä Henki: Otetaan se skenaario, jossa näet Kristuksen. Kehon silmät kertovat eroavaisuuksista muodossa, koossa ja teoissa, joten ne luokitellaan valheelliseksi ja epätodelliseksi. Kokemus läsnä olevasta hetkestä – Kristuksen näkeminen, kun tunnet rakkauden yhteyden itsesi ja veljesi välillä, se luokitellaan todeksi tai todelliseksi.

Kirsten: Onko sama kissan kanssa? Kun näen erot kehon koossa, liikkeissä ja äänenvoimakkuudessa, se on epätodellista ja nauttiminen yhdessä nyt-hetken ihanuudessa on todellista?

Pyhä Henki: Kyllä. Kun olet esimerkiksi kaupassa ja näet ostoskärryjä, valoja ja erimuotoisia ihmisiä, se kaikki on epätodellista. Mielentilasi – olet läsnä nyt-hetkessä ja yhteydessä veljiisi ja näet vain totuuden siitä, keitä he ovat – se kuuluu todellisen kategoriaan.

Kirsten: Hienoa! Minulla on tehtävä. Kuulostaa hauskalta ja täydelliseltä tavalta viettää viimeinen päiväni Bumpity-talossa.

Koko sen päivän jaoin hiljaisesti ajatuksiani kategorioihin totta vai valhetta. Kävellessäni ulkona huomasin valtavan isot puut ja henkäisin onnesta. Mutta "iso", "valtava" ja "puut syynä onneen" kuuluivat kaikki valheellisen osastolle. Joten mistä siis onnellisuuteni johtui? Pysähdyin ja tunsin sen – hetkessä oleminen oli totta.

Huomasin oksien läpi loistavan valon ja jatkoin kiitollisuudessa. Ei tuntunut oikealta määritellä sitä valheelliseksi, vaikka jotenkin tiesin, että auringon valo itsessään ei voinut olla syy onnellisuuteen, vaan jokin kiitollisuudessa lämmön ja valon vuoksi tuntui hyvältä. Jatkoin kävelyäni eteenpäin ja näin häkin. Ensimmäinen ajatukseni oli tuomita; toivoin ettei häkissä olisi vangittuna mitään eläintä. *En pidä isäntäväestämme, jos häkissä on eläin.* Laitoin välittömästi ajatuksen eläimestä häkissä lokeroon valheellinen ja huomasin, että mieleni muuttui huolestuneesta uteliaaksi. Ehkä siellä olisikin jokin eläin, jonka luona voisi käydä!

Palattuani taloon tarkkailin reaktioitani keskustelujen aikana, suhteessa ihmisiin, ääniin ja tilanteisiin. Huomasin, että lähes jokainen ajatukseni oli valheellinen. Ajatukseni olivat enimmäkseen tuomitsevia ja tuomitseminen tapahtui tosi nopeasti. Nähdessäni, että ajatukset ovat valheellisia, mieleni avautui kokemukseen, jossa olin utelias näkemään, mitä seuraavaksi tapahtuisi. Olin ilahtunut huomatessani, että oloni oli vapaa ja onnellinen, eikä minua painanut se tuttu tunne, että tietäisin kaiken!

Sinä iltana David ja minä pakkasimme matkalaukkumme valmiiksi aamun lähtöä varten. Olimme täynnä kiitollisuutta ajastamme Kathyn ja Bobin luona ja kiitollisia jokaisesta, joka oli tullut jakamaan Kristuksen rakkauden kanssamme.

Luku 13

Päätöksen voima

Syksy 2005

"Pelkääminen näyttää olevan tahdosta riippumaton asia, jotakin sellaista, jota et itse pysty hallitsemaan... Voit uskoa minun hallintaani kaiken sen, millä ei ole merkitystä, kun taas ohjaukseni voi johtaa kaikkea sellaista, jolla on merkitystä – jos se on sinun valintasi. Pelon läsnäolo osoittaa, että olet kohottanut kehon ajatukset mielen tasolle.

Pelon oikaiseminen on omalla vastuullasi... sinun pitäisi pyytää apua niihin olosuhteisiin, jotka ovat pelon aiheuttaneet. Niihin olosuhteisiin kuuluu aina halu olla erossa... Ennen kuin päätät tehdä jotain, kysy minulta onko sinun valintasi sopusoinnussa minun valintani kanssa. Jos olet siitä varma, et tule pelkäämäänkään." T-2.VI.1-4

Päästä irti!

Seuraava keskustelu käytiin Pyhän Hengen kanssa istuessani Davidin kanssa autossa tien päällä kohti seuraavaa määränpäätä. Tunsin oloni hiukan happamaksi, koska yöllä oli ollut hyvin intensiivistä unien näkemistä, eikä minulla ollut aamulla aikaa kirjoittaa päiväkirjaa. Minusta tuntui kuin olisin laiminlyönyt jotakin, enkä halunnut lukea ja kirjoittaa autossa.

Päiväkirja

Kirsten: Hyvää huomenta, Pyhä Henki. Mitä voit kertoa minulle mielentilastani?

Pyhä Henki: Päästä irti.

Kirsten: Okei! Onko jotakin muuta? [Hymy levisi kasvoilleni.]

Pyhä Henki: Ihanaa päivää.

Päiväni oli ihmeellinen! Se oli täynnä naurua ja ykseyskokemuksia. Ego on naurettava, eikä sitä pitäisi milloinkaan eikä missään olosuhteissa ottaa vakavasti.

Rauha maailmalle

Päiväkirja

Kirsten: Hyvää huomenta, Pyhä Henki. Mitä haluaisit, että teen tai luen?

Pyhä Henki: Lue Opettajan käsikirjasta "Miten rauha on mahdollista saavuttaa tässä maailmassa? OK-11

Se tuntui todella syvällä. Lukiessani tätä lukua valui muutamia kyyneleitä ja seuraava kirjoitus virtasi kynästäni:

> Rauha maailmalle, Herra on tullut.
> Muistan Jumalan.
> Tunnen Hänen rakkautensa, Hänen rauhansa,
> Hänen läsnäolonsa.
> Otan Hänet mukaani. Tuon mukanani Jumalan Ajatuksen.
> Olen Jumalan pyhä lapsi, jaan rauhaa ja rakkautta veljilleni.
> Käännyn Jumalan rauhan puoleen, jos milloin kuoleman
> ajatus astuu mieleeni.

Taivas on tuotu maailmaan, kun muistan Jumalan.
Jumalan Ajatus on rauha.
Minä olen Jumalan Ajatus; siksi olen ikuinen rauha,
ja tuon läsnäolossani Taivaan maailmaan.
Valitsen vain rakkauden.
Valitsen vain rauhan.
Valitsen kuulla Jumalan äänen ja tuoda siten
Taivaan maailmaan.
Aamen.

Jumalan rakkaus kantaa

David ja minä ajoimme etelään, Georgiaan, missä meillä oli viikonloppuna kokoontumisia rakkaiden ystävien kotona.

Päiväkirja

Kirsten: Hyvää huomenta, Pyhä Henki. Miten ihmeellinen viikonloppu! Minusta tuntui suurimman osan aikaa kuin olisin kellunut. Utuinen, valkoinen valo syleili jokaista ja kaikkea ja kultainen valo hehkui kirkkaasti kokoontumisia reunustavien puiden ympärillä. Puhuessani en ollut tietoinen itsestäni kehona. Viestit ja vertauskuvat yksinkertaisesti vaan virtasivat lävitseni. Viikonloppu oli kaunis meditaatio, joka sisälsi musiikkia, keskusteluja, yhteisiä aterioita, naurua ja hiljaisuutta.

Vaivuin syvään hiljaisuuteen ja samalla kirjoitus virtasi mieleni ja kynäni kautta:

Olen Jumalan lapsi. Heijastan Jumalan Rakkautta.
Enää en usko, että olisin keho.
Enää en ole rajoittunut. Minut on vapautettu.

Maailman loppu

Tänään maailma loppui tietoisuudessani – se huuhtoutui pois tiedossa, että Jumalan Poika on viaton. Se on niin yksinkertaista. Kun tämä oivallus oli tuloillaan minulle, emäntämme oli juuri katsomassa syvälle mieleensä ja kysyi, miksi maailma tuntui niin tuskalliselta paikalta olla. Kirjoittaessani siitä, miten Jumalan Poika on viaton, hän oivalsi, että ainut syy tuskaan, kärsimykseen ja pelkoon oli syvälle asettunut uskomus syyllisyyteen.

Luen Opettajan käsikirjasta lukua "Miten maailma päättyy?". OK-14. Oivalsin totuuden syvässä rukouksessa. Syvä rauhan tila säteili kautta koko olemukseni, kun nämä ajatukset ja oivallukset virtasivat mieleni kautta:

> Jumalan Poika on viaton.
> Tämän rukouksen myötä tuomitseminen päättyy.
> Jumalan Poika on viaton!
> Tässä toteamuksessa, sen tiedostamisessa, että kaikki asiat toimivat yhdessä hyvän vuoksi, maailma päättyy.
> Maailma on pelastettu siitä, mitä uskoin sen olevan.
> Juuri nyt sanat eivät riitä kuvailemaan, mitä tunnen.
> Maailma on ohi. Olen täyttänyt tehtäväni.
> Tehtäväni oli anteeksiantaminen ja maailma on anteeksiannettu.
> Jumalan Poika on viaton.
> Sillä ei ole väliä, mitä maailmassa näyttää nyt tapahtuvan
> – milloinkaan enää minua ei voi pettää.
> Kaikki kokemukseni ovat tuoneet minut tähän hetkeen, tähän tietoisuuteen. Olen siunattu.

Kehoajatukset ja mielen voima

Päiväkirja

Kirsten: Hyvää huomenta, Pyhä Henki. Haluaisin uuden tehtävän. Olen tietoinen, että silloin kun tunnen kipua kehossani, mieleni täyttyy välittömästi ajatuksilla, miten korjata se. Haluaisin keskittyä Kurssissa olevaan syvään opetukseen: "Pelon läsnäolo osoittaa, että olet kohottanut kehon ajatukset mielen tasolle." T-2.VI.1 Minusta tämä auttaa minua päästämään irti mieltä askarruttavista "kehoajatuksista", joissa kadotan sen tunteen, että olen yhteydessä Sinuun. Mitä ajattelet tästä ideasta?

Pyhä Henki: Loistavaa!

Kirsten: Onko jotakin, mitä voisin sanoa itselleni sortumatta kieltämiseen aina kun koen vähäisintäkään kipua ja rajoitusta kehossa?

Pyhä Henki: Muista päämääräsi ja vie tietoisuutesi muuttuneeseen mieleesi. Sano, "Näyttää siltä kuin tuntisin kipua kehossani, mutta keho ei ole syy-seuraussuhteinen, eikä myöskään ympäristö ole. Olen halukas vapauttamaan tämän ajatukseni kokonaan".

Kirsten: Kiitos. Aivan täydellistä! Tunnistan ajatuksen, nostan sen tietoisuuteen ja ojennan sen sinulle halukkaana olemaan väärässä sen suhteen. Tällä tavoin lakkaan tekemästä johtopäätöksiä kehoni suhteen, sen rajoituksien ja mitä seurauksia teoillani ja ympäristöllä on siihen. Mitä muuta voisit kertoa?

[Niskassani tuntuu tuttu jäykkyyden tunne.]

Kirsten: Ok, Pyhä Henki, tässä se nyt on. Niskani on jäykkä ja kun menen kiropraktikolle, kipu tuntuu hellittävän. Minä haluan mennä kiropraktikolle. Annan tämän Sinulle. Näen, että olen nostamassa "kehoajatuksia" mieleni tasolle juuri nyt.

Menin rukoukseen ja tunsin, että havaintoni siitä, mikä kehon kivut aiheuttaa, oli hyvin, hyvin syvällä: *Minä olen keho, niskani on jäykkä ja se vaikuttaa minuun. En voi tuntea rauhaa, jos olen tällainen.* Kykenin näkemään, että olin tehnyt johtopäätöksiä siitä, mikä kehon kivut aiheuttaa ja miten keho voisi parantua, todistaen itselleni näin yhä uudelleen ja uudelleen, että kehoajatukset olivat todellisia.

Kirsten: Vau! Luulenpa siis, että kun harjoitan tätä, tulen vapautumaan kehon rajoituksista kokonaan!

Pyhä Henki: Se kaikki on ajatusta. Keho on ajatus; kipu, säryt, lihakset, kivun syyt jne. ovat kaikki ajatuksia. Koko maailma ja maailmankaikkeus koostuu päällekkäisistä ajatuskerroksista. Vapauttamalla ajatusketjun, vapautat mielesi olemaan nyt-hetkessä. Sen jälkeen kehon voi nähdä Jumalan Pojan väliaikaisena pyhänä kotina, ei enää vankilana, jossa tunnet olevasi ansassa. Vapauta mielesi; katko kahleet. Et ole nukke, joka on kehon armoilla. Sinä olet Henki – Jumalainen Mieli.

Olet päättänyt, mikä on päämääräsi ja ryhtynyt sitten tavoittelemaan sitä. Kun huomaat, että päämäärä ei enää palvele sinua, kuten esimerkiksi kehon kokemus kivusta, muutat päämäärääsi. Sinulla on monia tavoitteita, jotka eivät ole linjassa jumalallisen mielen kanssa ja kun tuot ne minulle valmiina ja halukkaana vapauttamaan ne, tulet vapautumaan uskomuksesta, ettet ole vapaa.

Kirsten: Olen todella innostunut tästä!

Pyhä Henki: Loistavaa.

Kuumia ajatuksia

David ja minä ajoimme etelään kohti Floridaa, missä joukko hyvin innostuneita ystäviä oli järjestänyt kymmenen kerran kokoontumissarjan Unity-kirkkoihin ja kurssiryhmiin. Saavuttuamme Floridan osavaltioon auton ilmastointilaite hajosi. Kysyin Davidilta, voisiko sen korjata ja hän sanoi, että korjaaminen saattaisi tulla kalliiksi, joten odottaisimme, että jokin ilmastointilaiteliike ilmestyisi näkyviin tavalla, joka olisi selkeä ja ilmeinen. Kaunaiset hyökkäysajatukset ja tunteet vilistivät mieleni läpi; miksi emme korjauta sitä nyt välittömästi? David ei tue tässä minua. En ole samaa mieltä siitä, että meidän pitäisi odottaa siihen asti, että korjaus järjestyisi itsestään selvästi. Minä tarvitsen ilmastointia! Miksi minä olen tässä maassa? Uusi Seelanti on ihan erilainen. David on tiukka rahasta, mutta minä vain korjauttaisin sen!

Yritin antaa ajatukseni ja epämukavuuden tunteeni anteeksi luovuttamalla ne kaikessa hiljaisuudessa Pyhälle Hengelle, mutta mielessäni kävin kamppailua kuumuuden ja voimakkaan vastustuksen kanssa. Tunsin, miten intensiivisesti ego halusi oikeuttaa jotakin. Kun liikenne muuttui ruuhkaisemmaksi, tunsin että minulle oli tärkeämpää saada David ymmärtämään, että oloni oli hyvin epämukava ja tarvitsin saada ilmastoinnin korjatuksi, kuin päästää irti kuumuuteen liittyvistä hyökkäysajatuksista mielessäni. Tein muutamia huomautuksia kuumuudesta, kuinka tuulenvirettä ei ollut lainkaan ja kuinka toivoinkaan, että voisimme korjauttaa ilmastoinnin.

Kun jatkoimme istumista liikenteen keskellä, kuvittelin että pysähtyisimme johonkin ravintolaan nauttimaan viileää juotavaa. Tuntui siltä kuin emme olisi olleet Davidin kanssa samalla sivullakaan. Tunsin häneen erillisyyttä ja pelkäsin ottaa riskin ja ehdottaa pysähtymistä jonnekin, jos se ei olisikaan "ohjattua" ja minä olisin väärässä. En tiennyt mitä tehdä. Kykenin vain sanomaan, "On niin kovin kuuma".

Tähän mennessä hiki oli jo muodostamassa pienen lätäkön paidalleni ja olin nostanut jalkani kojelaudalle. Vastauksena kommenttiini kuumuudesta David katsoi minua suoraan läpitunkevan kirkkailla sinisillä silmillään ja sanoi, "Oi, sinulla on kuumia ajatuksia!"

Ensimmäinen sisäinen reaktioni oli epäusko, Voi, hyvä Jumala! Pelleiletkö sinä minun kanssani? Tietysti minulla on kuumia ajatuksia! Kuka tämä mies oikein on?! Miksi häneen ei vaikuttanut tämä läkähdyttävä helle? Hän ei ole ihminen! Sitten minulla klikkasi... hän ei ole ihminen. Hän ei puhunut ihmisnäkökulmasta käsin.

Jotenkin sumuisen, kuumuudesta sekaisen, onnettoman mielentilani läpi kävi välähdys jostakin – ohut kaukainen muisto. Sain juuri ja juuri pidettyä kiinni siitä; se oli kuin ohut pätkä narua tuulenvireessä lennähtäen. Keskitin mieleni kaikella sillä halukkuudella, minkä sain koottua ja käänsin sen pois näistä kaunaisista ajatuksista suuntaan, jossa otan vastaan apua. Ohut naru muuttui köydeksi ja tartuin siihen kiinni. Katsoin uhritunteiden tuolle puolen ja suljin silmäni. Menin rukoukseen ja pyysin nähdä alitajuiset uskomukseni. Seuraavat uskomukset nousivat esiin ja olin halukas olemaan väärässä niistä jokaisessa, jotta saisin nostettua ne mielestäni.

Uskon, että minulla on kuuma, koska aurinko porottaa suoraan autoon. Olen halukas olemaan väärässä tämän suhteen! [En pystynyt kuvittelemaan, mitä merkitystä sillä olisi, jos sanoisin olevani väärässä, koska kuumuus oli niin ilmeinen tosiasia!]

Uskon, että minulla on kuuma, koska olemme Floridan lämpöaallossa, eikä meillä ole ilmastointia. Pyhä Henki, olen halukas olemaan väärässä! Edelleen tunsin itseni epäuskoiseksi.

Uskon, että minulla on kuuma, koska hiki valuu pitkin kehoani.

Olemme juuttuneet liikenneruuhkaan. Näen, miten tienpinta sulaa ja lämpöaallot nousevat autosta. [Putosin syvemmälle tuntemuksiini ja löysin yhteyden pelkoon.]

Pelkään, että kuumuus satuttaa ja vahingoittaa minua. Haluan nähdä tämän toisella tavalla.

Tämä maailma vaikuttaa yhä minuun. Minulle tulee päänsärkyä ja haluan suojella itseäni. Haluan antaa tämän uskomukseni sinulle, Pyhä Henki.

Tunsin, että jännitys nousi pois mielestäni ja juuri kun annoin viimeisen ajatukseni Pyhälle Hengelle, viileä tuulenvire tulvahti avoimesta ikkunastani ja suuteli minua poskelle! Se ilahdutti minua ja nauroin ääneen! "Viileää ilmaa!" Huudahdin, "David, viileä tuulenvire tuli juuri kun annoin pois kuumat ajatukseni!" David oli aivan yhtä ilahtunut kuin minäkin. Paistattelimme ilossa, jälleen meitä muistutettiin, miten paljon meitä rakastetaan ja kuinka kaikki asiat toimivat yhdessä korkeimman hyväksi. Mennä tulen läpi mielessäni ja pulahtaa ulos toisella puolella jostain niin intensiivisestä, tuntui minusta huikealta! Se oli ihme! Hetken kuluttua liikenne katosi ja olimme avoimella valtatiellä ikkunat alas rullattuina ja musiikki soiden. Lauloimme iloisesti mukana ja nautimme yhteisestä loppumatkastamme.

Tätäkö elämäni on?

Saavuttuamme määränpäähän innostunut isäntäväki ja järjestäjät tervehtivät meitä lämpimästi. Vaikka rakastuin jokaiseen tapaamaani henkilöön, olin silti huolissani huomatessani, että keski-ikä oli noin 70 vuotta. Uusilla ystävilläni oli kaikilla valkoiset hiukset ja he ajoivat hitaasti. He puhuivat silmälasiensa hukkaamisesta ja ajan kulumisesta loppuun. Uhriajatuksia nousi esiin: *Voi, hyvä Jumala. Tätäkö elämäni on? Tanssinko enää ikinä teknoa? Olisiko minulla enää ystäviä, joiden kanssa käydä pitkillä, reippailla kävelyillä?* Tuntui kuin minulla ei olisi enää mitään hallintaa elämääni. Kyllä, olin halukas antamaan sen kaiken Hengelle ja oikeastaan en *halunnut* lähteä tanssimaan teknoa, mutta mielen jakaantuminen tuntui rankalta. Piilotin "epähenkiset" ajatukseni. Huomasin rukoilevani salaa, että jostain ilmestyisi lähempänä omaa ikääni olevia ihmisiä.

Menin rukoukseen ja vapautin ikään liittyvät ajatukseni Hengelle. Rukoilin, että minulle näytettäisiin, ettei ikä merkitse mitään ja ettei mitään uhrausta todellisesti ole. Tarkkailin Davidia, kun hän väsymättä kohtasi innostuneita IOK-opiskelijoita ryhmä toisensa jälkeen. Huomasin, että ryhmän nuorimpana jäsenenä – noin 30 vuotta nuorempana kuin muut – se olin minä, joka jäin jälkeen. Olin ainoa, joka katosi iltapäivän nokosille!

David kutsui ystäviämme rakastettavasti "vanhemmiksi säteilijöiksi" tarkoittaen Kurssin yli 75-vuotiaita opiskelijoita, jotka säteilivät iloa ja valoa! He eivät kokeneet enää henkilökohtaista vastuuta huolehtia maailmasta, eikä heillä ollut mitään kiinnostusta tulevaisuuden päämäärien suhteen, eivätkä he välittäneet muotiasioista! He olivat onnellisia!

Olimme erään ystävän luona eläkeläiskylässä, missä nopeusrajoitus oli 8 km tunnissa. Asukkaat ajelivat ympäriinsä isoilla kolmirattaisilla ja veivät lahjoja ja ruokaa toisilleen. Lähtiessämme Floridasta olisin ihan iloisesti voinut jäädä sinne ikuisiksi ajoiksi!

Kristuksessa kelluen

Olin hajoamassa. Olimme tehneet kolmasosan seitsemän kuukauden matkastamme, enkä tiennyt pystyisinkö jatkamaan. En kyennyt lainkaan hallitsemaan, mitä puin päälleni tai mitä söin, mihin lähdin tai harjoitinko liikuntaa. Minusta tuntui kuin olisin narukerä, jota purettiin auki. Pelkäsin, että jos jatkaisin tällä purkuvauhdilla, minusta ei olisi pian mitään jäljellä!

Ystävät tarjosivat meille lepopaikaksi meren äärellä sijaitsevan huoneiston kolmeksi päiväksi kokoontumisten välillä. Eräänä päivänä ollessani menossa uima-altaalle tunsin oloni herkistyneeksi. Davidin lähestyessä minua vedessä minulla nousi muistikuvia, joissa olin veljieni kanssa meressä. Yhtäkkiä he leikkiessään upottivat minut veden alle. Tunsin itseni haavoittuvaksi ja pelkäsin, että David tekisi minulle saman. Lähestyessään minua käsivarret levitettyinä hän pysähtyi ja kysyi, olenko kunnossa. "Aiotko upottaa minut veden alle?" kysyin vapisevalla äänellä. Hän katsoi minua suurella rakkaudella ja lempeydellä ja sanoi, "Voi ei, en ikinä tekisi niin". Hän kietoi käsivartensa ympärilleni siellä altaassa ja päästin kyyneleet valumaan. Tunsin että Jumala piti minua käsivarsillaan.

Kun kyyneleet olivat lakanneet, kellutti David minua pitkän aikaa hiljalleen ympäri allasta. Minut siirrettiin järkytysten ja odottamattomien yllätysten maailmasta maailmaan, joka oli hellä ja äärimmäisen huolehtiva. Joka kerta kokiessani havainnoissani suuren muutoksen suhteessa itseeni tai maailmaan, tunsin vaikutuksen syvällä mielessäni. En enää tiennyt, kuka olin suhteessa maailman, ote oli irtoamassa.

Luku 14

Kuolemaa, epäilyksiä ja iso vihreä hirviö

Syksy 2005

"Pelko olisi mahdotonta, jos tietäisit, Kuka kanssasi kulkee valitsemallasi tiellä." T-18.III.3

Kuoleman pelko

Ennen istuutumista lentokoneeseen minulla ei ollut lainkaan ollut pelkoajatuksia lähtemisestä Etelä-Amerikan Kolumbiaan. Keskellä ei mitään aloin ajattelemaan kidnapatuksi tai mestatuksi joutumista. Se tuntui kamalalta. Käännyin yhä uudelleen Hengen puoleen, mutta ajatuksia vaan tuli yhä uudelleen. Kun kalpenin, David kysyi minulta, olinko kunnossa. Jaoin ajatukseni mestatuksi joutumisesta ja hän piti kiinni kädestäni vakuuttaen minulle, ettei se kuulunut Hengen suunnitelmaan. Mutta kuoleman pelon noustessa mielessäni yhä uudelleen rukoilin ja toivoin, että se loppuisi. Nyt pelkäsin myös sitä, että koska maailma heijastaa uskomukset takaisin, saattaisin vetää puoleeni tätä kokemusta, koska mieleni on voimakas. Sen tiedostaminen lisäsi painetta haluta ajatusteni nopeaa parantumista.

Muutama tunti ja kaksi pysähdystä myöhemmin istuimme transithallissa Cartagenassa odottamassa lentoamme Caliin. Kyyneleet valuivat pitkin poskiani, sillä pelko ei hellittänyt. Minusta tuntui kuin aika olisi kulumassa loppuun. Eräs ajatus välähti mielessäni. Sanoin Hengelle,

"Selvä. Jos minun täytyy kokea mestaus tai nähdä se omin silmin, voisiko se olla televisiossa, koska en halua tämän kehon joutuvan käymään läpi sellaista kokemusta. Se tuntuu olevan liikaa".

Käännyin halaamaan Davidia ja itkin hetken. Kun katsoin ylös, huomasin pienen television edessäni seinällä. Siinä esitettiin elokuvaa, jossa Kim Basinger yritti suojella nuorta tyttöä, jolla oli yliluonnollisia kykyjä. Katsoessani en voinut uskoa silmiäni. Joukko hyökkääjiä jahtasi tätä nuorta tyttöä metroasemalle ja kun Kim saapui asemalle, hän löysi tytön tuettuna seinää vasten. Kun Kim kosketti tyttöä ystävällisesti olkapäähän ja kysyi, oliko tämä kunnossa, tytön pää kierähti irti!

Olin shokissa! Olin niin sisällä elokuvassa, että ensimmäiset reaktioni olivat järkyttyminen ja projisoiminen! "Miten he voivat näyttää tämän elokuvan lentoaseman odotustilassa? Täällä on lapsia!" Sanoin Davidille. Hän katsoi minua suurilla sinisillä silmillään ja sanoi, "Se on ihan sinua varten, Kirsten". Aloin tajuta, että elokuva oli vastaus rukoukseeni. Tämän lennon valitseminen ja pysähtyminen juuri tämän lentokentän odotushallissa juuri tähän aikaan oli todella ihan minua varten. *Kaikki* tässä maailmassa oli tukemassa heräämistäni. Jälleen kerran olin syvästi vaikuttunut Hengen ihmeellisestä suunnitelmasta parantaa mieleni!

Voi kiitos, Henki! Itkin ilon ja kiitollisuuden kyyneleitä ja annoin Davidille ison halauksen. Se tuntui niin syvällä ja syvälliseltä. Saapuessamme Caliin rakkaat Kolumbian IOK-ystävät käärivät minut niin suureen määrään rakkautta, että pienimmätkin epäilyt ja pelot siitä, että minua olisi vahingoitettu, pestiin pois hyvin ja perusteellisesti.

Vertailu ja itseni epäily

Olimme Lilin, eläväisen ja viehättävän nuoren naisen luona, joka elää seesteisen teinityttärensä kanssa. Lili eli kädestä suuhun ja kykeni hädin tuskin kattamaan elinkustannuksensa. Kun hänen kurssiryhmänsä harkitsi tapaamispaikkoja kuukauden mittaiselle iltaisin tapahtuvalle kokoontumisellemme, oli päätetty, että hänen keskusta-asuntonsa oli tarkoitukseen sopivin.

Lili oli riemuissaan voidessaan majoittaa meidät Kolumbia-kuukautemme ajaksi. Oleminen Lilin kanssa, "vapaan hengen", joka nauraa, rakastaa ja elää antaumuksella, herätti minussa kaikenlaisia tunteita – innostuksesta ja ilosta vertailuun ja itseni epäilemiseen. Syvällä sydämessäni toivoin olevani todella vapaa ja voivani elää ilman pelkoa seurauksista. Jo pelkästään Lilin kanssa oleminen näytti minulle vertailun kautta, kuinka rajoittunutta ja kontrolloitua ajatteluni oli. Myös Davidia inspiroi Lilin vapaan hengen luonne. Ei kestänyt kauaakaan, kun upposin syvälle parantumiseen liittyen kateuteen ja omistushaluun.

Lili ja sormus

Lilin äiti tuli tervehtimään meitä. Huomatessaan Davidin sormuksen hän alkoi kysellä Davidilta suhteista. David kertoi hänelle, että hänen sormuksensa symboloi liittoa Jumalan kanssa. Se oli totta ja olin siitä samaa mieltä. David sujautti sormuksen pois sormestaan ja sanoi sormusta iloisesti heiluttaen, "Sormuksessa ei ole alkua eikä loppua. Se on avioliiton ja yhteenliittymisen symboli. Sormus itsessään ei ole tärkeä". Hän ojensi sormuksen Lilille ja sanoi, "Voisin antaa sen sinulle". Hän ojensi sen Lilin äidille ja sanoi "Tai sinulle!" Hän jatkoi kertoen, "Se ei ole symboli liitosta jonkin henkilön kanssa. Se on symboli liitosta Jumalan kanssa, liitosta Jumalallisen Rakkauden kanssa".

On yksi asia puhua vihkisormuksesta, joka symboloi liittoa Jumalan kanssa, mutta kun David tarjosi sormusta toisille, tunsin kuinka vatsan pohja kutistui – siellä oli aivan kuin iso, pimeä, tyhjä aukko. Pelon ajatuksia pulpahteli esiin: *Miten hän saattoi sanoa noin! Voin kyllä uskoa, että hän tarkoitti sitä!*

Ja kuitenkin sopimuksemme oli niin vahva; tiesin, että David rakastaa minua. Mieleni ryntäsi etsimään turvaa ja yritti vakuuttaa minulle, että ei David oikeasti antaisi sormusta jollekin toiselle. *Varmastikaan hän ei voisi tehdä niin puhumatta siitä ensin minun kanssani!* Vakuutin itselleni, että kukaan ei itse asiassa edes ottaisi sormusta tietäessään, että David matkusti ja oli naimisissa minun kanssani. Mutta näiden oikeuttavien ja itseä suojelevien ajatusten alla tiesin, miten asia oli. David voisi antaa sormuksen pois! Iloisesti! Hänen sitoutumisensa Hengen heräämissuunnitelmaan oli kaikkien tämän maailman sitoumusten yläpuolella – minut mukaan lukien. Hän ei ollut lainkaan kiinnittynyt sormukseen ja käsitykseen, että se jotenkin sitoisi yhteen meidät.

Minulla ei ollut muuta mahdollisuutta kuin uudelleenohjata turvallisuustoiveeni Jeesukselle.

Menetän otteeni

Maailmaltani putosi pohja pois. En ollut koskaan ollut suhteessa, jossa toinen ei yrittäisi pitää kiinni minusta, ei pelkäisi menettävänsä minua tai ei yrittäisi jollain tasolla vakuuttaa minulle, että olin erityinen. Nyt olin kokemassa, että en ollut vain olematta erityinen vaan että kaikki mikä oli "minun", voisi tarjota jollekin toiselle. Se iski minua ytimeen saakka. Sen "itsen" ytimeen, joka oli tehnyt kovasti töitä, joka oli ponnistellut saavuttaakseen jotakin – aseman, turvallisuutta, jonkinlaisen varmuuden. Niistä mikään ei merkinnyt Hengelle mitään. Tuntui siltä kuin elämääni olisi tarjottu hopealautasella jollekin toiselle.

Ennen Kolumbiaan tuloani minulla ei ollut aavistustakaan siitä, että olin kiinnittynyt Davidiin ja sijoittanut elämäni häneen. Nyt oli silmiinpistävän selvää, että kärsin molemmista.

Tuntiessani rumuuden kilpailussa Lilin kanssa olin kykenemätön toivottamaan häntä tervetulleeksi sydämeeni tai tukemaan häntä, kun hän oli irrottautumassa elämästä, jossa hän tunsi olevansa vankina. Tässä mielentilassa en kyennyt myöskään olemaan yhteydessä Davidin kanssa. Kävelin ympäri Calin katuja ja soitin aina uudelleen ja uudelleen Enigman kappaletta "Return to Innocence" ("Paluu viattomuuteen"), sallin koko hulluuden mennä lävitseni ja kyyneleiden valua.

Jonkin ajan kuluttua löysin itseni pienestä puistosta, jossa ihmisiä eli puiston penkeillä jakaen kaiken, mitä heillä oli. Ajatukseni laantuivat, kun tajusin, että minulle näytettiin jotakin. Jotenkin mieleeni avautui halkeama ja valo pääsi loistamaan läpi. Näin puolustavat ajatukset: *Nyt kun olin vetäytynyt, voisin jatkaa itseni suojelemista Davidilta pysymällä poissa. Minun pitäisi olla poissa tunteja niin että hän tietäisi kuinka loukkaantunut olen.* Mutta egon ote oli löystymässä. Valo voimistui, kunnes tunsin kiitollisuutta. Pieniä epäilyksen aaltoja nousi houkutellen minua pitämään yllä erillisyyden tunnetta. Tunsin voimakasta ohjausta palata asuntoon ja lähdin puistosta.

Tuntien vetäytymisestäni syyllisyyttä kävelin asunnon ovelle, missä David ja Lili olivat vastassa kutsuen lämpimästi katsomaan elokuvaa *50 First Dates,* jossa menneisyys pyyhitään pois ja rakastutaan jokaisena päivänä kuin ensimmäistä kertaa.

Mitä jos olenkin ego?

Päiväkirja

Kirsten: Hyvää huomenta, Pyhä Henki. Mieleeni nousee edelleen monia ajatuksia, jotka liittyvät siihen, että minut syrjäytetään sekä omistushalua roolissani ja suhteessani Davidiin. Autatko.

Pyhä Henki: Joko sydämesi on siinä mukana tai se ei ole.

Kirsten: Juuri nyt se ei ole. En halua olla tässä suhteessa. Se on liian rankkaa.

Pyhä Henki: Ne ovat kaikki ajatuksia – ajatuksia siitä, että joku toinen matkustaisi sinun sijastasi Davidin kanssa, ajatuksia tulevaisuudesta, ajatuksia suhteista. Anna ne kaikki minulle ja luota minuun. Minä ohjaan sinua.

Kirsten: Okei. Tiedän, että se kaikki on egoa, koska tunteeni vaihtelevat turvallisuuden tunteista haavoittuvuuteen, luottamuksesta epäilyyn. Pelkään, että David pudottaa minut matkastaan. Taatusti hän tekee niin, jos hän huomaa, että minä olen ego! Vain ego voi tuntea mustasukkaisuutta ja katkeruutta. En ole Rakkauden läsnäolo. Tunnen itseni rikki revityksi.

Pyhä Henki: Mitä sinä haluat?

Kirsten: Jumalan rauhaa... ja toisen elämän.

Pyhä Henki: Tässä on ongelma. Et voi olla kahdessa maailmassa.

Kirsten: Kertoisitko minulle suhteestani Davidiin.

Pyhä Henki: Sinä pyysit pyhää ihmissuhdetta, rukoilit Jumalan rauhaa ja halusit eheän ja parantuneen mielen. Vastauksena siihen sinulle on annettu eräs, joka on hyvin edistynyt ja voi auttaa sinua matkallasi. Suhteesi ei ole tästä maailmasta. Kun vertailet tai teet siitä jotakin muuta kuin mitä se on, seurauksena on ristiriita ja hämmennys.

Kirsten: [Huokaisen helpotuksesta.] Kiitos. Entä mustasukkaisuus?

Pyhä Henki: Sama koskee sitäkin. Tiedät sydämessäsi, että jaatte saman tarkoituksen – et voi omia, omistaa tai rajoittaa rakkautta. Mutta jos yrität, päädyt siihen, että tunnet omien ajatustesi loukkaavan sinua.

Minun elämäni! *Minun* mystikkoni!

Päiväkirja

Kirsten: Hyvää huomenta, Pyhä Henki. Auta minua! Olen edelleen siitä vihainen, että David tarjoaa Lilille kaiken. Olen avioliitossa, joka sisältää jokaisen, mutta en halua tuntea, että olen korvattavissa. Haluan tuntea itseni erityiseksi! Minusta tuntuu pahalta nämä ajatukset haluta kaikki ja tuntea oloni turvalliseksi. Onko olemassa jokin syy siihen, että minulla pitäisi olla enemmän kuin Lilillä? Miksi minut pitäisi toivottaa tervetulleeksi ja minusta pitäisi huolehtia, olla ruokaa ja suojaa, eikä hänellä pitäisi? Ei. Kyse on omistushalusta.

En halua tuntea näin, mutta huomaan, että haluan erityisyyttä, tietää, että olen arvokas. Mitä voisit kertoa minulle omistushalusta ja suhteista? Ärtymyksestäni, kun David kohtelee Liliä rakastavasti?

[En kuullut Hengen vastausta selkeänä opetuksena, mutta tunsin, että olisi hyvä istua hetki hiljaisuudessa. Siinä istuessani tunsin, miten minussa nousi hirmuinen mustasukkaisuus. Se tuntui kamalalta. Viimeinkin ymmärsin, mitä ihmiset tarkoittivat, kun he viittasivat isoon "vihreäsilmäiseen hirviöön". Tunne oli yököttävä, mutta annoin sen tiivistyä ja tulla ylös kuin manauksena. Olin hyvin hiljaa. Ei ollut muuta tehtävissä. Viimein se heikkeni ja liukeni pois. Henki ohjasi minut lukemaan "Koska tahdon tuntea itseni, näen sinut Jumalan Poikana ja veljenäni." T-9.II.12 Viimeinkin näin Lilin ja Davidin viattomina mielessäni.]

Rakastan Liliä ja Davidia koko sydämestäni. En halua kokea olevani heistä erillinen. Haluan Jumalan rauhaa, tuntea veljeni itsenäni. Kiitos, Pyhä Henki. Pimeys on paljastettu ja vapautettu. Jumalan kiitos, se on ohi!

Omistaminen on sekaannus identiteetissä

Päiväkirja

Kirsten: Hyvää huomenta, Pyhä Henki. Eilisiltainen kokoontuminen oli ihana. Tunnen suurta selkeyttä ja rauhaa. Mitä haluaisit minun tekevän tai lukevan?

Pyhä Henki: Nauti rauhasta. Lue kertausharjoitus 52, "Olen poissa tolaltani, koska näen sellaista, mitä ei ole olemassa. Näen vain menneisyyden. Mieleni askartelee vanhojen ajatusten parissa. En näe mitään sellaisena kuin se nyt on. Ajatukseni eivät merkitse mitään."

Kirsten: Luen sen läpi ja teen paljon muistiinpanoja. Se on täydellinen kertausharjoitus. Onko jotakin lisättävää?

Pyhä Henki: Mitä tahansa havaitsetkin maailmassa ja ajatuksina mielessäsi – mukaan lukien kaikki kuvat sekä maailmasta, ihmisistä ja suhteistasi tekemäsi johtopäätökset – ne ovat samaa. Ne perustuvat maailmaan, jota ei ole. Ne perustuvat yksityisiin ajatuksiin ja ne havaitessasi tunnet erillisyyttä, joka on "syy" mielen järkytykseen. Vedä takaisin uskosi harhoihin. Pysy mielessäsi tietoisena siitä, että tämä maailma on tehty, eikä sillä ole mitään tekemistä todellisuuden kanssa.

Kirsten: Joten kokemani järkytys uskoessani, että elämäni ja turvallisuuteni Davidin kanssa oli uhattuna, koska niitä tarjottiin jollekin toiselle – miten se liittyy tähän?

Pyhä Henki: Kaikki mitä sinulla on, on sisimmässäsi. Kaikki mitä sinulla on, on minun antamaani. Voit menettää minut vain sulkemalla minut pois tietoisuudestasi. Pelko tekee sen. Kadotit tietoisuutesi minusta eilen, kun olit pelossa/vihainen/mustasukkainen. Miten joku voisi antaa pois elämäsi? Mitä sinä näet pois annettuna? Kenen toimesta ja kenelle? Muista, kuka sinä olet ja kuka veljesi on. Miten osa Itseäsi voisi antaa sinut pois toiselle itsesi osalle?

Rakkaudessa ei ole menetyksiä. Rakkaus laajentaa itselleen. Antaessasi veljellesi kaiken, mitä sinulla on, annat kaiken mitä sinulla on itsellesi. Se on todellista antamista. Mitä sellaista haluaisit pitää, mitä et voisi jakaa veljesi kanssa? Voisitko nähdä hänen kärsivän tai jäävän ilman, kun sinulla on niin paljon annettavaa ja tiedät ettet voi jäädä vaille jostakin?

Kirsten: En tietenkään voi – siinä syyllisyys tulee mukaan. Minä tajuan tämän nyt; tämä oppitunti kolmen ihmisen välillä on koko maailmaa varten. Omistamisella ja omistushalulla ei ole mitään arvoa paitsi, jos sitä käytetään pyhää tarkoitusta varten. Vai onko se enää omistamista?

Pyhä Henki: Anna minulle kaikki mitä sinulla on; tiedä, että olet yhtä *kaiken* kanssa. Pidättäminen tai osan omistaminen kokonaisuudesta on syy ristiriitoihin ja sekaannukseen identiteetissä. Kun selkeytät tämän uskomuksen mielessäsi, näet asiat eri tavalla. Näet kaikki asiat samanarvoisina ja neutraaleina, minun antamina symboleina ja rekvisiittana, jotka auttavat sinua heräämisessäsi. Jos uskot omistamiseen, näet eriarvoisuutta. Ihmiset, talot, autot ja maat, kaikki "kuuluvat toisille". Pirstoutunut maailma, jossa ykseys on mahdotonta.

Kirsten: Kiitos tosi paljon. Tämä tuntuu syvällä. En ole milloinkaan aiemmin tuntenut suhteissani mustasukkaisuutta tai omistushalua ja nyt tunnen sen koko laajuudessaan. Koko maailma perustuu omistamiseen ja omaisuuteen.

Maija Poppanen ja keskivartalo

Eräänä iltana kokoontumisen jälkeen huomasimme, että vaatteeni olivat häiriötekijä. Miehet yrittivät ratkaista, millainen naishahmo vaatteiden alla oli ja nuoret naiset kokoontumisissa eivät osanneet samaistua minuun.

Floridan "vanhemmat säteilijät" rakastivat "Maija Poppanen" -lookiani, joka muodostui asiallisesti napitetusta puserosta, muodottomasta polven alle yltävästä hameesta ja järkevistä kengistäni. Selvästikään Kolumbian Calissa – maailman plastiikkakirurgian pääkaupungissa Maija Poppanen-look ei ollut tyyli, jolla olisi kysyntää!

Kertoessani tästä ajatuksesta Davidille kävi selväksi, että vaatteeni olivat kokoontumisissa häiriöksi Davidin kautta virtaavan viestin syvyydelle. David sanoi, "Sinun täytyy antaa Hengen pukea sinut".

Lili, jolla oli mallin muodot ja joka pukeutui minihameisiin, korkokenkiin ja pieneen vartalotoppiin, ilahtui mahdollisuudesta viedä minut ostoksille! David oli aina mukana seikkailussa ja tuli myös mukaan. Mieleni oli jakaantunut, esittäen molempia puolia. Olin salaa onnellinen ajatuksesta, että minut nähtäisiin "viehättävänä" ja kuitenkin minua pelotti ja vihasin ajatusta siitä, että huomio keskittyisi vartalooni. Vanhat ajatukseni "perfektionismista" nousivat. Halusin löytää täydellisen asun, joka vaikuttaisi vain *satunnaisesti* viehättävältä niin ettei kukaan tietäisi sillä olevan minulle merkitystä. Aaaah... se ego! Selvästikin minussa oli paljon ylpeyttä ja kehoon samaistumista pois annettavaksi.

Lili tiesi, mihin viedä minut. Hän löysi täydellisesti sopivia vaatteita jokaisesta liikkeestä, jossa kävimme. Sanoin "kyllä" pitkille housuille ja ystävällisen "ei" joillekin pienille yläosille. Reaktioni yhteen toppiin oli, "Ei! En voi pukeutua tuohon!" Lili kysyi uteliaasti, "Miksi et?" Vastasin,

"Koska nännini näkyisivät!" Lili näytti olevan ymmällään, hän ei voinut ymmärtää, miksi se olisi ongelma.

Yritin selittää: "En voi olla nännit näkyvillä kurssikokoontumisessa". Hän kysyi hämmentyneenä, "Mitä vikaa nänneissäsi on?" David katsoi tätä esitystä iloisesti ja nautti Lilin viattomista vastauksista minun mielestäni sopimattomaan pukeutumiseen. Kun heidän ystävällinen naurunsa huuhtoi ylitseni, antauduin, ja annoin luottamukseni Hengelle hoitaa ostokset Lilin kautta. Lili tiesi, mikä sopisi kokoontumisiin täydellisesti. Mitä pikemmin annoin hänen päättää puolestani, sitä nopeammin nauraisin heidän kanssaan egon ajatuksille.

Calissa monet nuoret naiset tunsivat jatkuvaa painetta olla fyysisesti viehättäviä. Se ohitti reilusti sen, että olisi yksinkertaisesti vaan miesten mielestä viehättävä. Kolumbiassa suurin osa väestöä eli dollarilla päivässä ja siksi työmarkkinoilla oli todella kova kilpailuhenki. Se meni jopa niin äärimäisyyksiin, että jotkut naiset joutuivat tekemään kauneusleikkauksia voidakseen pitää työnsä.

Henki virtasi Davidin ja minun kautta todella täysillä ja hyvin syvällä tavalla sinä iltana. Tunsin, että olin juurtunut tehtävääni syvemmin kuin pitkään aikaan. Lili oli ehdottoman säteilevä; hänellä roolinsa oli ollut tärkeä hänen tukiessaan Hengen suunnitelmaa tätä kokoontumista varten. Tajusin, miten intensiivistä hänellä oli ollut ja miten suurta luottamusta häneltä oli vaatinut majoittaa meidät ja pitää kokoontumiset asunnossaan. Olin keskittynyt niin mustasukkaisuuden ja arvottomuuden tunteisiin omassa mielessäni, etten ollut lainkaan kyennyt tukemaan Liliä.

Jälleen kerran olin syvästi liikuttunut Davidin Kristus-tietoisuudesta ja kuinka ehdoton hän oli siinä, missä ja keiden kanssa hänen oli tarkoitus olla kunakin aikana. Hän oli pysyvästi linjassa sen kanssa, mikä palveli korkeinta hyvää. Joskus se tarkoitti minun jättämistäni yksin, jotta menisin läpi siitä, mikä minun tarvitsi nähdä Hengen kanssa. Sattumoisin rakastin vaatteita, jotka Lili oli minulle valinnut. Pidin niitä, kunnes ne kuluivat loppuun!

Etsi ja tuhoa

Päiväkirja

Kirsten: Hyvää huomenta, Pyhä Henki. Minulla on edelleen joitakin mustasukkaisuuden jäänteitä. Mitä haluaisit minun tekevän?

Pyhä Henki: Lue kertausharjoitus 53, "Merkityksettömät ajatukseni näyttävät minulle maailman, joka ei merkitse mitään. Olen poissa tolaltani, koska näen merkityksettömän maailman. Merkityksetön maailma synnyttää pelkoa. Jumala ei luonut merkityksetöntä maailmaa. Ajatukseni ovat mielikuvia, jotka olen tehnyt."

Kirsten: Luen harjoituksen. Haluatko kertoa jotakin muuta minulle?

Pyhä Henki: Käytä näkemiseen todellisia ajatuksiasi. Älä arvosta mielenvikaista ja merkityksetöntä maailmaa, jossa kaaos vallitsee ja elämä näyttää toivottomalta ja on täysin vailla varmuutta.

Kirsten: Näen, että mielenvikaiset ajatukseni aiheuttavat nämä naurettavat tunteet minussa ja tiedän että se on ego, koska minulla on tarve todistaa, että olen oikeassa ja tuomita David. Mieleni on suorittamassa missiota, jossa etsitään ja tuhotaan, enkä malta odottaa, että pääsisin todistamaan hänet syylliseksi niin että voin olla oikeassa ja sitten… mitä? Lähteä? Ego ei ajattele niin pitkälle eteenpäin! Haluan nähdä todellisten ajatusteni kautta.

[Putoan hiljaisuuteen ja kynästäni virtaa rukous, joka syleilee totuutta. Kirjoitan: Minä luotan totuuteen. Tunnustan, että merkityksetöntä maailmaa ei ole olemassa ja päätän vetää pois luottamuksen siitä. Näkemäni heijastaa ajatuksiani. Menettäminen, kärsimys ja kuolema tuovat esiin sen, mitä ajattelen. Annan todellisten ajatusteni valaista sen, mitä näen. Jumalan tie on varma; mielikuvani eivät pysty voittamaan Häntä, koska se ei ole tahtoni. Tahtoni on Jumalan tahto. En aseta muita jumalia Hänen edelleen. Asustan Jumalani kanssa täydellisessä kodissani. Kiitos Pyhä Henki.]

Onko sinulla minulle tehtäviä tänään?

Pyhä Henki: Lue läpi, mitä kirjoitit.

Kirsten: Kiitos Pyhä Henki. Tulen olemaan valppaana mahdollisuuksille soveltaa tätä totuutta ajatuksiini koko tämän päivän.

Luku 15

Calin suuri finaali

Syksy 2005

"Mikään tekemäsi ei voi muuttaa ikuista rakkautta." KS-5.6

"Oikea" päätös

David sai kutsun Kolumbian Medelliniin pitämään viikonloppukokoontumisia ja minusta tuntui, että jäisin Caliin. Neljä eri ystävää oli kutsunut minut viettämään viikonloppua heidän kanssaan ja huomasin, etten tiennyt mitä tehdä. Tunsin painetta oikean päätöksen tekemiseen ja olin huolissani siitä, että valitsen väärin ja menetän mahdollisuuden olla siellä missä Henki haluaisi minun olevan. Käännyin Pyhän Hengen puoleen.

Päiväkirja

Kirsten: Hyvää huomenta, Pyhä Henki. Mitä haluaisit minun tekevän?

Pyhä Henki: Muista minut. Annat itsesi jäädä kiinni maailmaan aivan kuin se merkitsisi jotakin, niin kuin unen hahmot, asiat, paikat ja tapahtumat olisivat itsessään merkityksellisiä. Maailma on näyttämö ja sen lavasteet ovat merkityksettömiä paitsi silloin kun ne annetaan minulle yhteistä kommunikointiamme varten.

Kirsten: Hyvä. Annan ne kaikki takaisin sinulle, myös uskomuksen, että minua tarvitaan. Olen Sinun ohjauksessasi. Haluan vain rauhaa.

[Menin rukoukseen ja tunsin rauhaa. Hyvin pian puhelin soi ja tiesin, että minun tulisi pakata ja lähteä ystävieni kanssa heidän farmilleen Papayaan viikonlopuksi.]

Viikonloppu enkelten kanssa

Päiväkirja

Kirsten: Hyvää huomenta, Pyhä Henki. Kerro minulle eilisillasta. Tiedän, etten voi muuta kuin olla oikeassa paikassa oikeaan aikaan, mutta tunsin hienoista tarvetta olla jossain muualla, viettämässä viikonloppua jollain toisella tavalla.

Pyhä Henki: Olisit voinut viettää viikonlopun jossakin muualla ja eri ihmisten kanssa, mutta totuus on, että oikea paikka oppimiselle ja parantumiselle on aina siellä, keiden kanssa olet. Voit valita viettää viikonloppusi epäillen ja miettien pitäisikö sinun olla jossakin muualla tai voit viettää jokaisen hetken minun kanssani omistautuen Jumalalle. Muista, että minä voin käyttää mitä tahansa ja kaikkia symboleja/lavasteita ympärilläsi opastamaan sinua kotiin, mutta vain silloin kun olet tietoisuudessasi minun kanssani. Epäileminen tulee egosta ja se sulkee minut pois tietoisuudestasi.

Kirsten: Joten kaikki on täydellistä?

Pyhä Henki: Niin on, kun vietät jokaisen hetkesi minun kanssani.

Kirsten: Kiitos. Tämä tuntuu selkeältä. Onko jotakin mitä olisi hyvä lukea?

Pyhä Henki: Lue harjoitus 291, "Tämä on hiljaisuuden ja rauhan päivä". Vietä jokainen hetki minun kanssani minusta tietoisena kuin pitäisit kädestäni kiinni. Muista hiljaisuus ja rauha.

Minulla oli ihana viikonloppu uusien ystävieni kanssa, joista kahdella oli syviä mystisiä kokemuksia ja muutoksia havainnoinnissa. Meditoimme tuntikausia, kuuntelimme enkelimusiikkia, vietimme siestaa, paahdoimme vaahtokarkkeja ja lauloimme leiritulen ympärillä.

Takaisin tuleen

Päiväkirja

Kirsten: Hyvää huomenta, Pyhä Henki. Minulla on itsetietoinen olo. Tässä kaupungissa korostetaan niin paljon kehoa. Tuntuu kuin minua revittäisiin kahtia, kun torjun kaikkea tätä kehokeskeisyyttä ja haluani olla viehättävä. Kauniita naisia on joka puolella ja heistä monet ovat olleet kauneusleikkauksissa.

Aivan kuin kävellessä kohtaisi joka päivä supermalleja. Uudessa Seelannissa olin ihan onnellinen t-paidassa ja farkuissa. Peace Housessa kävin läpi ison prosessin olla välittämättä ulkonäöstä, kuin myös uskomuksista ravitsemukseen, ruokavalioon ja liikuntaan. Nyt huomaan, että arvostelen itseäni ja muita ulkonäön perusteella. Apua! Haluan pois tästä.

Pyhä Henki: Anna ajatukset kehosta minulle. Sinä et ole keho. Se ei ole kotisi. Sillä ei ole mitään tekemistä sen kanssa, että Jumala rakastaa sinua. Kaikki kehoajatukset ovat egosta, aivan siitä riippumatta kuinka kaunisteltuilta ne näyttävät.

Kirsten: Minä tiedän, enkä voi sietää sitä. En pidä kehoon kohdistuvista kohteliaisuuksista, kuten en myöskään miesten vilkuilevista katseista yhtään enempää, kuin pidän kriittisyydestäkään. En halua, että minä tai kukaan muukaan keskittyisi kehoon. Kehokeskeisyys on jatkuvaa ja sitä ei juurikaan peitellä, siksi täällä on niin hankala olla. Egosta tulee kilpailunhaluinen ja se haluaa näyttää "yhtä hyvältä". Alan tuomita ja esineellistää itseäni ja toisia ja ennen pitkää olen helvetissä.

Pyhä Henki: Anna se kaikki minulle. Hyvä että se on noussut tietoisuuteen. Se oli jo olemassa mielessä ja nyt se on tulossa ylös vapautettavaksi. Paine tulee siitä tunteesta, että sinun pitäisi toimia niiden ajatusten mukaan, joissa sinun pitäisi näyttää paremmalta tai erilaiselta, että et olisi täydellinen, sellainen miksi Jumala sinut loi.

Kirsten: Okei Pyhä Henki. Annan kaikki nämä kehoajatukset sinulle. En halua tukahduttaa tai torjua tai toimia millään lailla niiden mukaisesti. Haluan tuntea itseni ehyeksi. Haluan tuntea veljeni ja siskoni sellaisina kuin Jumala heidät loi. Onko jotakin muuta? Olen edelleen väsynyt ja itkuinen. En halua olla täällä. En halua ihmisiä ympärilleni. Haluan olla Davidin kanssa ja levätä. En halua ajatella ketään muuta, en ongelmia enkä tulevaisuutta.

Pyhä Henki: Anna kaikki huolesi minulle.

Etsi Hengestä rakkauden ja ymmärryksen vuoksi

Maria ja minä tapasimme Kolumbian kokoontumisissa. Tunsimme välitöntä yhteyttä toisiimme. Maria oli harras Kurssin opiskelija ja hän tunsi, että Henki oli tuonut minut Kolumbiaan juuri häntä varten! Hänen aviomiehensä oli menehtynyt joitakin vuosia aiemmin. Minut kutsuttiin hänen hiljaiseen kahden makuuhuoneen asuntoonsa, joka sijaitsi vain viiden minuutin päässä Lilin paikasta. Ero näiden kahden ympäristön välillä oli kuin yöllä ja päivällä. Lilin paikka oli täynnä energiaa ja alhaalla kadulla auton torvet tööttäsivät jatkuvasti. Lili itse oli täynnä energiaa ja spontaani. Joko toisella tai molemmilla meistä oli usein menossa jonkinlainen tunnekriisi. Marian kutsu oli Hengen tarjoama hiljainen hengähdystauko minulle. David tunsi epäröintini ja sanoi että hän tulisi käymään luonani Marian kotona ja että voisin palata Lilin luo milloin tahansa tuntisin siihen tarvetta.

Otin mukaani Marian taloon pienen laukun ja huomasin vajoavani välittömästi hiljaisuuteen. Oli kulunut jo aikaa siitä, kun olin kokenut oloni niin rentoutuneeksi. Sinä iltana tunsin, että tarvitsin enemmän rauhallisen illan kuin että lähtisin kokoontumiseen. Kysyin Davidilta, tulisiko hän minun luo kokoontumisen jälkeen. Hän vastasi että ei, hän jäisi Lilin asuntoon. Ilmaisin tarpeeni, että hän tulisi takaisin ja hän sanoi tarvitsevansa lepoa ja että hän nousisi ylös aikaisin aamulla vastaamaan sähköposteihin. Marian asunto oli vain viiden minuutin päässä ja koska molemmissa taloissa oli mahdollista päästä sähköpostiin, ei hänen vastauksessaan ollut mielestäni mitään järkeä. Olin poissa tolaltani ja tunsin itseni hyvin yksinäiseksi. *Ajattelin, että meidän oli tarkoitus olla tässä yhdessä, että Davidin tulisi olla täällä minua varten, jos tarvitsisin häntä.* Herätessäni seuraavana aamuna tunsin yhä ahdistusta siitä, että olin erossa Davidista.

Päiväkirja

Kirsten: Hyvää huomenta, Pyhä Henki. Auta minua. Pidän edelleen kiinni tunteesta, että Davidin olisi pitänyt olla minun kanssani.

Pyhä Henki: Lue Työkirjan harjoitus 293, "Kaikki pelko on ohi ja ainoastaan rakkaus on jäljellä".

Luin ja tein muistiinpanoja: Kaikki pelko on menneisyyttä ja vain rakkaus on jäljellä. Päästä irti menneisyyden erehdyksistä. Näe vain tämän hetken rakkaus ja anteeksiannettu maailma. Päästä irti kaikesta, mikä ei ole rakkauden kaltaista.

Pyhä Henki: Anna sen mennä. Luota minuun. Aina on olemassa toisenlainen tapa nähdä. Anna menneisyyden erehdykset ja havainnot veljesi erehdyksistä minulle. Päästä niistä irti ja pyydä, että näkisit minun kanssani. Anna veljellesi anteeksi.

Kirsten: Haluan päästää tästä irti. Pidän yhä kiinni vihasta ja loukkaantumisesta, haluan kuitenkin vain rauhaa. Annan sen kaiken sinulle.

Pyhä Henki: Hyvin tehty, lapseni. Nyt voit kuulla ääneni. Muista, että olen aina kanssasi; et ole koskaan yksin. Jokainen kokemus on paranemisen tarkoitusta varten. Älä etsi rauhaa ja turvallisuutta muodosta tai tulet pettymään ja loukkaantumaan. Eilen illalla olit täydellisessä paikassa yhden sellaisen kanssa, joka rakastaa sinua. Vain luottamuksen puutteesi voi häiritä rauhaasi. Kaikki asiat toimivat yhdessä hyvän puolesta. Luota aina minuun. Olet pyytänyt paranemista ja paranemista käyt nyt läpi. Luota aina tähän. Tätä sinä haluat. Anna pelon nousta näkyviin ja etsi minua rakkauden ja ymmärryksen vuoksi, älä omia ajatuksiasi siitä, miten asioiden pitäisi olla.

Kirsten: Voi, siinä se on. Ongelma on aina siinä, että minulla on oma versio siitä, miten asioiden pitäisi olla. Sen mukana tulee tunne epäoikeudenmukaisuudesta ja se johtaa stressitunteisiin, jotka kaikki perustuvat olettamuksiin. Huh. Kiitos todella paljon.

Pyhä Henki: Rakastan sinua.

Halu liittyä

Päiväkirja

Kirsten: Hyvää huomenta, Pyhä Henki. Mikä on viestisi minulle tänään?

Pyhä Henki: Tämä kaikki on sinua varten. Jokainen hetki tässä päivässä on sinua varten. Käsikirjoitus kirjoitettiin kauan sitten ja voit tarkastella sitä turvallisesta paikasta. Huomaa viestit, joita tänään saat. Sattumia ei ole olemassa; minä olen kanssasi. Käänny minun puoleeni, jotta saisit selkeyttä ja havaitsisit oikein, jos jossain kohtaa epäilet.

Kirsten: David kertoi minulle eilen illalla keskustelusta, joka hänellä oli ystävämme Carloksen kanssa. Carlos oli huomannut, että vaikka Calissa on useita kurssiryhmiä, ne tuntuvat olevan toisistaan erillään. Hän toivoi, että ne voisivat yhdistyä. Tänä aamuna oli puhetta siitä, että nämä kolme kurssiryhmää ovat ensimmäistä kertaa kokoontumassa yhdessä ja liittyvät meihin. Ei ole sattumia!

Pyhä Henki: Täydellistä. Älä milloinkaan aliarvioi mielen voimaa, joka liittyy haluun parantua.

Kirsten: Voin tuntea sen. Onko lisättävää?

Pyhä Henki: Lue Työkirjan harjoitus 36, "Pyhyyteni sulkee sisäänsä kaiken, minkä näen".

[Luin harjoituksen ja minulla oli ihana päivä.]

Menneisyys putkahtaa uudelleen esiin

David ja minä olimme lähdössä muutaman päivän kuluttua paluulennollamme takaisin Floridaan, mihin olimme jättäneet automme ja jatkaisimme sitten matkaamme Eteläiselle Tyynellemerelle. Kuukausi Calissa oli ollut hyvin täyttä aikaa, sillä kohtasin kuoleman pelon, mustasukkaisuuden, kateuden, omistushalun ja kehon ajatukset – kaikki tämä samalla, kun ympärillä humisi autojen tööttäyksiä, kännyköitä ja yleinen ison kaupungin meininki. Kaiken kukkuraksi sain meilin Simonilta, menneisyyden rakkaudeltani.

Emme olleet yhteydessä yli kahteen vuoteen, mutta hän oli taatusti tullut mieleeni, kun olin elätellyt ajatuksia pakenemisesta menneisyyteen. Simonin meilin ajoitus oli uskomaton - se tuli juuri silloin, kun olin käynyt läpi todella intensiivisen vaiheen ja tullut kohtaan, missä tuli tehdä päätös. Suhteeni Simoniin oli ollut kevyt ja tutkiva, kun taas suhteeni Davidiin sisälsi pimeimmästä pimeimmän kohtaamisen mielessäni. Tuntui järjettömältä, että valitsin sen itselleni tietoisesti!

Ja kenen kanssa voisin edes jakaa epäilykseni? *Kukaan* ei rohkaisisi minua jäämään suhteeseen, joka oli pelkästään luopumista itsenäisyydestä ja kaiken kuviteltavissa olevan pimeyden kohtaamista. Kukaan muu kuin

David ei ymmärtäisi. Kuitenkin epäillessäni suhdettani hänen kanssaan halusi mieleni kääntyä toiseen suuntaan.

Päiväkirja

Kirsten: Hyvää huomenta, Pyhä Henki. Tunnen itseni niin surulliseksi. Haluan olla Simonin kanssa. Tunnen olevani ansassa, enkä halua olla täällä. En halua suunnitella mitään eteenpäin, mutten voi myöskään palata taaksepäin. Miami on tuhoaluetta – pyörremyrskyt ovat repineet aluetta ja auto, jonka jätimme sinne, saattaa olla täysin romuna. Tuntuu siltä kuin se heijastaisi mieltäni. Pakeneminen Uuteen Seelantiin ei auta, koska se on vielä kauempana Simonista, joka on Englannissa. Mitä jos hänen ja minun on tarkoitus palata yhteen? Nyt kun olen oppinut tuntemaan egon, ja että juuri sen kohtasimme ollessamme yhdessä, uskon että voisimme parantaa kaiken mikä nousisi esiin!

Ensin yhteys Simoniin tuntui hyvältä. Vastasin hänen ensimmäiseen meiliinsä ja vuodatin elämässäni tapahtuneet ihmeelliset kokemukset kahden vuoden ajalta, mutta hänen kirjoittaessaan uudelleen nousi minulla paljon surua.

Tiesin, että minun olisi puhuttava Davidin kanssa, vaikka minua pelotti jakaa Simonia koskevat ajatukseni ja tunteeni. Tunsin itseni epälojaaliksi ja olin varma, että David käskisi minua lähtemään. Mutta hänen vastauksensa oli täysin vastakohta sille, mitä ego siitä sanoi. David oli äärimmäisen rakastava ja avulias – hän oli ehdottoman rakkauden malliesimerkki. Hän muistutti minua, että suhteemme oli paranemista varten ja että tämä kaikki oli vapaaehtoista. En voinut uskoa todeksi, kun hän sanoi, "Haluaisitko katsella lentoja Englantiin ja mennä tapaamaan Simonia?" Hän liittyi tutkimusmatkaani täysillä, niin kuin siinä ei olisi mitään eroavuutta johonkin toiseen paranemisen hetkeen. En voinut uskoa, kuinka jalomielinen hän oli. Hän ei yrittänyt pitää minusta kiinni tai hallita mitään. Itse asiassa hän oli halukas auttamaan minua lähtemisessä ja oli niin rakastettavan ystävällinen, etten voinut pidättää kyyneleitä. Tunsin olevani turvassa ja viaton ja kykenevä tutkimaan ajatuksiani täysin Hengen kanssa. Tunsin itseni maailman pehmeimmäksi olennoksi.

Tutkimme yhdessä Davidin kanssa ajatusta lentojen etsimisestä. Kun avasimme lentoyhtiön nettisivut, muistin millaista Simonin kanssa oleminen *oikeasti* oli ollut. Vaikka suhde oli ollut rakastava ja siitä oli ollut apua silloin, kun aloittelin tutkimaan henkisyyttä, oli se tullut tiensä päähän. Simonin polku ei ollut mystismi, minun oli. Olin jo yrittänyt pitää kiinni tästä suhteesta paljon yli sen viimeisen käyttöpäivän.

Davidin tarjoama tuki oli laajaa ja antoi tilaa, sen avulla saatoin tuntea intuitiivisesti, ettei lentäminen Lontooseen olisi seuraava suunta. Siinä ei ollut tuntua laajenemisesta; itse asiassa se tuntui pieneltä ja se sisälsi huolentäyteistä jossittelua.

Tässä kokemuksessa Davidin kanssa oli jopa vieläkin syvempää ymmärrystä pyhän ihmissuhteen tarkoituksesta. Suhteen sisältö oli tarjota paikka, jossa voi olla yhdessä Hengen kanssa aivan siitä riippumatta mitä katsottavaksi nousee. Tässä kontekstissa olin viaton – tulipa esiin parannettavaksi mitä tahansa. Sinä päivänä luottamukseni Davidiin ja siihen, että hän oli omistautunut tarkoitukselle, syveni jälleen. Hän todella halusi sitä, mikä oli heräämiselleni parasta. Tunsin sen koko sielullani.

Vapautua menneisyydestä tunteakseen rakkauden

Päiväkirja

Kirsten: Hyvää huomenta, Pyhä Henki. Olen alkanut tuntea lempeää rauhaa suhteessa Simoniin. Hän lähetti pitkän sähköpostin, jossa oli linkki hänen nettisivuilleen ja kuviin siellä. Sydäntäni lämmittää nähdä, kuinka onnellinen hän on elämässään ja on vahvistus sille, että elämämme ovat menneet eri suuntiin. En halua vastustaa, torjua tai projisoida enää. Haluan vain luottaa Sinuun.

Pyhä Henki: Pysy minun kanssani. Lue Työkirjan harjoitus 345, "Tänään annan edelleen vain ihmeitä, sillä haluan saada ne takaisin itselleni". Lue myös tekstistä "Ihmeiden periaatteet", numerot 23-25.

Luin kappaleet ja tein nämä muistiinpanot: Älä piilota mitään ja olet halukas liittymään yhteen ja myös ymmärtämään mitä rauha ja ilo ovat. Käytä aikaa rakentavasti. Ihmeet ovat osa yhteen liittyvää anteeksiantamuksen ketjua, joka valmistuttuaan on Sovitus.

Kirsten: Olen täällä vain ollakseni todella avuksi. [Nousen ylös lähteäkseni ja tunnen, että minut melkein painetaan takaisin sohvalle. Emme ilmeisestikään olleet vielä lopettaneet! Muistan yhtäkkiä, että viime kuukausina mieleni oli askarrellut perhettäni ja Simonia koskevissa ajatuksissa, enkä selvästikään ollut vapauttanut niitä mielestäni.] Pyhä Henki, onko jotain muuta?

Pyhä Henki: Olet rakkauden laajentuma. Olet kaiken mitä on laajentuma. Anna ilman minkäänlaisia odotuksia ja tulet tuntemaan Jumalan. Jumalan tunteminen on Hänen kaltaisenaan olemista. Jumala antaa kaiken ehdoitta. Sinun suhteesi kaikkiin veljiisi, mukaan luettuna Simon ja perheesi jäsenet, eivät ole poikkeus tästä harjoituksesta. Sinä projisoit heihin menneisyyden.

Mikäli et päästä menneisyydestä irti täysin, et halua tuntea heitä todellisesti. Rakkaus ei sisällä menneisyyttä ja sinä tunnistat mielesi vilkkaasta kuvittelusta, milloin suhde on epäpyhä eikä puhtaasta Rakkaudesta. Simon on mahdollisuus antaa anteeksi ja parantua. Rakkaudessa ei ole tasoja eikä erityisiä kohteita, eikä se johda stressin ja kiireen tunteissa tulevaisuuteen.

Kirsten: Tunnen oloni nyt rauhalliseksi ja tyytyväiseksi. Sydämeni on täynnä kiitollisuutta.

Myöhemmin ymmärsin, että ei ollut ketään toista, jonka kanssa voisin jakaa tämän syvän paranemisen, koska silloin ei ollut ketään toista, jonka kanssa minun olisi *oletettu* jakavan tämä! David oli se, jonka Henki oli antanut. Koska olin avautunut ja ottanut Davidin tähän mukaan, olin uskaltanut kohdata syyllisyyden ja pelon siitä, että jopa se olisi väärin, että oli näitä ajatuksia ja tunteita ja se kutsui hänet pitämään kädestäni ja kuljettamaan minut niiden läpi. Lopulta ei ollut mitään tehtävää, eikä uusia askeleita otettavaksi. Paraneminen tapahtui mielessäni. Se oli sallimista vapauttaa mielestäni täysin menneisyyden "turvallisuushaluni" ja maailma sellaisena kuin olin sen tuntenut.

Mystisiä hetkiä

Meidät Kolumbiaan kutsuneet kolme järjestäjää olivat hyvin innostuneita viemään meidät Juan Valdez Coffee Parkiin. Meillä oli vapaapäivä kokoontumisista ja oli täydellinen retkisää. Puisto oli kaunis kasvitieteellinen puutarha ja siellä oli kivoja polkuja, istuma-alueita ja pieniä kahviloita. Lähestyessämme erästä kahvilaa aloin mennä mystiseen kokemukseen.

Havaitsemiseni muuttui ja kaikesta tuli hyvin pehmeää ja utuista. Puutarha hehkui; se muistutti hyvin paljon merellä olemista ja sitä kun saattoi nähdä kaiken veden läpi. Kaikki oli yhteydessä. En pystynyt ymmärtämään, mitä kukaan sanoi. Äänet kuulostivat siltä kuin ne olisivat kuuluneet vedenpinnan yläpuolelta, kun taas minä olin vajonnut syvälle pinnan alle, missä kaikki oli Yksi ja Tunnettu. David huomasi yhtäkkisen tilani, jossa olin lapsen kaltaisessa ihmetyksessä. Hän tiesi intuitiivisesti mitä oli tapahtumassa ja otti kiinni kädestäni.

En kyennyt lukemaan ruokalistaa tai puhumaan. David tilasi minulle kahvin ja itselleen jäätelön, ja se tuntui täydelliseltä! Kaikki tuntui täydelliseltä. Olin onnellisen hiljainen, näytin ilmeisestikin siltä kuin olisin viisivuotias. Lähtiessämme kahvilasta David piti kädestäni, kun kävelimme hiljaa puutarhojen läpi ja seurasimme toisten jäljessä.

Ainoa hetki, jolloin koin pelkoa, oli kun eräs ystävistämme katsoi minua ja tuntui kysyvän jotakin, johon hän oletti saavansa vastauksen. En voinut ymmärtää sanaakaan siitä mitä hän sanoi, mutta David vastasi puolestani. Parin tunnin ajan leijuin onnellisena läpi puutarhojen ja pidin kiinni Davidin kädestä, ystäviemme visertäessä onnellisten lintujen lailla. Kaikki nauroivat ja osoittelivat erilaisia kukkia ja puutarhoja. Niin kaunista.

Onko Kurssi jokaista varten?

Kaksi päivää myöhemmin pidimme viimeisen Kolumbian kokoontumisemme erään Kurssin opiskelijan maatilalla. Hän ja hänen ryhmänsä olivat Kurssista hyvin innostuneita. He olivat intohimoisessa alkuvaiheessa ja halusivat kertoa Kurssista koko maailmalle ja saada mukaan jokaisen.

Emäntämme nosti esiin erään työntekijänsä, lähes 70-vuotiaan miehen, joka oli elänyt maatilalla koko elämänsä. Hän toimi yhdessä maatilan ihmisten kanssa ja kerran kuussa hän teki pikaisen matkan kaupunkiin hankkiakseen tarvikkeita. Emäntämme kysyi Davidilta, pitäisikö hänen kutsua tämä mies heidän Kurssi-ryhmäänsä. David pyysi emäntäämme kuvailemaan miehen mielentilaa. Emäntämme kertoi sen tosiasian, että mies oli aina onnellinen ja kiitollinen, hän kiitti Jumalaa sekä silloin kun satoi että auringon paistaessa. Hän arvosti syvästi työssään kaikkea ja rakasti elämää maatilalla.

Emäntämme oli huolissaan siitä, että jos hänen työntekijänsä ei ollut tietoinen kaiken olemisesta harhaa niin ehkä hän ei silloin voisi herätä. Emäntämme ajatteli, että ehkä hänen pitäisi tuoda tämä mies ryhmään niin että mies voisi oppia metafysiikkaa. "Ei!" kaikui vastaus kuorona Davidin ja useiden kanssamme kolme viikkoa viettäneiden ystäviemme suusta. Yksi heistä huudahti iloisesti, "Pidä se kirja kaukana hänestä!"

Emäntämme oli varsin yllättynyt. David jatkoi puhumalla anteeksiannon opetussuunnitelmasta, joka oli kaikkia varten, mutta Kurssi itsessään oli yksi polku monien joukossa. *Ihmeiden oppikurssi* tuli vastauksena rukoukseen kahden korkeasti koulutetun psykologin kautta, jotka olivat tyytymättömiä työhönsä ja kutsuna syvään yhteyteen Jumalan kanssa. Heidän kutsunsa oli se, että heidän älynsä kautta ohjautuva elämänsä purettaisiin ja se oli täydellinen vastakohta tämän miehen yksinkertaiselle elämälle rukouksessa, kiitollisuudessa ja jumalaisen sallimuksen tietoisuudessa.

Kuinka kaunista ja rentouttavaa olikaan ajatella tätä hymyilevää miestä sellaisen symbolina, joka oli jo polulla, kuin sellaisena, joka olisi tarvinnut koulutusta.

Luku 16
Älä päästä irti
Syksy 2005

"Opi siis ja ota tavaksi vastata seuraavilla sanoilla jokaiseen kiusaukseen, joka tahtoo nähdä sinut heikkona ja epätoivoisena: Olen sellainen, miksi Jumala minut loi. Hänen poikansa ei voi kärsiä mistään. Ja minä olen Hänen Poikansa." T-31.VIII.5

Lähtö Venezuelaan

Lähdettyämme rakkaiden ystäviemme luota Kolumbiasta suuntasimme kohti Venezuelaa, missä Carolina ja hänen kurssiryhmänsä olisivat isäntinämme kahden viikon ajan. Henki ohjasi minut palaamaan perusteisiin ja kertaamaan joitakin Työkirjan alun harjoituksia. Kun uskoin, että maailma ympärilläni oli kaaoksessa ja tunteeni kävivät kierroksilla, alkupään harjoitukset olivat täydellinen apu ajatusteni keskittämiseen ja opetusten soveltamiseen. Tapahtui sama asia, kuin tehdessäni harjoituksia ensimmäistä kertaa – huomasin että täysin riippumatta siitä, mitä tapahtui, päivän harjoitus oli täydellinen vastaus jokaiseen tilanteeseen.

Venezuelan presidentti kävi vierailumme aikana herjaussotaa USA:ta vastaan. Minulle se heijasti täydellisesti epävakaisuutta omassa mielessäni. Muitakin Kurssin opettajia oli kutsuttu maahan opettamaan "pelin" aikana, mutta he olivat kieltäytyneet, koska riskit nähtiin liian suurina. Kuten aina, David meni sinne mihin Henki hänet ohjasi. Hänen kohtaamisensa olivat aina ihmeellisiä, tapahtuivatpa ne ihmisten kanssa, jotka pitivät sylissään vauvoja tai ihmisten, jotka pitivät käsissään konekiväärejä. Tämä matka oli minulle selkeästi osa suurempaa heräämissuunnitelmaa. Ehdottomasti ei ollut kysymystäkään siitä, kuuluiko meidän olla siellä vai ei.

Ystävämme olivat vuodattaneet sydämensä vierailumme mainostamiseen, jotta lentolippujemme hinnat saataisiin katettua ja tavoitettaisiin kaikenlaiset eri ryhmät. Carolina oli järjestänyt Davidille radio-ja tv-haastatteluja, jotta alueella jokainen tietäisi tulevista kokoontumisista. Hän uskoi, että jokaisella oli halu herätä ja että jokaisen tulisi tietää matkalla olevasta lahjasta!

Olin mukana kahdessa radiohaastattelussa ja näin, miten Henki saattoi puhua mistä tahansa aiheesta. Ohjelman juontajat kokivat tulevansa kuulluiksi ja saavansa tukea Davidin sanoista, he olivat yhtä lailla mukana kuin kuka tahansa vilpitön Kurssin opiskelija. Urheiluohjelmassa – sillä välin, kun juontaja luki jalkapallotuloksia – David puhui mielen harjoittamisen tärkeydestä, tiimiyhteistyöstä ja siitä voimasta ja loisteesta, mikä seurasi "huippukunnossa" olemisesta. Hän meni jopa niin pitkälle, että esitti idean, jonka mukaan urheiluvammat johtuisivat syyllisyydestä mielessä. "Rakkautta etsimässä"-ohjelmassa hän puhui pyhästä ihmissuhteesta ja jumalallisen rakkauden löytämisestä omissa sydämissämme. Kuuluisa venezuelalainen romanssiradion isäntä oli täysin samaa mieltä, sitä juuri jokainen todella haluaa!

Venezuelalaiset olivat aivan yhtä innostuneita olemaan Davidin kanssa kuin kolumbialaisetkin. David sopeutui helposti eteläamerikkalaiseen illallisaikatauluun, jossa syötiin kymmeneltä illalla ja oli täysillä mukana heidän kahvijuhlissaan iltayhdeltätoista. Hän valvoi myöhään käyttääkseen jokaisen tilaisuuden yhdessä olemiseen ja kysymyksiin vastaamiseen.

Luottamus ja vapaus

> "Ainoa tapa parantaa on parantua itse. Ihme laajenee ulospäin ilman sinun apuasi, mutta sinua tarvitaan, jotta se voisi alkaa. Hyväksy paranemisen ihme niin se etenee sen vuoksi, mikä se on." T-27.V.1

Päiväkirja

Kirsten: Hyvää huomenta, Pyhä Henki. Olin onnellinen huomatessani eilisessä tv-ohjelmassa, etten ollut hermostunut. Mutta juontajan kysyessä minulta sodasta, olisiko jokin muu vastaus ollut parempi? Miten voisin virittyä niin että antaisin sinun puhua selkeämmin kauttani, eikä minun tarvitsisi epäillä itseäni?

Pyhä Henki: Se oli täydellistä. Et tiedä, millainen vaikutus vastauksellasi oli muihin ja voin vakuuttaa sinulle, että se mitä sanottiin, oli täydellistä. Luota jumalaiseen järjestykseen. Epäillessäsi estät itseäsi olemasta tietoinen minusta – tietoisuutesi estyy myös, jos epäilet tapahtuman jälkeen. Jokainen hetki on mahdollisuus kysyä minulta ohjausta. Luota siihen, että kaikki asiat toimivat yhdessä hyvän puolesta.

Kirsten: Tänään teen Työkirjan harjoitusta 10, "Ajatukseni eivät merkitse mitään". Mitä voisit kertoa minulle tästä?

Pyhä Henki: Ajatuksesi näyttävät sinulle maailman. Se mitä havaitset, tulee ajatuksistasi. Kun puhdistat mielesi raivaamalla sen tuomitsemisesta, tulet näkemään anteeksiannetun maailman, rauhallisen maailman, ystävällisen maailman, joka syntyy uudelleen joka hetki. Sinä katsot maailmaa, joka perustuu menneisyydessä etukäteen tehtyihin ajatuksiin. Oletat asioita ja vedät näkemästäsi johtopäätöksiä, jotka perustuvat menneisyyteen. Mielesi tyhjentäminen on maailman irti päästämistä siitä, mitä ajattelet sen olevan. Se on vapautta. Vapaus tulee mielentilastasi. Anteeksiantaminen on itsesi vapauttamista menneisyydestä. Menneisyys on yksinkertaisesti vain ajatuksia mielessä ja kaikki ajatukset tulevat havainnoistasi.

Kirsten: Miten tämä sopii siihen, kun tuntuu siltä kuin kokisi jotakin ensimmäistä kertaa?

Pyhä Henki: Katsotaanpa käsitettä "ensimmäistä kertaa". Ensimmäinen ajatus, jossa oli kokemus havaitsemisesta, tapahtui ajassa. Ikuisuus ei sisällä aikaa. Hengellä ei ole kokemuksia havaitsemisesta ajassa. Ego on uskomus aikaan ja paikkaan. Tuo tietoisuutesi nyt-hetkeen, lähimpään kohtaan ikuisuutta, johon voit tulla, kun vielä uskot aikaan ja paikkaan, ja jokainen kokemuksesi tulee tuntumaan uudelta.

Kirsten: Ajattelen menneitä kokemuksiani opettamisesta, esimerkiksi sitä, kun opetin lasta lukemaan. Onko tämä sellainen tapaus, jossa ego opettaa egon käsitteitä itselleen?

Pyhä Henki: Jokainen hetki on mahdollisuus kokea nyt-hetken rakkaus, liittyminen ja ilo. Lapsen lukemaan opettaminen on liittymisen lavaste. Henki voi käyttää egon käsitteitä kuten lukemista ja kirjoittamista. Sinun roolisi on muistaa, kuka sinä olet ja kuka veljesi on totuudessa. Harjoita anteeksiantoa ja käänny minun puoleeni, kun tarvitset ohjausta. Muodon maailmassa mikään ei ole uutta. Se on kuvien maailma, jota voi käyttää mielesi vapauttamiseen; se on sen tarkoitus. Tästä näkökulmasta nähtynä jokainen hetki on uusi mahdollisuus.

Entäpä jos elämä onkin ihanaa?

Meridan ensimmäisen kokoontumisen aiheena oli pyhä ihmissuhde. Noin 200 ihmistä oli paikalla. Aloin kokea olevani rajoillani. Yleisön edessä lavalla oleminen oli minulle liikaa. Egolla ei ollut mitään paikkaa piiloutua enkä taatusti voinut teeskennellä olevani parantunut tai innostunut, kun se ei ollut aito kokemukseni.

Seuraavan illan kokoontumisessa katsoimme elokuvan, *Elämä on ihanaa*. David pohjusti elokuvaa puheella ja elokuvan jälkeen liityin Davidin kanssa lavalle jälkikeskusteluun.

Elokuvassa Helen Hunt parkui, että hän ei ollut valinnut elämäänsä ja ihmissuhteitaan. Tämä repliikki vaikutti minuun syvästi, mutta en tuntenut sen täyttä vaikutusta kuin vasta lavalla. Tunsin toivottomuutta tämän repliikin vuoksi! Ja siinä olin valokeilassa kykenemättä liikkumaan tai päästämään ääntäkään.

Kokoontumisen jälkeen menimme syömään yhdessä järjestäjien kanssa ja tunsin etten ollut lainkaan yhteydessä keneenkään. En kyennyt vastaamaan yhteenkään kysymykseen, joka koski sitä kuinka nälkäisiä olimme tai mitä halusimme syödä. Huomasin että David katsoi minua kysyvästi. Tunsin häneen erillisyyttä ja minua pelotti puhua ajatuksista ja tunteista, joita en kyennyt ymmärtämään. Tulkitsin ajatuksieni tarkoittavan, että kaikki oli pielessä ja että elämä hänen kanssaan ei lainkaan kuulunut polkuuni. Pelkäsin, että jos kertoisin siitä Davidille, hän vahvistaisi sen olevan juuri niin. Pidättelin asiaa itselläni sen illan.

Jäässä

Päiväkirja

Kirsten: Hyvää huomenta, Pyhä Henki. Minusta tuntui kamalalta eilen illalla lavalla, oli kylmä ja tärisin, emotionaalisesti olin ärsyyntynyt ja tukossa. Halusin päästä alas lavalta ja mennä istumaan huoneen perälle, mutta tunsin itseni halvaantuneeksi. Pyysin sinulta jatkuvasti apua, mutta tunsin olevani niin irrallaan, etten voinut kuulla ääntäsi. Mitä voit kertoa minulle?

Pyhä Henki: Ego oli ärsyyntynyt. Kun tapahtumaa katsoo taaksepäin katumuksella tai pelolla toivoen, että se olisi jollain muulla tavalla, silloin havainnot tapahtuvat egon linssien läpi. Kaikki asiat toimivat yhdessä hyvän puolesta. Muista, että siihen ei ole yhtään poikkeusta, vain ego tuomitsee.

Kirsten: Mietin, mitä tästä kokemuksesta opin, mutta huomaan nyt pitäväni niitä oppituntina seuraavaa kertaa varten, niin ettei minun tarvitsisi käydä läpi samaa kokemusta uudelleen. Mutta se on edelleen egoa. Opitut läksyt ovat menneisyyttä, jo ohi ja tehdyt. Niillä ei ole mitään tekemistä kuvitellun tulevaisuuden kanssa. Mitä voit kertoa minulle tästä?

Pyhä Henki: Olet nostanut esiin tämän egon hienovaraisen tempun useita kertoja. Yritys suojella tulevaisuutta, näyttipä se miten tahansa naamioituneelta avuttomuuden valepukuun, on egosta. Juuri nyt voit valita, keskitytkö syylliseen menneisyyteen tai hypoteettiseen tulevaisuuteen, joista kumpaakaan ei ole olemassa missään muualla kuin mielikuvituksessasi pitäen sinut järkytyksen tilassa ja poissa tästä hetkestä. Tai voit antaa pelkosi ja epäilysi minulle. Muista, että on vain yksi mieli; ulkopuolellasi ei ole ketään sinua tuomitsemassa. Teet sen kaiken itse ja voit päästää siitä nyt irti.

Kirsten: Selvä. Annan kaikki ajatukseni sinulle. Haluan vain rauhaa ja tuntea itseni täydellisenä. Kun sovellan tähän kaikkeen harjoitustani, "Olen poissa tolaltani, koska näen merkityksettömän maailman", minua hämmästyttää kuinka täydellinen vastaus se on. OT-12 Se, että teen tätä itselleni, saa mieleni pois tolaltaan ja koko maailmani tuntumaan merkityksettömältä! Kiitos!

Ole lempeä

Vaikka olin kiitollinen tästä selkeydestä, oli minulla edelleen jotain jäänteitä pelosta, joten jaoin elokuvakokemukseni Davidin kanssa. Hän muistutti minua rakastavasti yhteydestä heräämiseen. Olin käymässä läpi harhakuvista luopumista, syvää tietoisuuden muutosta, minkä sisällä nämä ajatukset ja tunteet olivat täysin normaaleja. Hän muistutti minua, että olin vastaamassa hyvin syvään heräämisen kutsuun ja että minulle oli milloin tahansa täysin luvallista ottaa askel taaksepäin ja levätä. Tämän kuultuani minusta tuntui paljon paremmalta.

Kun pelkäsin, oletusmoodini oli puskea itseäni enemmänkin olemaan "kannustava" ja "avulias" kuin kuuntelemaan sisäänpäin. Jälkikäteen nähtynä oli selvää, että minua oli pelottanut mennä lavalle ja nyt ymmärsin, ettei minun olisi edes tarvinnut tehdä sitä. Ei todellakaan ollut olemassa mitään odotuksia minun suhteeni.

David muistutteli minua, että kaikki oli minua varten ja että olin täysin rakastettu riippumatta siitä, mitä tein tai en tehnyt. Minun oli sitä hyvin vaikea hyväksyä; selvästikin minua piti muistuttaa totuudesta. Minun tuli oppia luottamaan omaan antautumiseeni eikä siihen, että olisin se "Kurssin paras opiskelija" tai "paras mahdollinen matkakumppani". Tietysti tulisin esiin ja tietystikin olisin täysin käytettävissä ja palveluksessa, milloin tahansa siihen kykenin, se todella oli iloni. Mutta jos ohjaus kehotti minua ottamaan askeleen taaksepäin ja lepäämään, tuli minun kunnioittaa myös sitä. Itseni puskeminen ei johtanut ihmeisiin!

Väärässä oleminen ja tekemättömäksi tekeminen

Ulospääsy kahden vastakkaisen ajattelumallin välisestä ristiriidasta on selvästikin siinä, että valitaan malleista yksi ja luovutaan toisesta. Jos samaistut omaan ajattelumalliisi, mikä on täysin väistämätöntä, jos hyväksyt itsellesi kaksi keskenään täydellisessä ristiriidassa olevaa ajattelumallia, mielenrauha on mahdoton. Jos opetat molempia – niin kuin varmasti teet – niin sen aikaa kun hyväksyt molemmat, opetatkin ristiriitaa ja opit sitä itse. Rauha on kuitenkin se, mitä haluat, muutenhan et olisi kutsunut rauhan puolesta puhuvaa Ääntä auttamaan itseäsi. Sen läksy ei ole mielenvikainen, mutta ristiriita on." T-6.V.B.5

Olin äkisti tietoinen kahdesta ajattelumallista mielessäni; pelkoon perustuvasta ajattelumallista ja rakkauteen perustuvasta Pyhän Hengen ajattelumallista. Kun en ollut oikeassa mielessäni, tuntui egosta jo pelkästään Davidin lähellä oleminen pingottamiselta ja puskemiselta, koska se muistutti valosta jatkuvasti ja tinkimättömästi.

Seitsemän kuukautta kestävä matkamme oli niin täyteen pakattu, että egolla ei ollut piilopaikkaa missään. Vastustuksen ollessa voimakasta mieleen saattoi nousta egon ajatuksia kuten: *Minä en ole David. David on löytänyt kutsumuksensa; hän on puhuva mystikko. Mutta minä en ole! Minulla ei ole mitään arvokasta sanottavaa.* Näistä ajatuksista kiinni saaminen auttoi minua tuomaan valoa egon harhautukseen, jossa nämä erilaisuudet ja erilaiset persoonallisuudet nähdään todellisina identiteetteinä ja siten näitä havaintoja eroavaisuuksista käytetään puolustuskeinoina ykseydelle antautumista vastaan.

Näin yhä uudelleen ja uudelleen, että käsitys itsestäni tai "pieni itse" ei voi koskaan tietää, mikä sille on parhaaksi, koska se on juuri se itse, joka tehdään tekemättömäksi. Se koostuu muistoista, tunteista ja käyttäytymisistä, joita se puolustaa ja oikeuttaa oikeassa olemisellaan ja sillä, että ne ovat "minä!" Luojan kiitos muistin aina Jeesuksen usein Kurssista lainatun kysymyksen: "Oletko mieluummin oikeassa kuin onnellinen?" T-29.VII.1 Se auttoi minua huomaamaan, että olin onneton ja omahyväinen.

Kuin valon sarastuksena mielessäni saatoin muistaa, että olin tehnyt valinnan. Se oli valinta syyttää tunteistani Davidia ja väittää että jokin oli vialla. Tämä valinta johti siihen, että tein hänestä mielessäni epäluotettavan ja ilman luottamusta minulla ei ollut mitään – ei mielenrauhaa, ei rakkautta, ei tarkoitusta, ei iloa, eikä Davidia mahtavana kumppaninani.

Tiesin, että minun tuli pysyä mielessäni hyvin lähellä Davidia. Vähäisinkin harha-askel egon kanssa mahdollisti varjon pääsyn väliimme ja oli varma kiertotie pimeyteen ja tuskaan. Kun kuilua ei ollut, olin hänen kanssaan täydessä luottamuksessa Jumalaan ja kaikki asettui paikalleen jumalaisessa järjestyksessä.

Uusi suunnitelma

Venezuelan emäntämme Carolina lähestyi matkaa Ihmeiden oppikurssin kanssa kokemuksellisesti. Hän yhdisti rakkautensa musiikkiin, tanssi-improvisointiin ja teatteriin Kurssin opiskelemiseen ja sisäiseen tutkimukseen. Se oli intiimi paranemisprosessi Hengen kanssa, josta kehittyi IntroDanza – sisäinen tanssi – millä nimellä hän sitä kutsui. Vuosien edetessä hänen oppitunneistaan Hengen kanssa oli tullut kursseja opiskelijaryhmille. Olin mukana useilla hänen tunneillaan ja huomasin että ne olivat hyvin lempeitä mielelleni. Rakastin musiikkia ja liikettä ja hyväksyin sen kaiken tervetulleena lahjana Hengeltä.

Wanakan vuoristohuvilalla vietetty vuosi tuntui samanlaiselta kuin Carolinan kokemus IntroDanzasta, se oli lempeän ja avaran sisäisen kuuntelemisen kehittymistä. Se oli aikaa, jolloin sydämeni avautui ja minulle näytettiin, miten "seurata musiikkia" ja annetaan Hengen näyttää tietä. Kuitenkin siitä lähtien kun olin aloittanut matkustamisen Davidin kanssa, hänen johdonmukaisen rakastavasta läsnäolostaan huolimatta polkuni oli tuntunut jyrkältä ja vauhti kovalta. Ollessani jonkun sellaisen kanssa, jonka mieli oli jo kytketty irti maailman tavoista, olin jatkuvasti tietoinen niistä kohdista, joissa ajatteluni oli yhä egon koukussa.

Kävin läpi syvää erityisyyden purkamista ja irti päästämistä ja osa mieltäni sanoi, *ei, en halua luopua itsestäni.* Minulla ei ollut kestävyyttä pysyä mukana Davidin väsymättömässä energiassa. Olimme kuin lohet uimassa ylävirtaan ja oli monia kohtia, joissa voidakseen jatkaa täytyi hypätä eteenpäin ja ylöspäin. David hyppi ja loikki iloisesti ja minä uin niin nopeasti kuin kykenin ja yritin vain pysyä hänen mukanaan.

Huomatessaan vastakohdan Davidin, jonka energia oli väsymätöntä ja käytettävissä sekä minun välillä, joka olin uupumuksen partaalla, Carolina kertoi minulle vertauksen lapsuudestaan. Eräänä päivänä hänen kymmenvuotias serkkunsa juoksi nelivuotiaan serkkunsa luo ja otti innostuneena tätä kädestä kiinni. Hän lähti juoksemaan sanoen, "Tule katsomaan! Haluan näyttää sinulle jotakin!" Hän ei innostuksessaan huomannut, että pikkusisko oli kaatunut ja raahautui pitkin soraa. Hänen pienet polvensa vuotivat verta. Carolina vertasi kymmenvuotiasta Davidiin ja nelivuotiasta minuun, mikä tuntuikin minusta sillä hetkellä aivan paikkansa pitävältä.

Saatoin toisinaan käpertyä Carolinan kainaloon ja sanoa, "Kyllä, tämä on liian rankkaa!" Hänen elämänsä tuntui taatusti helpommalta ja hänen polkunsa helpommalta ja hitaammalta. Se, että Kurssin harjoitukset näytettäisiin minulle musiikin, liikkeen ja tanssin kautta omassa makuuhuoneessani ja kynttilöiden palaessa? Kyllä, se oli todella tervetullutta!

Carolina kutsui minut kumppanikseen avaamaan IntroDanza -koulua Venezuelaan. Se tuntui mahdollisuudelta, jossa voisi olla enemmän opettaja kuin oppilas. Davidin kanssa olin aina oppilas, koska minä olin se, joka kävi läpi voimakkaita muutoksia ja jolle näytettiin oikaisun tarve, kun taas hän oli aina onnellinen.

Viimeisten kuukausien aikana olivat useat eri ystävät sanoneet, "Sinä olet aivan kuin David" tai "Sinä olet naispuolinen David". Tietenkin Hengen läsnäolo sekä säteily Davidin ja minun kauttani oli samaa, mutta vain minä tiesin, kuinka aktiivinen ego oli mielessäni muina aikoina.

Niin paljon oli edelleen sellaista, joka tulisi tehdä tekemättömäksi. Minulla oli uskomuksia siitä, kuka olen, miten olla terve ja miten olla hyvä ystävä, kumppani, kuuntelija ja rakastaja. Ja mikä olisikaan parempi tapa kuin lyöttäytyä yhteen jonkun sellaisen kanssa, johon mikään tällainen ei tehnyt vaikutusta tai vaikuttanut? Mielentilani ei ollut lähelläkään Davidin johdonmukaisuutta ja rauhallisuutta, ja vaadittiin jatkuvaa halukkuutta olla rehellinen ja nöyrä, jotta pysyisin avoimena tarvitsemalleni avulle.

Ollessani itselleni hyvin rehellinen tiesin, että minun oli tarkoitus pysyä Davidin kanssa. Olin keskellä syvää tekemättömäksi tekemisen prosessia ja halusin jatkaa sitä. Tunsin itseni perhosentoukaksi, joka riippui pimeässä, ylösalaisin kotelossaan keskellä muodon muutosta, jota en hallinnut. Ainut mitä saatoin tehdä, oli sallia prosessin jatkua ja luottaa, että tulisin jossain kohtaa ilmestymään esiin auringon paisteessa, kevyenä ja vapaana.

David ja minä puhuimme Carolinan kutsusta jäädä avaamaan koulua hänen kanssaan. Kuten aina, David oli hyvin avoin ja ennakkoluuloton uusille ideoille. David sanoi tutkiessamme mahdollisuuksia yhdessä, ettei minun tarvitsisi jäädä ja olla sukeltamassa johonkin uuteen. Hän ehdotti, että kutsuisin Carolinan Amerikkaan, missä voisin sekä matkustaa Davidin kanssa että järjestää IntroDanza -kokoontumisia. Ratkaisu oli täydellinen.

Eheys

Jäin Meridaan lepäämään ja jatkamaan joitakin nettiprojekteja sillä aikaa, kun David lähti pitämään kokoontumisia toisessa kaupungissa. Eheysaihe oli noussut kokoontumisissa kahden viime viikon aikana, joten kysyin siitä Hengeltä.

Päiväkirja

Kirsten: Hyvää huomenta, Pyhä Henki. Tunnen vastustusta alkaa tekemään nettitehtäviäni. Kerro minulle tästä tunteesta, että en halua aloittaa.

Pyhä Henki: Merkitystä on vain mielentilallasi. Kun on kyse eheydestä, on kyse koko maailmastasi. Pieninkin epäilys mielessäsi on syyllisyyttä ja syyllisyys sulkee minut tietoisuudestasi. Siksi eheys on niin tärkeää. Ei siksi, että tehtävät pitäisi saada tehtyä vaan mielesi parantumisen vuoksi. Olet ryhtynyt mielen harjoittamisen prosessiin, joka vie sinut johdonmukaisesti rauhan mielentilaan. Viivytät prosessiasi aina, kun kutsut paikalle epäilyä eheyden puutteessasi.

[Meditoin tätä hetken ja muistan äskeisen keskustelun, jossa olin elätellyt mahdollisuutta, että polkuni näyttäisi toisenlaiselta kuin se oli nyt. David ei ollut läsnä noiden keskustelujen aikana ja juuri ennen kuin hän lähti pois viikonlopuksi, tunsin mieleni hiukan sumuiseksi ja hänestä etääntyneeksi.]

Kirsten: Mitä muuta voit kertoa minulle eheydestä?

Pyhä Henki: Eheys on rehellisyyttä. Kun sanot mitä tarkoitat ja tarkoitat mitä sanot, on se eheyttä itsesi kanssa ja siksi jokaisen kanssa. Eheyden puute on epärehellisyyttä. Ohjaan sinua aina siihen, mistä on eniten apua kaikille asian osaisille. Ohjaukseni kieltäminen, unohtaminen tai torjuminen on selkeästi eheyden puutetta.

Kenen ohjausta seuraat, jos et seuraa minun ohjaustani? Kun linjaat mielesi minun kanssani, annat mielesi Jumalalle, rakkaudelle, parantumiselle ja rauhalle. Silloin kun epäilet, johtuu se aina omasta eheyden puutteestasi. Se on näin yksinkertaista. Myös parannuskeino on hyvin yksinkertainen. Pysähdy ja kysy minulta, mitä minä haluaisin sinun tekevän. Kysy itseltäsi, oletko rehellinen motivaatiosi suhteen. Onko halusi jakamaton vai pirstaloitunut?

Kun olet linjassa minun kanssani, tulevat ajatuksesi minulta. Toimintasi ohjautuu silloin meidän ajatustemme kautta – ja motivaatio on puhdas. Kun motivaatio on Jumalasta, tunnet olevasi turvassa, varma ja kykenet katsomaan, kun käsikirjoitusta näytellään. Kun motivaatiosi tulee jakautuneesta halusta, on siinä tunne henkilökohtaisesta vastuusta, kiireestä ja painostuksesta ja usein nämä tunteet työnnetään pois tietoisuudesta. Milloin tahansa sinulla on pieninkin tunne salailusta, voit olla varma egon osallisuudesta. Käänny minun puoleeni. Tunnista, että toiveesi on pirstoutunut ja kysy itseltäsi, onko motivaatiosi Jumalasta.

Kirsten: Kiitos Pyhä Henki.

Vain rakkaus on todellista

Päiväkirja

Kirsten: Hyvää huomenta, Pyhä Henki. Mitä voisit kertoa minulle tämänpäiväisestä Työkirjan harjoituksesta, "Se, miten koen ajatusteni seuraukset, vaikuttaa muihinkin kuin minuun". OT-19

Pyhä Henki: Kaikki mielet ovat yhtä.

Kirsten: Kuinka se voi tuntua siltä, että mielet ajattelevat eri tavoilla?

Pyhä Henki: Kaikki ajatukset ovat joko totta tai valhetta. Ajatukset ovat joko minulta ja ovat Jumalasta tai ne ovat ei-mistään ja ovat pelkoa. Kun mieli vapautuu egosta, kaikki ajatukset tulevat yhdeksi. Ymmärrys säteilee ja virtaa läpi koko mielen. Kaikki ajatukset tulevat olemaan rakkaudellisia. Nukkuva mieli, joka uskoo olevansa erillisiä yksilöllisiä mieliä ajattelemassa omia ajatuksiaan, näyttää ajattelevan Jumalasta erillään. Kun uskot olevasi yksityinen erillinen mieli, uskot että jokainen ajattelee eri tavalla. Sen projisoit ja sen näet.

Kirsten: Entä Jeesus? Mitä hän havaitsi?

Pyhä Henki: Hänen mielensä ylösnousi. Hän vapautti uskomuksen egoon, uskomuksen siitä, että voit olla erillinen ja ajatella erossa Jumalasta. Hänen silmänsä havaitsivat vielä eri kehoja ja hän kuuli niiden, jotka uskoivat olevansa Jumalasta erossa, lausumia sanoja, mutta hän tiesi, että valheellinen oli valheellista. Hän kykeni parantamaan, koska hän tiesi, että vain rakkaus on todellista, ei mikään muu. Tässä tiedossa Jumalan rakkaus, lujuus ja voima säteilevät mielen avoimen kanavan kautta parantaen ja siunaten yksinkertaisesti olemalla Itsensä. Kaikki epäilyt, pelko ja kuolema katoavat, kun valo on tullut.

Kirsten: Se vaikuttaa niin yksinkertaiselta.

Pyhä Henki: Se on!

Kirsten: Vain rakkaus on todellista. Tulen muistamaan tämän ajatuksen tänään ja aina.

Luku 17

Vankeus versus vapaus

Syksy 2005

"Pyhä Henki opettaa sinulle tuskan ja ilon välisen eron. Se tarkoittaa samaa kuin jos sanoisimme, että Hän opettaa sinulle vankeuden ja vapauden välisen eron. Siihen et pystyisi ilman Häntä, koska olet opettanut itsellesi, että vankeus on vapautta." T-8.II.5

"Yhä vieläkin uskot liiaksi kehoon voiman lähteenä. Vai laaditko kenties joitakin sellaisia suunnitelmia, joissa et jollakin tavalla ottaisi huomioon sen mukavuutta tai suojelua tai nautintoa?" T-18.VII.1

"Pyhä ihmissuhde on keino säästää aikaa. Yksi veljesi kanssa yhdessä vietetty hetki palauttaa koko maailmankaikkeuden teille molemmille. Sinä olet valmistautunut. Nyt sinun tarvitsee vain muistaa, että sinun ei tarvitse tehdä mitään. Nyt olisi hyvin paljon hyödyllisempää keskittyä vain siihen eikä miettiä, mitä sinun pitäisi tehdä." T-18.VII.5

Pidä kätesi minun kädessäni

David ja minä valmistauduimme lähtemään Venezuelasta ja matkustamaan Floridaan loppuajaksi ennen lentoamme Uuteen Seelantiin. Olin ollut yhteydessä Pohjoissaaren ystäviini ja he olivat iloisia voidessaan järjestää kokoontumisia yhdessä meidän kanssamme. Osa Uuden Seelannin missiotamme oli lentää Eteläsaaren Wanakaan hakemaan autoni ja loput tavarani.

Päiväkirja

Kirsten: Hyvää huomenta, Pyhä Henki. Varasin meille lentoliput Eteläsaareen. Lähetettyäni järjestäjille ehdotuksen matkasuunnitelmasta nousi minulla välittömästi epäilyksiä suhteessa kaikkeen. Minulla oli voimakas mielijohde peruuttaa tämä matka ja kokoontumisemme. Apua!

Pyhä Henki: Kun haluat kattaa kustannukset vaikkapa lentolipuista, luot itsellesi suorituspaineita. Henkinen matka tarkoittaa oman mielesi paranemista, ei mitään muuta. Muista ainoa päämääräsi. Anna pelkosi ja epäilyksesi minulle. Luota siihen, että suunnitelmat annetaan sinulle aivan niin kuin ne annettiin tänä aamuna. Muista, että ainoa vastuusi on hyväksyä paraneminen itsellesi. David on liittynyt sinuun rakastaen ja sinua tukien ja hän pitää kädestäsi, milloin tahansa apua tarvitset. Vain sinä vedät kätesi pois ja tunnet sen jälkeen olevasi yksin.

Pidä kätesi Davidin kädessä, koska hänen kätensä on minun kädessäni. Muista lupauksesi tehdä Jumalan Tahdon mukaan, ei omasi. Luota siihen, että tulet ottamaan jokaisen täydellisen askeleen heräämissuunnitelmassasi, hetki kerrallaan. Anna pelkojen ja epäilysten nousta ylös vapautettavaksi ja muista, että pidät kiinni minun kädestäni.

Kirsten: En halua kokoontumisia juuri nyt. Miksi järjestin niitä Uuteen Seelantiin? Olenko järjestämässä itselleni epäonnistumisia? Olen hämilläni.

Pyhä Henki: Ei sinun tarvitse järjestää kokoontumisia juuri nyt. Minä järjestän Uuden Seelannin kokoontumiset. Ne ovat osa suunnitelmaa. Ne tulevat, jotka haluavat paranemista ja kokoontumiset tapahtuvat täydellisesti. Sinä et ole vastuussa. Vain egon tuomitseminen saa asiat näyttämään vaikeilta. Palaa nyt rauhaan. Kaikki on hyvin. Sinua rakastetaan.

Mitä minä todella haluan?

Päiväkirja

Kirsten: Hyvää huomenta, Pyhä Henki. Voisitko kertoa minulle, mikä on parasta käyttöä ajalle, mitä on antaumuksessa eläminen ja tarkoitus? Minulla on myös kysymys, joka liittyy sydämeni seuraamiseen ja itseni vapaaksi tuntemiseen. Tuomitsen itseni, kun en ole keskittynyt. Haluan rentoutua ja nauttia elämästä ilman syyllisyyttä.

Pyhä Henki: Kyllä. On tärkeää olla selkeä siinä, mikä on ajalle parasta käyttöä. Näiden kolmen termin välillä ei ole mitään eroa: paras ajan käyttö, antaumuksellinen elämä ja tarkoitus, ne merkitsevät kaikki samaa asiaa. Nämä termit ovat avuksi mielen harjoittamisessa ja siinä, että pidät mielesi linjassa minun kanssani. Elämäsi omistaminen korkeimpaan mahdolliseen tarkoitukseen – mielesi parantumiseen ja Jumalan muistamisen heräämiseen – on päätös, jonka teet ja jota mielesi soveltaa jokaisessa hetkessä.

Toimintasi näyttää sen mitä olet päättänyt. Se ei ole koskaan toisinpäin. Siksi olen kertonut sinulle usein, että Kurssi on hyvin yksilöllinen; sen ei tarvitse näyttää joltain tietyltä. Ohjaan ajankäyttöäsi aina tavalla, joka liittää sinut yhteen veljesi ja Jumalan kanssa. Siinä on monia muotoja kuten meditaatio, rukous ja kommunikointi.

Ego käyttää aikaa välttelyyn, välittömän mielihyvän saamiseen ja erillisyyden vahvistamiseen "omalla lailla tekemisen" kautta. Sinulla on viisautta nähdä nämä temput ja jättää toimimatta, jos et ole varma, kumman äänen kuulet. Vapauden tunne ja sydämesi kuunteleminen ovat molemmat mielentiloja ja ne ovat ilmaisuiltaan identtiset. Sydämesi kuunteleminen on ohjaukseni kuuntelemista. Olen sinun sydämesi siinä mielessä, että syvin halusi on muistaa

Jumala ja minä olen sinun kommunikaatiosi Jumalan kanssa. Olen oppaasi rakkauteen.

Egon ideaan vapaudesta kuuluu se, että olisi useita vaihtoehtoja ja sen versio sydämesi kuuntelemisesta on yrittää valita monien harhojen joukosta se paras. Sinähän muuten tiedät, että sinä tunnet sen, kun olet valitsemassa kuvien välillä. Siinä on tunne, "toivon että valitsisin oikean vaihtoehdon, toivon etten tekisi erehdystä". Kun kuuntelet egoa, sydämesi kuuleminen tuntuu siltä kuin kulkisit yksin. Egon suunnitelmassa on aina erillisyys mukana.

Kirsten: Tästä on niin paljon apua. Juuri nyt ego syöttää niin monia vaihtoehtoja tulevaisuutta varten. Tunnistan välittömästi valitse-suosikkikuvasi-pelin, ja sitä en voi pelata. Minä tiedän, että se on peli. Olen manifestoinut; loin elämästäni usein sellaista kuin halusin sen olevan ja nyt haluan vain kuunnella sinua. Silti osa mieltäni haluaa yhä kokea asioita tämän elämän aikana. Se tuntuu hämmentävältä, koska ne asiat suuntautuvat tulevaisuuteen. Voinko yhä mennä suuntaan, joka tuntuu siltä kuin se olisi kaunis kokemus? Onko tässä vielä yritystä vaikuttaa käsikirjoitukseen?

Pyhä Henki: Käsikirjoitus on jo kirjoitettu. Sinä uskoit tietyissä elämän vaiheissasi, että hallitset ja ohjaat tätä näytelmää. Se oli mielentila. Sinä voit tuntea tällä tavoin nyt, jos valitset niin. Sinä hallitset mielentilasi, sen miten havaitset maailman ja kuunteletko ja seuraatko ohjaustani vai et.

Kun jatkat luottamista, avautumista ja rentoutumista, vajoamista omaan mieleesi ja olet tarkkailija, katsot saman käsikirjoituksen toteutumista rauhan tilasta käsin. Sen sijaan, että tuntisit ohjaavasi näytelmää ja olisit siksi siitä vastuussa, voit nauttia katselusta turvallisesta paikasta käsin ja voit luottaa siihen, että kaikki asiat toimivat yhdessä hyvän puolesta ja voit sallia asioiden olevan juuri niin kuin ne ovat.

Luota. Suunnitelmat annetaan sinulle. Sinulle kerrotaan, mitä tehdä, minne mennä, kenelle puhua, mitkä liput hankkia, mitkä suunnitelmat muuttaa. Kaikki asiat toimivat yhdessä hyvän puolesta. Siihen ei ole poikkeuksia. Minä olen sinun kanssasi. Luota.

Kirsten: Kysyn joskus itseltäni, että kuuntelenko sydäntäni. Kun David kysyy minulta, "Mitä sinä haluat?" en voi vastata mitään missä olisi muoto. Minulla ei ole vastausta, joka olisi paikka tai kuva. Minulla on intuitiivisia tunteita tulevaisuuden mahdollisuuksista, mutta ne eivät ole tässä ja juuri nyt, paitsi ideoina mielessäni. Eroavatko mieleni ideat jotenkin siitä, mitä muodossa näyttää tapahtuvan? Ovatko ne kaikki yhtä epätodellisia?

Pyhä Henki: Kyllä, ne kaikki ovat kuvia. Ne kaikki ovat mahdollisuuksia. Ne voivat kuitenkin toimia astinkivinä, kun sinua ohjataan kotiin. Jumalan rakkaus voi loistaa niiden kaikkien kautta. Intuitiiviset rauhan, rakkauden ja onnellisuuden tunteet tulevat minulta. Rentoudu. Kun suunnitelmassasi tulee aika ottaa seuraava askel, se annetaan sinulle. Ei ole mitään tarvetta ponnisteluihin sinun osaltasi. Ei ole mitään tarvetta yrittää saada käsikirjoitus toimimaan, suunnitella tulevaisuutta tai murehtia yhtään mitään. Luota minuun.

Oikea-puoli kääntyy esiin

Davidilla ja minulla oli menopaluuliput Uuteen Seelantiin, mutta aloin harkita, etten palaisi Davidin kanssa maaliskuussa USA:han. Viimeiset kuukaudet olivat olleet intensiivisiä ja *Ihmeiden oppikurssi* -paranemiskeskuksen perustaminen Jackien kanssa Uuteen Seelantiin tuntui hitaamman vauhdin vaihtoehdolta. Huomasin, että voisin saada osan lentolipun hinnasta takaisin, jos valitsisin jäädä Uuteen Seelantiin ja aloin vakavasti harkita sitä vaihtoehtoa.

Kuitenkin mahdollisuus lipun vaihtoon oli tosiasia, joka enemmänkin kiusasi kuin helpotti mieltäni. Tunsin painetta ja tarvetta tietää tulevaisuus, jotta en tuhlaisi rahaa.

Suunnitelmissamme oli kymmenen päivän levähdys rakkaan ystävämme Frannien talossa Floridassa ennen kuin lähtisimme pitkälle matkalle Uuteen Seelantiin. Minulla oli paljon epäilyn ja hämmennyksen kokemuksia suuntani ja tarkoitukseni suhteen ja juuri silloin David sai kutsun vierailla ystävien luona Euroopassa. Hän kutsui minut ystävällisesti mukaan, mutta en ollut sellaisessa tilassa, että olisin voinut lähteä uudelle pitkälle matkalle.

Odotin innokkaasti, että saisin oman huoneen hiljaisessa talossa, hiljaisessa naapurustossa. Frannie oli eläkkeellä ja ilahtui siitä, että jäin sinne lepäämään. Hän arvosti syvästi Kurssia ja tekemäämme työtä ja hän rakasti sitä, että hänellä oli tilaisuus tarjota rauhallinen suojasatama Davidille ja minulle kaiken matkustamisemme lomassa. Hän oli enkeli. Ei epäilystäkään siitä.

Päiväkirja

Kirsten: Hyvää huomenta, Pyhä Henki. Kerro minulle kahdesta viimeisestä lauseesta Työkirjan harjoituksessa 20, "Olen päättänyt nähdä. Sen näet mitä haluat nähdä. Se on syyn ja seurauksen todellinen laki, sellaisena kuin se maailmassa toimii." OT-20.5

Pyhä Henki: Sen näet, mitä haluat nähdä. Se on täyskäännös maailman ajattelutavalle. Se mitä näet, tulee itse asiassa siitä mitä ajattelet. Se mitä ajattelet, tulee siitä, mitä haluat. Halua Jumalaa, rauhaa ja ihmeitä niin näkökykysi on linjassa minun näkökykyni kanssa. Tämä harjoitus on askel, joka auttaa sinua oivaltamaan, että et näe Kristuksen näkökyvyllä ja haluat nähdä toisella tavalla. Se sallii mielesi tulla käännetyksi ympäri ja oikein päin.

Kirsten: Onko se todella totta? Se, että näen mitä haluan, että kaikki mitä näen, tulee ajatuksistani? Koen tämän usein mutta en aina. Tuntuu siltä kuin maailman valkokangas olisi siinä. Valitsen nähdä valkokankaan ja kirjoitan siihen tulkintani. Aivan kuten mennessäni uuteen kaupunkiin – Venezuelan Meridaan esimerkiksi – ja kun näen vuoret ja ympäristön. Uskon, että ne kaikki olivat siellä ennen saapumistani.

Pyhä Henki: Jokainen hetki on uusi, kun keskität huomiosi nyt-hetkeen. Kuten aiemmin kerroin, Jeesus näki ja kuuli eroavaisuuksia, mutta hän laittoi ne kaikki samaan valheen kategoriaan.

Nukkuva mieli projisoi ajatuksia ja kuvia valkokankaalle ja unohtaa välittömästi tehneensä niin, jotta voisi kokea projisoinnin seuraukset todellisina. Kun uskot olevasi keho tai hahmo valkokankaalla, tuntuu se todelliselta. Kaikki lukemattoman monet käsitteet tuntuvat todellisilta; muistot menneisyydestä tuntuvat todellisilta, menneisyyden kokemuksiin perustuvat tulkinnat tuntuvat todellisilta. Tästä ajattelun loitontuneesta tilasta käsin mieli uskoo olevansa maailmassa ja erossa Jumalasta.

Kirsten: Se on niin selkeää. Mitä muuta voisin tehdä kuin olla muistamassa totuutta? Kun käytämme *valkokangas* -sanaa, ajattelen kaksiulotteista valkokangasta, kuten televisiota. Mutta esimerkiksi katsoessani ylös kattoa, kaikki tämä tuntuu niin todelliselta. On vaikea kuvitella, että se on valkokangas.

Pyhä Henki: Ei ole mitään tarvetta yrittää tajuta harhoja. Et pysty ratkaisemaan mahdotonta tilannetta, varsinkaan kun vielä uskot siihen. Jatka ohjaukseni pyytämistä ja sen seuraamista, myös sitä, miten käytät ja sovellat Kurssia päivittäin.

Menettämisen pelko

Tunsin että oli nousemassa pelkoa, joten menin puhumaan tuntemuksistani Davidin kanssa. Nyt kun hän oli lähdössä Eurooppaan ilman minua, pelkäsin että olin tekemässä päätöstä, joka johtaisi eroon. Pelko tuntui syvällä. Vaikka minulla oli ollut paljon ajatuksia, joissa halusin paeta menneisyyteen – palata Uuteen Seelantiin – en ollut toiminut niiden ajatusten mukaan. Olin aina kääntänyt huomioni kohti anteeksiantoa. Mutta heti kun sain idean olla palaamatta maaliskuussa Davidin kanssa USA:han, tuli hänelle kutsu matkustaa Eurooppaan ilman minua.

David kertoi minulle, että synti on uskomus, että olet tehnyt jotakin väärin ja syyllisyys on tunne, joka nousee synnistä. Kaikki pelko on rangaistuksen pelkoa. Ajatus, "se ei ole minun syytäni", on puolustautumista pelättyä rangaistusta vastaan. Hän sanoi, että on vain kaksi tunnetta – rakkaus ja pelko – ja että kaikki ei-rakastavat tunteet johtuvat pelosta. Ne tuntuvat erilaisilta, mutta todellisuudessa ne eivät ole.

David lähti huoneesta ja minulle jäi tunne hajalla olemisesta, mieleni oli sekasorron vallassa. Meditoin hetken keskittyen päästämään irti kaikesta ja yritin muistaa, ettei minun tarvinnut tehdä mitään sen enempää. Huoleni kumpusi tarpeen tunteesta. Yritin muistuttaa itseäni, että minulla oli kaikki, mitä juuri nyt tarvitsin.

Davidin palatessa huoneeseen kerroin näkemyksestäni, että pelkoni nousi uskomuksestani puutteeseen. Hän sanoi, "Mitä ikinä havaitset tilanteesta puuttuvan, niin se on sitä mitä et ole antanut". Jotenkin tämä auttoi minua kääntämään ajatteluni suuntaa ja viimeinkin rauha palasi. Sen päivän harjoitukseni sattui olemaan harjoitus 21, "Olen päättänyt nähdä asiat toisin". Siitä oli todella apua!

Henkilökohtaiset tavoitteet ovat egon tavoitteita

Päiväkirja

Kirsten: Hyvää huomenta, Pyhä Henki. Olen lukenut harjoitusta 25, "En tiedä, mitä varten mikään on olemassa". Minusta tuntuu, että tiedän mikä ero on egon eli henkilökohtaisten tavoitteiden ja sinun tavoitteidesi välillä. Sinun tavoitteesi sisältävät liittymistä ja mielen paranemista. Ne ovat rakkauden ja siunauksen kommunikointia. Voin tuntea ymmärryksen todellisesta tarkoituksesta joka kerta kun sovellan harjoitusta asioihin, ajatuksiin ja tilanteisiin, kuten esimerkiksi, "En tiedä, mitä varten tämä läppäri on olemassa".

Pyhä Henki: Loistavaa.

Kirsten: Tämä harjoitus tuntuu hyvältä muistutukselta katsoa tarkoitusta, jonka annan teoilleni.

Pyhä Henki: Lausuma "En tiedä, mitä varten mikään on olemassa" pitää sinut nöyryyden tilassa. Nöyryys on tila, jossa olet avoin vastaanottamaan. "Minä-tiedän-mieli" on egon ylimielisyyttä huipussaan. Minun roolini on opastaa sinut kotiin muistamaan Jumala. Se on prosessi maailman vapauttamiseksi siitä, mihin tarkoitukseen sen teit. Se että pitää kiinni uskomuksesta, jonka mukaan "tietää" jotakin, tästä maailmasta on valheesta kiinni pitämistä. Maailma on valheellinen. Todellisella tiedolla ei ole mitään tekemistä tämän maailman kanssa; se on maailman tuolla puolen.

Kirsten: Joten mitä tarkoittaa, kun sanon, *Minä tiedän,* mikä ero on egon tarkoituksen ja sinun tarkoituksesi välillä?

Pyhä Henki: Se on erottelukykyä. Käytät "tietää" -sanaa verbinä ja se on apuaskel tiedon suuntaan. Voisit sanoa myös, "Minä *voin sanoa,* mikä ero on egon tarkoituksen ja pyhän tarkoituksen välillä". Mieleen viitaten, sinä olet poisoppimassa; olet harjoittamassa mieltäsi päästämään irti egon uskomuksista. Tämä prosessi ei sisällä tiedon hankkimista. Kun käytän termiä "tieto", viittaan kokemukseen sanan totuudellisimmassa merkityksessä. Jumalaa ei voi tuntea. Jumalaa ei voi oppia. Polku Jumalaan on anteeksiannon, nöyryyden ja Itseäsi koskevan totuuden hyväksymisen tie. Se on antautumista, tilan antamista. Jumalan Valtakunta on sisimmässä.

Päätöksiä ilman syyllisyyttä

Pyysin Hengeltä selkeää ohjausta, pitäisikö minun jäädä maaliskuun jälkeen Uuteen Seelantiin vai palata USA:han Davidin kanssa. Seuraavana päivänä Frannie kutsui minut mukaansa näkijän luo. Heti tavattumme näkijä tarjosi minulle lukemuksen.

Hän kertoi minulle hyvin selkeästi, että minulla oli Uudessa Seelannissa projekteja eteenpäin vietäväksi ja että Davidilla ja minulla tulisi olemaan enemmän kuin yksi koti. Hänestä tuntui, että minun paikkani olisi seuraavan vuoden ajan Uudessa Seelannissa ja David ottaisi edelleen vastaan matkustuskutsuja. Hän kertoi minulle, että David ja minä olimme sielun kumppaneita ja parhaita ystäviä ja että jaoimme vahvan tarkoituksen.

Pidin tapaamistani näkijän kanssa vahvistuksena sille, että sen sijaan että palaisin Davidin kanssa USA:han, minun kuuluisi jäädä Uuteen Seelantiin. Aluksi päätöksen teko tapahtui rauhan tilassa, mutta ennen pitkää pelot ja epäilyt nousivat.

Päiväkirja

Kirsten: Hyvää huomenta, Pyhä Henki. Tunsin eilen valtavaa helpotusta näkijän lukemuksen jälkeen, mutta nyt minusta tuntuu kuin olisin tehnyt väärän päätöksen. Miksi olen niin ahdistunut ja minusta tuntuu kuin olisin henkilökohtaisessa vastuussa?

Pyhä Henki: Syyllisyys. Syyllisyys on mielessä ja projisoit syyllisyyden valkokankaalle ja teet sen jälkeen päätöksiä välttääksesi syyllisyyden. Sekaannuksen vuoksi.

Kirsten: Kyllä. Sitten pelkään tehneeni väärän päätöksen, mikä perustuu siihen, että yritän välttää väärän päätöksen tekemistä. Ja sitten haluan kumota sen. Tämä on mielipuolista. Tämä kaikki tapahtuu, koska haluan välttää syyllisyyttä. Onko jotakin, mitä minun tulisi tehdä?

Kurssin luku "Minun ei tarvitse tehdä mitään" tuli välittömästi mieleeni ja rentouduin. "Pyhä ihmissuhde on keino säästää aikaa. Yksi veljesi kanssa yhdessä vietetty hetki palauttaa koko maailmankaikkeuden teille molemmille. Sinä *olet* valmistautunut. Nyt sinun tarvitsee vain muistaa, että sinun ei tarvitse tehdä mitään. Nyt olisi hyvin paljon hyödyllisempää keskittyä vain siihen eikä miettiä, mitä sinun pitäisi tehdä. " T-18.VII.5

Miksi päätökseni tuntuvat aina niin isoilta? Aivan kuin olisin muuttamassa kohtaloni suuntaa?

Pyhä Henki: Päätökset tuntuvat isoilta silloin kun ne sisältävät voimakkaita erillisyyden, syyllisyyden ja pelon tunteita. Ensimmäinen näennäisesti "yksin" tehty päätös oli yritys erota Jumalasta. Mikä tahansa päätös, joka heijastaa tätä ajatusta, vaikka hienovaraisestikin, muistuttaa egoa siitä, mitä se luulee tehneensä. Sitten se haluaa välttää sitä tunnetta.

Kysyit, "Pitäisikö minun tehdä jotakin?" Kyllä. Anna pelkosi, epäilysi ja syyllisyyttä sisältävät ajatuksesi minulle. Kuuntele ohjaustani ja luota siihen, että kaikki asiat toimivat yhdessä hyvän puolesta. Ego haluaa muuttaa asioita valkokankaalla. Mutta ongelman syyn ollessa syyllisyys, miten minkäänlainen näpertely muodossa voisi ratkaista sitä? Ongelma on mielen tasolla. Vapauta syyllisyys ja tulet huomaamaan, ettei mitään ratkaistavaa ongelmaa ole.

[Itken kiitollisuudesta ja helpotuksesta. Käyn läpi kaikki mieleni ajatukset ja vapautan ne Pyhälle Hengelle.]

Pyhä Henki: Mitä sinä haluat?

Kirsten: Paikan, joka on samankaltainen kuin missä olin Uudessa Seelannissa sekä yhteisön tuen. Kodin, jossa on runsaasti tilaa meditoida, pitää kurssitapaamisia, tehdä Inner Dancea, katsoa elokuvia ja pitää kokoontumisia. Haluan olla jatkuvassa kommunikoinnissa sinun kanssasi.

Pyhä Henki: Minä olen aina sinun kanssasi.

Kirsten: Joskus en pysty kuulemaan sinua.

Pyhä Henki: Kuuletko Ääneni nyt?

Kirsten: Kyllä. Onko jotain tiettyä, mitä voisin lukea, kun huomaan taas olevani sekaannuksen tilassa?

Pyhä Henki: "Minä, joka olen Jumalan asuinsija, olen Hänen arvoisensa. Hän, Joka teki minusta asuinpaikkansa, loi sen juuri sellaiseksi, kuin Hän halusi sen olevan. Ei ole tarpeen, että minä valmistan Sen Hänelle, riittää kun en sekaannu Hänen suunnitelmaansa palauttaa minulle oma tietoisuuteni valmiudestani, joka on ikuinen. Minun ei tarvitse lisätä mitään Hänen suunnitelmaansa. Mutta ottaakseni sen vastaan minun on oltava halukas olemaan käyttämättä omaa suunnitelmaani sen sijasta." T-18.IV.5

Taivaan oikeudenmukaisuus

Davidin palattua Euroopasta poimin hänet kyytiin Miamin lentokentältä. Pysähdyimme paluumatkalla Frannien talolle ja puhuimme kaikesta, mitä minulle oli tapahtunut. Jaoin kaikki Uuteen Seelantiin liittyvät ajatukseni ja tunteeni samoin kuin sen mitä näkijä oli minulle kertonut.

Meillä oli syvällinen keskustelu siitä, miten ahdistus ja epäily tulee siitä, että epäröi sitoutua tarkoitukseen ja tulin jälleen kerran halukkaaksi päästämään irti kaikista tulevaisuuteen liittyvistä ajatuksistani. Halusin vain olla Hengen ohjauksessa.

Kun David seuraavana aamuna heräsi, hän kertoi minulle, että hänellä oli ollut Uutta Seelantia koskeva oivallus ja se että jäisin sinne, oli osa Hengen Suunnitelmaa. Se oli minulle selvä merkki siitä, ettei mikään ollut mennyt väärin. Olin niin onnellinen!

Päiväkirja

Kirsten: Hyvää huomenta, Pyhä Henki. Tunnen oloni loistavaksi. Puhuttuamme Davidin kanssa asiat läpi, tiedän että kaikki menee suunnitelman mukaan. David palaa USA:han maaliskuussa ja minä jään Uuteen Seelantiin. Hän saattaa tulla takaisin seuraavana kesänä, mutta olipa kummin vaan niin emme ole pitkään erossa. Erillisyyttä ei ole. Olemme liittyneet yhteen tarkoituksessa. [Itken helpotuksen ja kiitollisuuden kyyneleitä.] Olen niin helpottunut. Rakastan Davidia niin paljon, enkä halua olla koskaan erossa hänestä. Onko sinulla jotakin sanottavaa vielä tähän?

Pyhä Henki: Luottamus näki lävitsesi. Jaoit kaikki ajatuksesi ja tunteesi halukkaana kuuntelemaan ja seuraamaan olipa suunnitelma muodon tasolla mikä tahansa. Ja tämän halukkuuden myötä Taivas saapuu. Isäsi tahtoo sinun vain olevan onnellinen, siinä kaikki. [Itken vielä lisää helpotuksen, kiitollisuuden ja onnellisuuden kyyneleitä.] Rakas lapsi, älä epäile Isäsi rakkautta.

Tietysti sydämesi toive täytetään. Mutta silloin kun et *tiedä* sydämesi toivetta, miten se voitaisiin antaa sinulle? Tunnistaisitko korkeimman parhaasi silloin, kun pelon verho peittää tietoisuutesi? Älä pelkää ilmaista sydämesi toivetta. Vaikka se ilmaistaisiin muodon termeillä, se on vaan symboli halustasi elää rakkaudellista ja onnellista elämää laajentaen Isäsi rakkautta veljiisi. Innostuksesi innostaa toisia. Intohimosi sytyttää intohimon toisissa. Loista valoasi, lapseni ja anna kaikkien nähdä se. Sinulla on kaunis lahja jaettavana. Älä pelkää pitää sitä näkyvissä ja tarjota se kaikille, jotka sinuun liittyvät.

Minut opastettiin lukemaan luku "Taivaan oikeudenmukaisuus" ja nauroin ääneen sitä, kuinka täydellinen tämä kappale oli suhteessa kokemuksiini kuluneen vuorokauden aikana. Jeesus sanoo siinä, "Voisiko olla muuta kuin ylimielisyyttä ajatella, ettei Taivaan oikeudenmukaisuus voisi tehdä sinun pieniä erehdyksiäsi tekemättömiksi?" T-25.IX.1

Luku 18
Kaksi maailmaa törmää

Talvi 2005

Kun olet linjassa Minun kanssani,
tulevat ajatuksesi Minulta.
Silloin tekojasi ohjaa Meidän ajatuksemme
ja motivaatio on puhdas.
Kun motivaatiomme on Jumalasta, tunnet turvaa ja varmuutta,
ja voit katsella, kun käsikirjoitus näytellään.

Älä epäile veljeäsi,
hän on Jumalan Poika.
Kuule, etsi ja luota Minun ääneeni hänessä.
Rakasta, hyväksy ja arvosta veljeäsi,
jotta tuntisit Itsesi ehyenä.

Sinä ja veljesi olette Yksi.

Yksityiskohdista luopuminen

USA:ssa oli talvi ja Davidia ilahdutti suunnata kohti toista kesää Eteläiselle Tyynellemerelle. Hän rakasti ajatusta keveästi matkustamisesta ja liikkumisesta vuodenaikojen mukaan. Sanoimme Floridassa hyvästit Frannielle ja lähdimme ensimmäiselle lennolle, pitkälle matkalle kohti Uutta Seelantia. Ensimmäinen pysähdyksemme oli Chicagon lentokentän transithalli. Ego sisälläni villiintyi ja tuntui voimakkaammin jokaisella askeleella, jonka otimme kohti "kotimaatani". Minusta tuntui kuin minun ja Davidin välille olisi kasvamassa kuilu. Minulta vaati paljon kääntyä kohtaamaan hänet ja hyväksyä hänet Rakkauden läsnäolona eikä syynä sisäiseen ristiriitaani ja stressiini. Olin kohtaamassa ydinongelman - yritykseni ylläpitää "kahta maailmaa". Tuntui kuin minua olisi kidutettu.

Koska en voinut sovittaa yhteen näitä kahta maailmaa, minulla oli halu työntää pois joko David tai jokainen Uudessa Seelannissa. Yrittäessäni tuoda yhteen nämä kaksi maailmaa – mikä tarkoitti sitä, että David tapaisi menneisyyteeni liittyvät ihmiset – tuntui se samalta kuin yhdistäisi öljyä ja vettä. Tiesin, ettei näitä kahta voinut sekoittaa ja että juuttuisin keskelle valintaa, jossa joutuisin uhraamaan joko olemisen hänen kanssaan tai olemisen toisten kanssa. Vaikka yritin kuinka ratkaista tätä mielessäni, en kyennyt löytämään kohtaa, jossa yhdistyminen voisi tapahtua. Tunsin itseni hyvin stressaantuneeksi.

Nämä ajatukset nousivat sellaisella intensiteetillä ja niin nopeasti, että kykenin hädin tuskin saamaan niistä kiinni. En halunnut myöntää tai puhua niitä ääneen, koska ne nostivat syyllisyyttä ja tunnetta epälojaalisuudesta. Mutta jollen paljastaisi niitä Davidille, löytäisin itseni syyttämässä häntä siitä mitä tunsin.

Jaoin nämä ajatukset ja pelot Davidin kanssa ja, kuten aina, hän oli kannustava enkeli ja antoi täyden ja selkeän kontekstin sille, mitä olin kohtaamassa. Mutta ajatukset ja pelot nousivat aina uudelleen ja uudelleen. Voisin sanoa, että kaiken alla oli se, etten ollut kuitenkaan tehnyt täyttä päätöstä päästää irti kaikesta. Käännyin rukouksessa Pyhän Hengen puoleen:

Päiväkirja

Kirsten: Pyhä Henki, minulla on toistuvia huoliajatuksia lähdöstä Uuteen Seelantiin ja että olisin siellä ensi vuoden. Kun on vain minä ja David, voin tuoda epäilyn ajatukseni sinulle parannettavaksi. Pelkään Uudessa Seelannissa olemista, koska siellä on ihmisiä, jotka tuntevat minut hyvin ja saattavat huomata, että minulla on epäilyjä Davidin ja tämän polun suhteen. Tämä on tarpeeksi intensiivistä jo muutenkin ilman, että epäilyilleni olisi todistajia.

Minun oletetaan olevan tiennäyttäjä, esimerkki. Haluan ihmisten tietävän, että David on luottamuksen arvoinen. Mutta juuri nyt minusta tuntuu siltä, kuin olisin täysin valheellinen suhteessa kaikkeen. Mitä jos joku kysyy minulta, olenko onnellisesti naimisissa Davidin kanssa? En pysty sanomaan, että olisin onnellisesti naimisissa! Miten voisin mahdollisesti vastata? Minun ei tarvitse määritellä tai selittää itseäni Peace Housessa tai mahtavien kumppanien kanssa, mutta mieleni on tulossa hulluksi, kun minusta tuntuu, että minun pitää todistaa jotakin ihmisille, jotka ovat menneisyydestäni. Juuri nyt haluan vain piiloutua. Voi Luoja, tämä tuntuu jo nyt niin rankalta.

Pyhä Henki: Mitä sinä haluat?

Kirsten: Rauhaa. Tunnetta tarkoituksesta. Olla ilman pelkoa.

Pyhä Henki: Juuri tällä hetkellä, onko jotakin pelättävää?

Kirsten: Ei mitään. Juuri nyt pelko on naurettavaa; voin nähdä, että ajatukseni ovat projisointeja tulevaisuuteen. Mutta paine tulee tunteesta, että saattaisin tehdä jotakin väärin nyt ja se vaikuttaisi tulevaisuuteen.

Pyhä Henki: Mitä jos tietäisit, ettet voi sotkea mitään ja olet rakastettu kaikesta huolimatta?

Kirsten: [Tunnen siunattua helpotusta.]

Pyhä Henki: Rentoudu tämän kanssa. Nauti tänään.

Valintoja

"Auktoriteettikysymys on itse asiassa kysymys siitä kuka on tekijä. Kun sinulla on auktoriteettiongelma, kysymys on aina siitä, että uskot itse tehneesi itsesi, jonka jälkeen projisoit harha-ajatuksesi muihin. Sen jälkeen näet tilanteen sellaisena, että muut kirjaimellisesti taistelevat kanssasi tekijänoikeuksista. Se on kaikkien niiden perimmäinen erehdys, jotka uskovat, että he ovat anastaneet vallan Jumalalta. Tämä uskomus pelottaa heitä kovasti, vaikka se tuskin vaivaa Jumalaa. Hän on kuitenkin innokas tekemään tekemättömäksi eikä rankaisemaan lapsiaan, mutta vain sen vuoksi, että Hän tietää sen tekevän heidät onnettomiksi. " T-3.VI.8

Päiväkirja

Kirsten: Hyvää huomenta, Pyhä Henki. Onko sinulla jotain kerrottavaa minulle?

Pyhä Henki: Kyllä. Kuten tiedät, jos se mitä haluat, tulee egon toiveesta, olet valitsemassa ei-mitään ja se tie johtaa pettymykseen ja tekee sinut onnettomaksi. Mutta kun haluat sitä, mikä on Jumala ja toiveesi on jakamaton, muoto seuraa heijastaen toivettasi.

Kirsten: Minulle paljastui puhuttuani Davidin kanssa, että pelkään rakkautta ja minulla on auktoriteettiongelma. On helpottavaa paljastaa tämä. Haluan rauhaa ja sinun ohjaustasi. Menetän tunteen tarkoituksestani aina, kun päätän muodon perusteella. On aivan selvää, että pelko tulee mukaan siinä kohtaa, kun huolehtii siitä, miten asiat tulevat toimimaan muodon tasolla. Olen edelleen huolissani siitä, että omat mieltymykseni vaikuttivat päätökseeni jäädä Uuteen Seelantiin.

Pyhä Henki: Sinulla on valta oikaista tämä erehdys juuri nyt. Yksinkertaisesti vaan vapauta toiveesi olla oikeassa sen suhteen. Vapauta pelko. Minä ohjaan sinua. Se tulee selkiytymään. Luota minuun.

Kirsten: Mikset voi olla selkeämpi sen suhteen, pitäisikö minun palauttaa osa Uuden Seelannin paluulipusta vai ei?

Pyhä Henki: Yksityiskohdat ovat egosta. Olen huolissani vain mielen tilastasi – onnellisuudestasi – juuri nyt. Itsesi sitominen yksityiskohtiin estää sinua tiedostamasta iloa tässä hetkessä.

Ei kiviä eikä esteitä

David ja minä pysähdyimme ja yövyimme San Franciscossa matkalla Uuteen Seelantiin.

Päiväkirja

Kirsten: Hyvää huomenta, Pyhä Henki. Tulemmeko David ja minä luopumaan vihkisormuksistamme? David on puhunut siitä, kuinka symboli matkustamisesta yhdessä aviomiehenä ja vaimona palvelee Hengen tarkoitusta nyt ja kuitenkin on ilmeistä, että muodon tasolla on tulossa muutos.

Pyhä Henki: ...hiljaisuus...

Kirsten: [Tunnen syvää rauhaa.] Tunnen nyt läheisyyttä ja helppoutta olla Davidin kanssa. Huomaan, että kokemani pelon ytimessä oli itsehallinto yrittäessäni tuoda kaksi maailmaani yhteen. Tehtyäni päätöksen sitoutua jälleen täysillä tähän polkuun ja tarkoitukseeni, projisointi Davidiin loppui. Viimeinkin tuntuu, että voin rentoutua ja luottaa siihen, että Uudessa Seelannissa oleminen tulee menemään hyvin.

Pyhä Henki: Hyvä. Se kaikki on mielesi heijastusta. Kun tarkoituksesi ja sitoutumisesi selkiytyy sinulle ja kun valmiutesi mennä syvemmälle lisääntyy, tulet löytämään lisää helppoutta. "Ongelmat" sulavat edessäsi. Tätä tarkoittaa, "Hän kulkee edelläsi ja tekee tiestäsi tasaisen, eikä jätä sille yhtään kiveä, johon voisit kompastua, eikä yhtään estettä, joka vaikeuttaisi kulkuasi." T-20.IV.8 Kivet ja esteet ovat omaa tekoasi. Kun astut eteenpäin halukkaana luottamaan Jumalaan ja päästämään irti peloistasi, esteet katoavat.

Kirsten: David ja minä puhuimme Foundation for the Awakening Mind -sivutoimipisteen avaamisesta Uuteen Seelantiin. En pysty ennakoimaan tulevaisuutta. Tunnen, että olen tämän kanssa läsnä ja rauhassa. Haluan katsoa, mitä tästä seuraa. Onko tämä vastustusta? Huomaan, että minulla on joitakin omia mieltymyksiä.

Pyhä Henki: Sinä olet täydellinen. Olet rakastettu. Olet siunaus jokaiselle, jonka kanssa olet ja jokaiselle, jota läsnäolosi on koskettanut. Asiat tulevat tapahtumaan täydellisesti ja sinua neuvotaan ja opastetaan askel kerrallaan. Mieltymykset silloin kun niitä pidetään epäjumalina, edustavat Jumalan pelkoa ja siksi kuolemaa. Mieltymykset, myös ne rakkaat sellaiset, annettuna minulle halukkuudessa ja luottamuksessa, edustavat mahdollisuuksia laajentaa Jumalan Rakkautta, kokea iloa ja paljon naurua.

Hyväksy elämäsi. Hyväksy elämässäsi jokainen ilman pelkoa ja huolta mieltymyksistä. Halukkuutesi vapauttaa erityiset ihmissuhteet ja hyväksyä pyhä ihmissuhde on kaunis osoitus koko maailmalle. Jumalan Rakkauden luonteeseen kuuluu, että se sisältää kaiken.

Seuraan "Isoa Kyllää"

Lensimme San Franciscosta Aucklandiin ja saavuimme lentokentälle, missä Jackie ja Roger olivat toivottamassa meidät rakastavasti tervetulleiksi. He veivät meidät pohjoiseen, paikkaan nimeltä Hibiscus Coast, missä tulisimme viettämään heidän perheensä kodissa seuraavat kaksi ja puoli kuukautta.

Päiväkirja

Kirsten: Hyvää huomenta, Pyhä Henki. Minulla on rahahuolia. Tuovatko kokoontumiset Uudessa Seelannissa tarpeeksi rahaa kaikkeen, mitä tarvitaan?

Pyhä Henki: Anna rahahuolesi minulle.

Kirsten: Selvä. *Vapautan kaikki ajatukset mielestäni.* Kerro minulle aiheesta InnerDance.

Pyhä Henki: Seuraa iloasi. Kuten kaikissa ideoissa, jotka sisältävät muodon, sinun tulee seurata tarkoitusta. Nauti prosessista. Tunnistat onnellisuudestasi ja ilostasi, että seuraat "isoa kyllää" sydämessäsi ja vain sitä pyydetään silloin kun on kyse organisoinnista ja asioiden järjestämisestä.

Ilosi laajentaminen on sinun tarkoituksesi ja se itsessään takaa menestymisen. Vain silloin kun menet muoto edellä - esimerkiksi kun yrität järjestää muotoa niin että se kattaa kulut – kadotat näkökykysi tarkoituksesta, joka on vain laajentamista varten. Paraneminen tapahtuu rakkauden laajentamisen ja kokemuksiesi jakamisen kautta ja kaikki esteet palavat pois. Se on näin yksinkertaista.

Loista valoasi, jaa ilosi ja intohimosi, valaise maailma. Minä järjestän muodon. "Saatat ajatella sen tarkoittavan sitä, että valmiudesta hallitsemiseen siirtyminen vaatii suunnattoman paljon aikaa, mutta salli minun muistuttaa sinua siitä, että aika ja tila ovat minun hallinnassani." T-2.VII.7 "Kun sinä teet ihmeen, minä järjestän niin, että aika ja tila mukautuvat siihen." T-2.V.A.1 Sinun tarvitsee vain seurata sydäntäsi, joka tarkoittaa minun ohjaukseni kuuntelemista. Kaikki muu annetaan sinulle. Tielläsi ei tule olemaan esteitä, koska et yritä järjestää muotoa täyttääksesi harhan pelkopohjaisia tarpeita.

Tie on selkeä – yksinkertaisesti vaan pidät kätesi minun kädessäni ja iloitset kanssani.

Olen unen näkijä

Päiväkirja

Kirsten: Hyvää huomenta, Pyhä Henki. Luin juuri tekstistä kappaleen "Seurausten ja syyn kumoaminen". Tämä lause on todella voimakas: "Keho vapautuu, koska mieli tunnustaa: Kukaan ei tee tätä minulle vaan *minä* aiheutan sen itse. Näin mieli on vapaa valitsemaan toisella tavalla." T-28.II.12 Siitä selviää niin hyvin, miksi minun tulee ottaa täydellinen vastuu kaikesta, mitä elämässäni tapahtuu ja miksi minun tulee huomata aina uudelleen, että olen unen näkijä. Vaihtoehtona on pienuus ja se on sairautta.

Pyhä Henki: Kyllä. Tämä kääntää syyn ja seurauksen asianmukaiseen perspektiiviin.

Kirsten: Olisiko jotain vinkkejä tämän pitämiseksi mielessä?

Pyhä Henki: Kyllä. Kun aloitat päivääsi, valitse millaisen päivän haluaisit – esimerkiksi onnellisen, rauhallisen päivän. Tuo huomiosi takaisin tähän hetkeen. Älä huijaa itseäsi uskomaan, että olisi asioita, jotka sinun *pitää* tehdä ja että olisit sitten näiden tekemisten armoilla tietämättä, miten ne järjestyvät. Se on kuin vähentäisit Kristus-mielesi voimaa ja olisit avuton sotilas shakkipelissä, jota pelataan tuulisella kallion huipulla. *Sinä olet unen näkijä.* Älä koskaan unohda sitä. Mitä sinä haluat?

Kirsten: Sujuvasti virtaavan, onnellisen, rauhallisen päivän, jossa kaikki järjestelyt ja matkasuunnitelmat on vahvistettu ja viety loppuun. Sellaisen, jossa voin nauttia kävelystä rannalla tai vierailla veljeni, hänen tyttöystävänsä ja uuden vauvan luona ja se kaikki sujuu helposti.

Tekstistä: "Tämä maailma on täynnä ihmeitä. Ne ovat unen vaihtoehto silloin, kun valitset olla unen näkijä etkä kiellä aktiivista roolia, joka sinulla on unen tekemisessä."

Niin päivästäni tuli ihmeellinen. Muistuttelin itselleni, että olen unen näkijä ja että halusin kaiken virtaavan kauniisti.

Joenpenkasta irti päästäminen

David ja minä olimme pian matkustamassa Wanakaan hakemaan autoani ja tavaroitani. Minussa oli paljon vastustusta päästää irti paikasta, joka edusti mielessäni vapautta ja projisoin tämän vastustuksen Davidiin.

Päiväkirja

Kirsten: Hyvää huomenta, Pyhä Henki. Tunnen vastustusta Davidia kohtaan. Osa minusta ei halua olla mystikko. Osa minusta ei halua pudottaa pois maailmaa juuri nyt. Tunnen yhä houkutusta muuttaa takaisin Wanakaan ja mennä tanssimaan. Jeesus sanoo, että vain kourallinen ihmisiä kulkee koko matkan Kurssin kanssa. Ehkä minä en ole yksi heistä. En halua tehdä tätä Davidin tavalla. Haluan elää Wanakassa. Mitä voisit sanoa minulle?

Pyhä Henki: Kun vastustusta on paljon, ojenna kätesi ja pyydä apua. Sinä tulet saamaan sitä.

Kirsten: Davidille se sopii hyvin. Hän tukee minua täysin, hänellä on oma osansa esitettävänä ja hän tekee sen täydellisesti. Hän on koko ajan niin onnellinen! Nyt ymmärrän, miksi ihmiset ovat niin poissa tolaltaan hänen kanssaan. En halua enää puhua ihmisjoukkojen edessä, se ei ole minun roolini. Minusta tuntuu, etten ole riittävä, aivan kuin minun pitäisi olla enemmän, oppia enemmän, tehdä enemmän. Auta minua!

Pyhä Henki: Luota ja seuraa sitä, mitä tapahtuu. Älä pelkää sitä, mitä tässä hetkessä on. Salli, että sinut otetaan mukaan virtaukseen. On houkuttelevaa pysähtyä ja palata takaisin, mutta vakuutan sinulle, että myötävirtaan sinä haluat mennä.

Kirsten: Pitäisikö minun jättää joitakin tavaroita Wanakaan? Palaanko sinne?

Pyhä Henki: Jotta voisit vapauttaa mielesi "olemisesta jossain muualla", sinun tulee päästää irti käsitteestä "palata Wanakaan". Tätä tarkoitetaan sanonnalla "päästää irti joenpenkasta". Et voi nauttia siitä, että sinua viedään myötävirtaan, jos tartut kiinni kaisloista. Muista viimeinen kokemuksesi Wanakassa.

Kirsten: [Aloin rukoilla ja muistin, kuinka vanha malli puskea itseäni oli tullut esiin ja että toinen urheillessa tapahtunut onnettomuus, sillä kertaa laskettelussa, oli johtanut aivotärähdykseen. Muistin, että olin tuntenut oloni surkeaksi, vajonnut polvilleni ja pyytänyt itkien apua. Pian tämän jälkeen Jeesus ilmestyi minulle ja ilmoitti, että hän tulisi olemaan oppaani. Kahden viikon kuluessa hän oli ohjannut minut lähtemään Wanakasta. Olin yksinäinen viimeisen Wanaka-kuukauden aikana – siellä olemisen tarkoitus oli tullut päätökseensä. Vaikka olin halunnut jäädä, tiesin sydämessäni, että tulisin muuttamaan, jotta pääsisin syvemmälle henkisellä matkallani.]

Pyhä Henki: Sen aika on tullut, Kirsten. Vapauta mielesi. Päästä irti Wanakasta. Luota jumalalliseen järjestykseen.

Kirsten: [Näen itseni kuvassa, jossa pidän kiinni muutamista hyvin pitkistä kaisloista, samalla kun minua kuljetetaan virtaa pitkin ja mutkan ympäri ja yritän olla menemättä yhtään pidemmälle!] Mitä jos asiat eivät järjestykään?

Pyhä Henki: Se kaikki on sinua varten. Miten asiat voisivat olla järjestymättä, kun kuuntelet sydäntäsi ja seuraat iloasi? Kaikessa on kysymys sinun ilostasi. Ei mistään muusta. Ei kenestäkään muusta.

Kirsten: Okei. Kiitos.

Lahjat versus läsnäolo

Kerroin tänä aamuna Davidille, että halusin ostaa perheelleni lahjoja, koska heillä kaikilla oli syntymäpäivä joulun tienoilla. Tunsin tästä halusta syyllisyyttä, koska tiesin että meillä olevat varat oli tarkoitus käyttää Hengen tarkoituksiin. David ehdotti, että lukisin Opettajan käsikirjasta luvun "Anteliaisuus".

Päiväkirja

Kirsten: Hyvää huomenta, Pyhä Henki. Ymmärrän "Anteliaisuus" - luvun sisällön, jossa sanotaan perimiltään niin että Jumalan opettaja antaa voidakseen itse pitää, on antelias Itsen vuoksi, ei halua mitään, mitä ei voisi antaa edelleen ja antamalla edelleen sen, mikä on Jumalasta, hän varmistaa saavansa sen ikuisesti. Mutta olen edelleen vihainen, koska en voi vaan ostaa lahjaa ja osoittaa sillä rakkauttani. Oikeastaan minusta tuntuu, että haluan salata tämän Davidilta ja mennä ostamaan jotakin veljenpojalleni kertomatta Davidille! Tarvitsen apua! Kerro minulle anteliaisuudesta.

Pyhä Henki: Maailman termeillä anteliaisuus sisältää aikaa ja omistamista. Kun aika ei ole käytettävissä keinona osoittaa anteliaisuutta, korvataan se usein antamalla jotain materiaalista omistamista. Anteliaisuus minun termeilläni tarkoittaa sitä, että olet se, joka sinä olet ja tämän totuuden heijastumista tekojesi kautta. Todellisessa anteliaisuudessa ei ole epäjumalanpalvontaan, kilpailuun, talouteen tai aikaan sidottua korvausta. Jumalan opettaja heijastaa antamista, Isänsä anteliasta luonnetta, Joka antaa kaikille Pojilleen ilman ehtoja, näyttivätpä he olevan Hänen lahjoistaan tietoisia tai ei. Kun annat niin kuin Isäsi antaa, siihen ei sisälly lainkaan syyllisyyttä. On vain siunauksia.

Halusi antaa on kaunista. Jaa tämä halusi avoimesti minun kanssani, Davidin kanssa ja heidän kanssaan, joita rakastat. Kysy minulta, onko olemassa jokin tapa ilmaista tämä toiveesi muodon tasolla ja anna minun ohjata sinua.

Kirsten: Okei. Kiitos.

Myönnettyäni, että oli asioita, jotka halusin salata Davidilta, halu ostaa lahjoja väheni merkittävästi. Esiin nousi jotain syvempää kuin vain halu ostaa lahjoja. Tunnistin tutun tunteen, että halusin asioiden olevan minun tavallani. Tämä oli auktoriteettiongelma, josta David oli puhunut kanssani Floridassa. Rukoilin ja näin, että siinä oli "kahden maailman" hetki. Ego projisoi Davidiin sen, että David esti minua rakastamasta perhettäni – ovelaa!

Linjauduin mielessäni Davidin ja Hengen kanssa luottaen täydellisesti siihen, että rakkauteni oli lahja, joka minun tulisi antaa. Kukaan ei odottanut mitään muita lahjoja ja he kertoivat minulle yhä uudelleen, että olemiseni siellä oli kaikista suurin lahja. Ja sitten muistin, että vanhempi veljeni oli jo valmistanut minulle tietä; hän oli jo vuosien ajan kieltäytynyt ostamasta joulu- ja syntymäpäivälahjoja! Siksi oli helpompaa nähdä, että se oli juuri ego, joka vaati minua sinnikkäästi todistamaan rakkauteni niin pinnallisella tavalla. Voi, niin pitkä matka on minulla vielä kuljettavana!

Onko turvallista päästää irti?

Päiväkirja

Kirsten: Hyvää huomenta, Pyhä Henki. Haluan astua askeleen taaksepäin roolista opettaa kokoontumisissa ja haluan pysyä yhdessä paikassa. Minusta tuntuu nyt keveämmältä, kun olen selkeä tässä asiassa. Viime vuosi oli jatkuvaa matkustamista, yli tuhansia ja tuhansia maileja ja kaiken läpikäymäni olen jakanut julkisesti. Se on ollut rankkaa. Voinko vetäytyä nyt?

Pyhä Henki: Sinä voit vetäytyä nyt.

Kirsten: David on puhunut kokemuksistaan erakkona, lepokausista, jolloin voi mennä pitkille kävelyille ja pyöräilemään ja se tuntuu mahdottomalta. En osaa kuvitella, että meillä olisi yhdessä sellaisia lepoaikoja. Tunnen, että olen juuttunut tuotteliaisuuden, kokoontumisten, kustannusten kattamisen ja lentokulujen pyörään. Se ei sovi yhteen sen kanssa, että ei tekisi mitään.

Pyhä Henki: Anna pelon ja vihan nousta ylös.

Kirsten: Miten? Olen hämmentynyt. David on puhunut minulle siitä kaikesta. Usein ulkomaanmatkojen jälkeen ei ole varaa menoihin, joita USA:n yhteisön toiminta vaatii. Joten kaiken pois antaminen ilmaiseksi toimii vain taloudellisen tuen avulla.

Pyhä Henki: Saat sen mitä tarvitset. Vapauta huolesi kysymyksestä "miten". Minä ole se, "miten". Minä ohjaan sinua siinä missä olla ja minä ohjaan sinua paikkoihin ja tilanteisiin, joissa sinua tuetaan. Sinua tuetaan juuri nyt.

Kirsten: Kyllä, mutta se on vain nyt. Entä kun David lähtee? En voi uskoa, että kysyn tätä!

Pyhä Henki: David ei ole lähdössä. Kaikki tässä maailmassa on väliaikaista. Symbolien käyttö on väliaikaista, mutta Rakkaus on ikuista. Pyysit ihmissuhdetta, jossa voisit kokea rakkauden, joka ei koskaan päättyisi. Tämä on se kokemus. Pyysit ettei eroamista olisi. Tämä on se kokemus. Pyysit Jumalan rauhaa, ja muuttuvien emootioiden ja tunteiden pinnan alla on Jumalan rauha.

Kirsten: [Hengitän syvään ja rauhan tunne sulkee minut sisäänsä.]

Luku 19
Erityisyydestä luopuminen

Talvi/kevät 2005-2006

"Erityisyyttä tavoitellaan aina rauhan kustannuksella. Miten kukaan voisi hyökätä pelastajaansa vastaan, lyödä hänet maahan ja siitä huolimatta huomata, miten voimakas puolustaja hän on? ...Sinulla on tehtävä pelastuksessa. Sen tavoitteleminen tuottaa sinulle iloa. Mutta erityisyyden tavoittelu tuottaa sinulle pakostakin tuskaa. Se on päämäärä, joka haluaa lyödä pelastuksen ja siten nousta Jumalan Tahtoa vastaan." T-24.II.2

"Olet edennyt pitkälle totuuden tiellä, liian pitkälle epäröidäksesi enää. Enää yksi askel ja jokainen Jumalan pelon häivä sulaa pois ja häviää rakkauteen." T-24.II.9

Puun ja kuoren välissä

Vaikka David ja minä asuimme Jackien ja Rogerin luona, huomasimme viettävämme huomattavan paljon aikaa IOK-ystäviemme Mian ja hänen kumppaninsa Kevinin kanssa. Usein illalla nautimme heidän kanssaan syvällisten elokuvien katsomisesta. Mia ja Kevin innostuivat houstaamaan meitä. He kertoivat ideasta perustaa yhteisöllemme sivuhaara Eteläiselle Tyynellemerelle.

David kertoi minulle, että hän tunsi ohjauksen jäädä heidän luokseen ja minä tunsin itseni jakautuneeksi. Tunsin vetoa olla Davidin kanssa

Mian ja Kevinin luona, koska jaoimme saman tarkoituksen, mutta en halunnut hylätä perhettäni. Minusta tuntui, että Roger pahastuisi, jos valintani olisi olla kokoaikaisesti näiden toisten luona.

Jakautumisen tunne oli voimakas. Tunsin syyllisyyttä ja väärässä olemista riippumatta siitä kenen kanssa olin ja nämä tunteet projisoituivat joko perheeseeni – etenkin Rogeriin – tai Davidiin. Toivoin, että Roger lakkaisi yrittämästä pitää minusta kiinni ja sen sijaan tukisi minua henkisellä matkallani. Hän oli pinnallisesti hyvin ystävällinen ja hän tarjosi taloudellista tukea sekä paikan missä olla. Mutta hyökkäävät ajatukset ja luottamuksen puute olivat verhottuina, ne tihkuivat läpi hänen kommunikoinnistaan ja hyökkääminen tuntui minusta henkilökohtaiselta. Tein kaikkeni ollakseni uskollinen henkiselle polulleni ja protestoin sitä vastaan, että Roger ei voinut täysin tukea minua eikä luottaa minuun.

Kun syy loukkaantumiseeni ja syyllisyyteeni projisoitui Davidiin, esiin nousi ahdistavia kysymyksiä. *Miksi hän saa minut tuntemaan syyllisyyttä? Miksi minun pitää valita? Eikö minun sallita olla perheeni kanssa?* Ei ollut lainkaan yllätys, että David ohjattiin olemaan Mian ja Kevinin luona!

Eräänä päivänä, kun olin valmistautumassa ajamaan Mian ja Kevinin luo, missä David nyt parhaillaan oli, sanoi Roger tavanomaiseen hyvästelytapaansa, "Oletko lähdössä? Miksi menet *niiden* ihmisten luo? Miksi et halua jäädä tänne perheesi luo?" ja se laukaisi minussa syyllisyyden.

Olin aivan niillä rajoilla, että romahdan. Syyllisyys oli kasvanut voimakkaaksi, mutta aina tähän saakka olin yrittänyt olla "henkinen" ja piilottanut sen. En pystynyt siihen enää. Viimeinkin sallin itseni olla rehellinen tunteissani häntä kohtaan. Sanoin, "Kun olen sinun ja perheen kanssa, tunnen syyllisyyttä siitä, etten ole Davidin kanssa. Kun olen Davidin kanssa, tunnen syyllisyyttä siitä, etten ole perheen kanssa. Tällä hetkellä minusta tuntuu, että sydämeni kehottaa minua lähtemään Davidin, Mian ja Kevinin luo. Syyllisyys on ainoa syy harkita, etten lähtisi. Syyllisyys siitä, että teen väärin sinua kohtaan ja aiheutan sinulle tuskaa". Kyyneleet pulppusivat ja tunsin sekä surua siitä, että saattaisin loukata häntä, että kiitollisuutta, koska viimeinkin kykenin kertomaan sisäisestä kamppailustani hänen kanssaan.

Hänestä tuli välittömästi kannustava ja hän sanoi, "Voi hyvä Jumala, en halua, että tunnet syyllisyyttä! Haluan vain, että olet täällä silloin kun tunnet sydämessäsi, että sinun *kuuluu* olla täällä. Sinulla ei ole koskaan aihetta tuntea syyllisyyttä. Minä rakastan sinua hyvin paljon". Se oli selkeä paranemisen hetki, "erityisyyden tekemättömäksi tekeminen" läpinäkyvänä olemisen kautta.

Ilmaisemalla rehellisesti todelliset tunteeni annoin myös Rogerille tilaisuuden ilmaista, mitä hänen sydämellään oli. Oli syvällistä nähdä, että syyllisyys todella oli vain omassa mielessäni. Olin ylläpitänyt sitä projisoimalla sen Rogeriin ja Davidiin ja olin juuttunut johonkin, mikä tuntui hylkäämispeliltä, jossa ei ole voittajia. Roger vilkutti minulle pihatielle saakka ja tunsin suunnatonta helpotusta. Pehmeät kyyneleet tuntuivat niin paljon paremmilta kuin ilmaisemattomasta syyllisyydestä johtuva jännitys ja ahdistus!

Heti Mialle saavuttuani kerroin kaikille, mitä sydämelläni oli. Kerroin heille, "Minusta tuntuu kuin olisin hylkäämässä perheeni. Tunnen itseni niin syylliseksi, kun olen täällä teidän kanssanne, olen poissa tolaltani ja se estää minua olemasta täysin läsnä. Tarvitsen apua, jotta voisin tuntea Hengen ohjauksen".

Jokin mielessäni pehmeni, kun uskalsin olla läpinäkyvä. Sen sijaan, että olisin tuntenut olevani yksin ja halunnut asioiden menevän oikein sen suhteen, missä minun kuuluisi olla, olin kutsunut jokaisen mukaan ja olemaan tukenani. En ollut tajunnut, kuinka yksinäiseksi olin itseni tuntenut. Nyt tunsin, että erityisyyden tekemättömäksi tekeminen ei ollut vain minua varten, vaan jokainen saattoi liittyä rukoukseeni parantua!

Sallin itselleni tilan, jossa voin harjoittaa kuuntelemista ja seuraamista ja oppia kumpaa ääntä kuuntelin. Huomasin, että ääni, joka kehotti minua olemaan hyvä ja tekemään oikeat asiat, ei ollut aina Henki. Antamalla itselleni luvan kuunnella, kehitin selkeämmän tuntuman siihen, milloin seurasin Henkeä vastakohtana sille, että yritin minimoida syyllisyyttä.

Opin nopeasti, että kykenin olemaan perheeni kanssa vain silloin kun olin ihmeenomaisessa mielentilassa. Sellaisessa mielentilassa kykenin olemaan läsnä ja kärsivällinen, eikä perhedynamiikka vaikuttanut minuun. En juuttunut menneisyydestä tuttuihin olemisen tapoihin, enkä paheksunut heitä jälkikäteen. Sen sijaan huomasin, että he ovat suloisia!

Kykenin liittymään perheeni kanssa avoimuudessa, joka ei ollut mahdollista silloin kun taistelin syyllisyyden kanssa. Jopa satunnainen kommentti kuten, "Et ole samanlainen kuin ennen olit", tulisi nyt vastatuksi keveästi ja rakastavasti, "En! Sinä et ärsytä minua enää! Olen ottanut täyden vastuun mielentilastani! Etkö olekin iloinen?!" Olin taistelukentän yläpuolella! Hallelujaa!

Tällä tavoin vahvistin viattomuutta – minun ja jokaisen toisen viattomuutta ja lähdin perheeni luota tuntien oloni vakaaksi riippumatta siitä, mitä oli puhuttu tai oliko ollut epämukavia hetkiä. Kykenin käsittelemään sitä kaikkea, koska en tehnyt päätöksiä yksin. Tiesin, että kaikki oli paranemistani varten.

Jos tietoisuuteeni nousi surua tai uskomus hylätyksi tulemisesta, tapahtui se ollessani Davidin kanssa, mikä antoi minulle lujan kontekstin katsoa tunteitani. Ei ollut välttelyä, syyttelyä tai projisoimista – tai jos oli, se ei kestänyt kauaa. Olin nyt sataprosenttisesti Davidin kanssa, enkä enää syyttänyt häntä siitä intensiivisyydestä, mitä kävin läpi. En vetäytynyt pois hänen luotaan, enkä riistänyt itseltäni tukea, jota tarvitsin.

Olin varma, että Henki olisi viimeinkin lopen kyllästynyt jatkuviin taisteluihini, jotka liittyivät erityisyyteen ja sanoisi, "Riittää! Sinun pitäisi olla nyt jo parantunut tästä". Olin vielä oppimassa, että torjumisen sijaan Hengen suunnitelmaan kuului hellävarainen kiintymyksistä irrottautuminen ja mielen purkaminen.

Huolimatta siitä, kuinka paljon halusin tämän paranemisvaiheen olevan ohi niin pian kuin mahdollista, se ei ollut mitään sellaista, mitä olisi voinut kiirehtiä. Jokaiseen päivään kuului syvää antautumista rukoukseen, ajatusteni tarkkailua ja sen sallimista, että paraneminen voi tapahtua. Kun kohtasin eroamisen pelkoni ja valitsin seurata Hengen suunnitelmaa jokaisessa hetkessä, alkoi se olla parannettu. Aloin ymmärtää, että en ollut aiheuttamassa rakkaudesta erkanemista.

Kohti oikeaa suuntaa

David ja minä lensimme etelään hakemaan autoni Wanakasta ajaaksemme sen sieltä Pohjois-Saareen. Tunsin vastustavani matkaa ja olevani jollain lailla etäinen Davidista. Pelkäsin, että hän ei näkisi Wanakaa samalla tavalla kuin minä ja että hän osoittaisi, ettei Wanaka ollut mitenkään erityinen. Wanaka tuntui siltä kuin se olisi osa minua enkä halunnut kuulla, että se oli harhaa.

Käännyin Kurssin puoleen saadakseni apua ja minut ohjattiin lukemaan luku 31 "Todellinen vaihtoehto":

"...jos haluat saavuttaa jonkun päämäärän, sinun on edettävä sen suuntaisesti eikä siitä poispäin" T-31.IV.7

"Kaikki valinnat tässä maailmassa ovat siitä riippuvaisia; teet valinnan veljesi ja itsesi välillä, jolloin sinä saat yhtä paljon kuin hän menettää, ja minkä sinä menetät, se hänelle annetaan." T-31.IV.8

"Anna hulluutesi itsellesi anteeksi ja unohda kaikki mielettömät matkat ja kaikki tavoitteettomat päämäärät. Niillä ei ole mitään merkitystä." T-31.IV.11

Päiväkirja

Kirsten: Hyvää huomenta, Pyhä Henki. Olen todella kiitollinen tämän lukemisesta. Jumala ei ole jättänyt Ajatuksiaan. Minä unohdin Hänen Läsnäolonsa ja Hänen Rakkautensa. On olemassa valinta, jonka tekemiseen minulla on voima. Kun etsin onnellisuutta, Jumalan muistoa maailmasta, on se etsiminen turhaa. Kiitos muistuttamisesta. Minusta tuntuu kuin olisin tosiaan kadottanut tämän hetkeksi. Mitä haluaisit minun tekevän nyt? Mihin haluaisit minun menevän?

Pyhä Henki: Rentoudu tässä. Luota tähän. Seuraa sitä, mitä sinulle selvästi tarjotaan. Tämä polku vie Jumalaan. Kokemus tulee jatkumaan parantumisena, ilona ja liittymisenä.

Kirsten: Kerro minulle tarkoituksesta.

Pyhä Henki: Maailman tarkoitus on kuolema. Maailma näyttää siltä, kuin se olisi paikka, joka tarjoaa totuuteen ja onnellisuuteen johtavia vaihtoehtoja ja polkuja, mutta se tosiasia, että joku haluaa kulkea maailman polkuja odottaen elämän mysteerien paljastumista ja että ongelmat tulisivat ratkaistuiksi, on varma merkki siitä, että on lähdössä tielle ei-mihinkään. Polku Jumalan luo on sen tunnistamista, että sinulla on kaikki hyvin nyt, eikä muotoa tarvitse millään lailla muuttaa, jotta totuus tulisi tunnetuksi. Sinun tarkoituksesi täällä on hyväksyä totuus ja osoittaa hyväksymisesi liittymällä veljiesi kanssa.

Aina kun valitset "tehdä" jotakin ja odotat lopputulosta muodon tasolla, olet valitsemassa harhoja ja olet unohtanut todellisen syyn ja seurauksen peruslait. Mennä "jonnekin muualle" tai yrittää saavuttaa jokin mielen tila, on kuin kultakala uimassa maljan puolelta toiselle ja odottamassa löytävänsä merelle. Valitse tarkoitus valitsemalla Jumalan puolesta ja salli muodon olla se mikä se on – ajatusten heijastumia.

Kirsten: Kiitos.

Wanakasta irti päästäminen

Koneen laskeutuessa Wanakaan katselin tarkasti mieltäni nähdäkseni tuntuisiko se minusta vielä kodilta. Huomasin, että minulla ei ollut samaa mystistä tunnetta ja emotionaalista pyörrettä sydämessäni kuin aiemmin. Aivan kuten olin aavistanutkin, David ei vaikuttanut olevan vaikuttunut maisemasta ja tunsin intuitiivisesti, että pitäisin mieleni hyvin keskittyneenä, enkä eksyisi ajattelemaan ja kertomaan tarinoita menneistä kokemuksistani siellä. Tarkkailin myös tiiviisti, oliko minulla vahvaa kutsua olla siellä.

Kävi selville, että useimmat ystäväni olivat muuttaneet pois ja ne harvat, jotka vielä alueella asuivat, olisivat poissa sen viikon, jonka olisimme kaupungissa. David ja minä pidimme pienen Kurssi-tapaamisen, mutta ne, jotka tulivat, olivat selkeästi eri polulla. Vaikka he nauttivat tapaamisesta, meille ei tullut tunnetta, että he haluaisivat tutkia Kurssia sen pidemmälle.

Haimme autoni ja aloitimme viisi tuntia kestävän ajomatkan luoteeseen oleillaksemme ystävämme Billin luona hänen äskettäin remontoidussa "taloautossaan". Ajaessamme pois Wanakasta minusta alkoi jälleen kerran tuntumaan, että repeän liitoksistani. Vaikka olin päästänyt irti Wanakasta useita kertoja mielessäni, en ollut vapauttanut kaikkia kiinnikkeitäni ja se edusti minulle yhä turvapaikkaa.

Saavuttuamme Billin luo hän tarjosi meille paikkaa olemiselle niin pitkäksi aikaa kuin tarvitsisimme. Kerroin myöhemmin Davidille epäilevistä ajatuksistani. Yö toisensa jälkeen kerroin pulmastani Davidille ja yritin löytää vastauksen kysymykseen, pitäisikö vai eikö minun pitäisi palata Wanakaan, mutta asia ei vaan ratkennut. Suunnitelmiimme kuului pitää tapaamisia Pohjois-Saarella ja eräänä iltana, kun olin jälleen ilmaissut epäilyajatukseni, David sanoi, että hän oli lähdössä.

Hän varasi lipun lentääkseen takaisin Aucklandiin. En voinut uskoa sitä! "Jätät minut tänne?" kysyin häneltä ja tunsin itseni täysin hylätyksi. "Meillä on kokoontumisia Pohjois-Saarella ja minut ohjataan lähtemään nyt", hän vastasi. David oli jälleen kerran antamassa minulle tilaisuuden valita. Kirjaimellisestikaan ei ollut mitään muuta, mitä hän voisi tehdä tuen antamisen suhteen; minun oli tehtävä päätös itse. Seuraavana aamuna Bill vei Davidin lentokentälle. Antauduin rukoilemaan ja yritin löytää tavan tehdä päätös: pohjoiseen ja Aucklantiin vai kaakkoon ja Wanakaan? Mutta en tuntenut mitään.

Bill oli viettänyt kesän pohjoisessa. Seuraavana päivänä hän jatkaisi matkaansa etelään. Hän sanoi, että voisin seurata häntä autollani ja olla hänen kanssaan, kunnes tietäisin, mihin suuntaan lähden. Kun en tiennyt mitä muuta voisin tehdä, seurasin Billiä kohti etelää. Ensimmäiset kaksi tuntia tuntui siltä kuin olisin ollut ajamassa tyhjiöön. Aloin rukoilla. Mitä edemmäksi kohti etelää ajoimme, sitä enemmän aloin huomata jotakin... Ahaa! Saatoin tuntea sen! Etelä ei ollut suunta, johon minun kuului mennä! Seurasin Billin samalla kun tutkin tätä tunnetta ja pyysin, että Henki näyttäisi sen selvästi. Aivan kuin olisin ollut mustan myrskypilven alla ja nyt se olisi menossa minusta ohi, tietoisuus ohjauksesta alkoi jälleen loistaa mielessäni. Minä muistin! Suunta oli koko ajan ollut se, että haen autoni ja lähden Wanakasta.

Kyyneleet alkoivat valua oivaltaessani, että Wanaka ei ollut nykyinen polkuni. Oli noussut syvää pelkoa päästää varasuunnitelmastani lopullisesti irti ja hyväksyä täysin se, mitä Henki antoi, mikä oli David. Jatkaessani edelleen Billin seuraamista tunsin enemmän ja enemmän iloa ja saavuttuamme hänen tontilleen olin innoissani saadessani kertoa hyvät uutiset!

Soitin Davidille ja sanoin, "Olen tulossa!" Hän oli aivan yhtä iloinen kuin minäkin. Seuraavana päivänä lähdin upealle kolmen päivän ajomatkalle takaisin Aucklandiin. Lauloin koko matkan ja minusta tuntui kuin olisin lentänyt!

Lepäämisen lahja

Kiertueemme viimeiset kokoontumiset oli suunniteltu Australiaan. Matkan lähestyessä tunsin itseni liian väsyneeksi lähtemään ja kykenemättömäksi suoriutumaan niistä. Rukoilin ja toivoin, että minulle kerrottaisiin, ettei minun ollut tarkoitus lähteä. Kun en saanut haluamaani ohjausta, pakkasin kuuliaisesti laukkuni.

David ja minä saavuimme Rajn ja Suzin ihanaan kotiin, josta oli näkymät Sunshine Coastiin ja ennen pitkää jaoimme yhdessä tarinoita ihmeistä. Raj oli aikatauluttanut useita paikallisia kokoontumisia ja työpajoja, joita seuraisi viikon mittainen kiertomatka rannikolle. Lähtiessämme talosta ensimmäiseen kokoontumiseen Brisbaneen Raj oli huolissaan ajoituksesta. Hänen tarvitsisi tankata ja hänen laskelmiensa mukaan ajaminen nopeusrajoitusten mukaan jättäisi meille vain kymmenen minuuttia aikaa valmisteluihin tapahtumapaikalla. Aika ei riittäisi äänilaitteiden, tuolien ja myyntipöydän laittamiseen. David vakuutti Rajlle, että saapuisimme perille ajoissa. Kun ajoimme, Davidin kautta virtasi kaunis opetus siitä, kuinka Jeesus järjestää ajan ja paikan ihmeidentekijöilleen. Suz, joka istui vieressäni takapenkillä, alkoi kikattaa onnesta.

Raj kertoi, että hän tunsi olevansa vastuussa siitä, että saapuisimme perille ajoissa ja että kaikki olisi valmiina ennen ihmisten tuloa, koska hän oli tapahtuman isäntä ja järjestäjä. Hän ei uskonut, että olisi mitenkään mahdollista olla perillä tarpeeksi ajoissa, mutta hän oli avoin ihmeelle! Suz jatkoi kikattamistaan ja ennen pitkää hän ja Raj kertoivat tarinoita ihmeistä, joita oli tapahtunut heidän seikkaillessaan tienpäällä. Pysähdyimme tankkaamaan ja seuraavaksi huomasimme, että ajoimme parkkialueelle.

Rajn hämmästykseksi olimme saapuneet tapahtumapaikalle 30 minuuttia ennen määräaikaa. Hän ei voinut uskoa sitä todeksi! Se oli maailman ajan, nopeuden ja välimatkojen lakien mukaan tieteellisesti mahdotonta! Laitoimme kaiken paikoilleen tuntien puhdasta iloa ja meillä oli vielä 10 minuuttia rentoutumiseen ennen kuin ketään tulisi!

Kerroin seuraavana päivänä Rajlle ja Suzille kuinka intensiivinen edellinen vuosi oli minulle ollut. Viikon mittainen kiertomatka oli tuloillaan ja Suz valmistautui jäämään erään ystävänsä luo. He kutsuivat minut välittömästi jäämään taloonsa siksi aikaa, kun Suz oli poissa ja Raj ja David olivat kiertomatkallaan. Raj oli matkustanut muidenkin henkisten opettajien kanssa ja hän oli riemuissaan ajatuksesta viettää viikko Davidin kanssa. Tunsin vähän syyllisyyttä siitä, etten lähtenyt mukaan, mutta he olivat kaikki niin kannustavia, että yksinkertaisesti vaan hyväksyin lahjan!

Vei kaksi päivää ennen kuin pystyin rentoutumaan ja tuntemaan itseni sen arvoiseksi, että voin käyttää mahdollisuuden olla tekemättä mitään. Vihdoinkin vaivuin syvään kokemukseen Jumalasta. Paistattelin Jumalassa. Tunsin sellaista rauhaa – ykseyttä kaiken kanssa ja niin paljon rakkautta – että tiesin ilman epäilystäkään, että *kaikki* oli suunniteltu täydellisesti minun tuomisekseni tähän kokemukseen.

Löysin kirjahyllystä *Urantia-kirjan* ja lukiessani viimeistä lukua "Jeesuksen elämä ja opetukset" tunsin syvemmän ja läheisemmän yhteyden Jeesukseen kuin milloinkaan aikaisemmin. Olin syvästi innoittunut hänen nöyryydestään ja kärsivällisyydestään. Hän tiesi kuinka merkittävä hänen tehtävänsä oli ja kuitenkin vuosi toisensa jälkeen hän sanoi, "Minun aikani ei ole vielä tullut. Isäni kertoo minulle, kun minun aikani on". Rakastan häntä todella paljon.

Matkan jälkeen David jäi Sydneyhin levätäkseen ja Raj palasi taloon ylitsevuotavassa rakkaudessa ja kiitollisuudessa ajastaan Davidin kanssa. Hän kertoi minulle, että ilon kyyneleet olivat virranneet hänen poskillaan, kun hän ajoi kotiinsa. Hänen silmänsä loistivat ihmetyksestä, kun hän yritti ilmaista, mitä hän oli Davidin kanssa kokenut.

Olin kiitollinen siitä, että matkalta poisjäämiseni oli tärkeä lahja sekä minulle itselleni että Rajlle. Pian sen jälkeen David ja minä palasimme Uuteen Seelantiin.

Siirrän vihkisormukseni

Davidille oli selvää, että hän asuisi Mian ja Kevinin talossa loput Uuden Seelannin ajastamme. Minulla oli sekä siellä että Rogerin ja Jackien talossa muutamia vaatteita ja tunsin itseni edelleen jakaantuneeksi. Tunsin hienovaraista ja kuitenkin jatkuvaa menetyksen uhkaa. Johtuen pelon läsnäolosta mielessäni, minulla ei ollut yhteyttä rakkauden läsnäoloon. Olin valtavan järkyttynyt huomatessani, etten ollut rakastunut enää mihinkään, en Davidiinkään.

Olimme puhuneet kaiken moneen kertaan läpi. Ei ollut enää mitään muuta sanottavaa ja minusta tuntui, ettei olisi enää mitään, mitä voisimme tehdä yhdessä. En kyennyt menemään syvemmälle, ennen kuin olisin vapauttanut sen mitä minun tarvitsi vapauttaa, eikä ollut enää mitään, mitä David voisi tehdä minun auttamisekseni. Minusta tuntui kuin minulla ei olisi mitään annettavaa – ei innostusta, tuoreutta tai syvyyttä tarjottavaksi suhteellemme, ennen kuin olisin kulkenut tämän irti päästämisvaiheen läpi. Kun en tiennyt mitä muuta voisin tehdä, kerroin eräänä iltana Davidille, että minun tarvitsi ottaa askel taaksepäin avioliitossamme. Laskeuduimme yhdessä rukoukseen ja sujautin sormukseni vasemmasta kädestäni oikeaan käteeni.

David piti minusta kiinni, kun itkin. Hän vakuutti minulle, että hänen rakkautensa oli ikuinen ja että hän olisi minun kanssani riippumatta siitä, mitä tapahtuisi. Se tuntui lempeältä ja sain lohtua tietäessäni, että olin tehnyt kaiken mitä pystyin pysyäkseni Davidin mukana ja jotta olisin mukana Hengen suunnitelmassa. Olinhan kuitenkin opiskellut Kurssia vasta kaksi vuotta.

Askel taaksepäin ja irti päästäminen

Seitsemän kuukautta matkustamista ja kokoontumisia oli tullut päätökseensä. Vaikka jäin edelleen Uuteen Seelantiin ja David oli palaamassa USA:han, syvä yhteys jaetusta tarkoituksestamme jatkui. En ollut täysin varma, missä asuisin seuraavan viikon, mutta kaikki tuntui oikealta. Näin selkeästi, että tarkoitus palaamisessa Uuteen Seelantiin Davidin kanssa ei ollut se, että minua autettaisiin siirtymään maasta toiseen – tarkoitus oli paljon suurempi. Se oli minun tukemisekseni, jotta voisin purkaa käsitykset itsestäni ja purkaa ne syvät kiinnittymiset, jotka estivät minua tuntemasta itseäni Henkenä ja olemasta todella vapaa. Tiesin, että voisin palata USA:han vain, jos sydämeni olisi siinä täysillä mukana ja voisin ottaa seuraavat askeleeni Davidin kanssa ilolla.

Davidin vieminen lentokentälle tuntui epätodelliselta. Jollain tasolla tiesin, että tämän kuului tapahtua, mutta sydämessäni ei tuntunut täydeltä ja loppuun saatetulta. Olin syvällä paranemisprosessissa. Selkeältä tuntui kuitenkin se, että vapaus ja tilan tunne oli nyt annettu sallimaan sen, mitä tapahtuisi seuraavaksi, paljastaa itsensä.

Luku 20

Menettämisen pelko ja rakkauden lähde

Kevät 2006

Jumalan Rakkautta Poikaansa kohtaan
eivät mitkään sanat kykene ilmaisemaan
Me olemme tämä Rakkaus,
jota alati annamme ja saamme.
Uppoa Rakkauteeni sinua kohtaan.

Tätä kokemusta sinä etsit,
Kaikki ongelmat ja suunnitelmat häviävät tietoisuudesta,
Ja katoavat Rakkauteen, joka olemme

Jatka kulkuasi tänne, muistamaan Jumala,
Se on täällä, minä olen täällä
ikuisesti sinua varten,
Odottaen paluutasi.

Rakkaus ei pääty

David oli palannut Cincinnatin Peace Houseen ja vaikka tunsin helpotusta siitä, ettemme olleet intensiivisesti yhdessä, tiesin sydämessäni, että kuuluin yhteen hänen kanssaan. Seuraavien viikkojen aikana vietimme paljon aikaa Skypessä. Toisinaan meillä oli syvällisiä keskusteluja;

muutoin olimme yhdessä hiljaa kirjoittaessamme sähköposteja ja käsitellessämme yhteisön eri toimintoja. Jollakin tapaa tuntui siltä, kuin olisimme olleet Peace Housessa fyysisesti yhdessä.

Pelkoni, että voisin itse asiassa erota Davidista, oli liuennut pois. Näin, että olivatpa kehomme yhdessä tai eivät, jakamamme tarkoitus jatkui. Se oli syvästi rauhoittavaa.

Menettämisen pelko

Päiväkirja

Kirsten: Hyvää huomenta, Pyhä Henki. Auttaisitko minua saamaan selkeyttä tunteisiini. Kun David oli täällä, minua pelotti ja vastustin, eikä minulla ollut minkäänlaista yhteyttä rakkauteen. Hänen lähtönsä jälkeen pelko parani syvemmällä tasolla ja olen jälleen Jumalan rakkauden kokemuksessa. Mutta nyt pelkään, että menetän Davidin! Jumalan rakkaus on läsnä Davidissa. Jokainen on vapaa rakastamaan häntä ja olemaan yhteydessä siihen samaan rakkauteen, mikä on heidän omassa sisimmässään. Kuitenkin kun David kertoi minulle, että eräs ystävä Euroopassa oli kertonut rakastuneensa häneen ja haluaa mennä hänen kanssaan naimisiin, olin järkyttynyt siitä, että voisin menettää hänet, että avioliittomme olisi ohi. Minusta tuntuu kuin horjuisin yhä ja minua houkuttelee toimia sen mukaan.

Pyhä Henki: Olen sanonut sinulle usein, että olet yhä naimisissa Davidin kanssa ja että hän ei ole menossa mihinkään. Hän ei ole lähdössä. Mielessäsi on osa, joka hyväksyy sen ja myös osa, joka torjuu sen. Ego-mielen harhainen luonne haluaa välttämättä kuvitella tulevaisuutta ja maalaa sen joko ruusuiseksi ja kirkkaaksi tai tummaksi ja epäilyttäväksi. Sekaannus valtaa, kun molemmat kuvat maalataan samaan kuviteltuun tulevaisuuteen. Olet pelännyt joka kerta, kun olet torjunut ajatuksen avioliitosta Davidin kanssa. Kuvittelemasi projisoinnit ovat sisältäneet menetystä, puutetta ja uhrautumista. Sanon sinulle nyt, rakkaudessa ei ole menetyksiä, puutetta tai uhrautumista.

Kirsten: Kyllä. Pidin myös kiinni vaihtoehtoisista suunnitelmista siltä varalta, että Jumalan suunnitelma epäonnistuisi. Tiedän, että perheeni huolehtisi minusta, jos sinä et huolehtisi. Roger olisi siinä silmänräpäyksessä paikalla tarjoamassa käytännöllistä ja taloudellista tukea. Jackie olisi aina valmis olemaan mukana, olipa seikkailu mikä tahansa – hiusten laittamisesta ideaan tutkia oman retriittikeskuksen perustamista. Uusi Seelanti olisi myös aina olemassa, turvallisena avarana maana, jonka hallitus tukisi minua lainoilla ja lääkeavuilla, jos niitä tarvitsisin. Voi hyvä Jumala, huomaan tätä kirjoittaessani, kuinka paljon mielessäni on yhä varasuunnitelmia! Ei ihme, etten matkustaessani Davidin kanssa voinut puhua aidosti jumalaisesta sallimuksesta! Minähän en oikeasti usko, että sinä tuet minua!

Olen nyt valmis päästämään irti kaikista varasuunnitelmistani. [Nyyhkytän helpotuksesta.] Tiedän, että taistelin Davidin kanssa, koska hän paljasti varasuunnitelmani; hän oli uhka niille. Hän kehotti minua päästämään niistä irti, mutta minä en voinut. En tuntenut olevani valmis.

Mitä muuta voit kertoa tästä minulle? Haluan olla Davidin kanssa, mutta nyt en halua toimia pelosta käsin. Tiedän, etten ole erityinen ja että hän on naimisissa jokaisen kanssa. En halua menettää mahdollisuutta liittyä häneen täysin ilman pelkoa, ilman vanhaa vastustusta.

Pyhä Henki: Jatka pelkojen ja toiveiden paljastamista. Muista ainoa päämääräsi: Jumala. Muista ainoa toiveesi: Jumala. Minä ohjaan sinua. Olet tarkalleen siinä, missä sinun tuleekin olla. Kyllä, peruutit paluulippusi USA:han ja otit avioliitossa askeleen taaksepäin – ja se sisälsi pelkoa ja hämmennystä. Kuitenkin, kuten olen sinulle kertonut, olet yhä naimisissa; olet yhä liitossa Davidin kanssa. Pysyt yhdessä paikassa, kuten halusit. Päästät irti vaihtoehtoisista suunnitelmista ja sallit menneisyyden haihtua pois. Tämä oikaisee polkusi eikä jätä yhtään kompastuskiveä, ei yhtään estettä tukkimaan tietäsi. Kaikki on hyvin lapseni, kaikki on hyvin.

Kirsten: Kiitos. [Huokaisen helpotuksesta.]

Todellinen avioliitto

Päiväkirja

Kirsten: Hyvää huomenta, Pyhä Henki. Kun olen oikeassa mielessäni, kaikki on hyvin. Tiedän, että vain ego katsoo taaksepäin ja tuomitsee, ego hypnotisoi ajattelemaan, miten asiat voisivat olla eri tavalla. Ollessani väärässä mielessäni syytän toisia siitä, että he odottivat minulta liikaa. Olen surullinen, koska minusta tuntuu, että epäonnistuin suhteessa Davidiin ja sitten tulen vihaiseksi, koska ei se ole minun vikani! Tästä seuraa syyllisyys, viha ja pettymys: *Minun olisi pitänyt toimia eri tavalla. Minä olen viaton! Voi minua raukkaa.* Haluaisin päästää tästä nyt irti. Mitä voisit sanoa minulle? Minusta tuntuu, että tulet puhumaan minulle avioliitosta.

Pyhä Henki: Sinä olet ja tulet aina olemaan liitossa Jumalan kanssa. Se on todellinen avioliitto. Muodon maailmassa kaksi ihmistä saattaa liittyä yhteen tarkoituksessa, jossa avioliitto symboloi halua yhdistyä Jumalan kanssa.

Egon ajatus avioliitosta sisältää erityisyyttä. Henki käyttää avioliittoa mielen paranemiseen ja Jumalan ehdottoman Rakkauden osoittamiseen toiselle ja jokaiselle. Todellinen avioliitto on muodon yläpuolella. Todellinen avioliitto on se rakkaus, liittyminen, jaettu tarkoitus ja tunne siitä, että eroamista ei ole, ja se sinulla on ja tulee aina olemaan Davidin kanssa. Tämä oli suhteesi intentio ja niin se on.

Kirsten: Minä tunnen ja tiedän sen. Haluan luottaa siihen. Näytän yhä tuntevan itseni surulliseksi ja kyyneleet ovat lähellä. Onko minulla alitajuisia ajatuksia, jotka minun tulisi nähdä vai onko se vain sitä, että olen juuttumassa egon väärä-mielisyyteen?
Pyhä Henki: Salli ajatusten ja tunteiden nousta pintaan. Liittyminen on aina vastaus menetyksen ja erkaantumisen tunteisiin. Kun

oivallat, että mielesi on joutumassa negatiivisen ego-ajattelun silmukkaan, vaihda aihetta ja päätä valita minut. Tule minun luo. Ole minun kanssani. Ilmaise ajatukset halukkuudella päästää niistä lopullisesti irti.

Kirsten: Kiitos. Lukisinko jotakin?

Pyhä Henki: "Älä katso taaksesi muuten kuin rehellisyyden nimissä. Ja kun epäjumala johdattaa sinua kiusaukseen, ajattele seuraavasti: Epäjumala ei milloinkaan antanut sinulle muuta kuin syyllisyyden 'lahjan'. Yhtäkään niistä et ostanut ilman siitä kivulla maksamaasi hintaa, etkä koskaan maksanut sitä yksin. Ole siis arvollinen veljellesi. Äläkä ajattelemattomasti valitse epäjumalaa, vaan muista, että veljesi maksaa siitä yhtä kovan hinnan kuin sinäkin. Sillä kun sinä katsot taaksepäin, hänkin joutuu viivyttelemään etkä sinä näe, Kenen rakastavasta kädestä pidät kiinni. Katso siis eteenpäin ja kulje luottavaisesti sydän onnea ja toivoa sykkien eikä pelosta jyskyttäen." T-30.V.10

Kirsten: Täydellistä.

Jumalan Poika ei koskaan nukkunut

Päiväkirja

Kirsten: Hyvää huomenta, Pyhä Henki.

[Tunnen rauhaa ja minut ohjataan lukemaan kaksi viimeistä kappaletta Kurssin luvusta "Nykyhetken löytäminen".]

"Sinun on aivan pakko vastata halukkaasti valkeuden viehätykseen, ja halukkuutesi ilmenee antamisena... Ja kuitenkaan rakkauden lakeja ei ole kumottu, vaikka sinä oletkin ollut unessa... Unessakin Kristus on suojellut sinua ja varmistanut, että herätessäsi näet todellisen maailman. Sinun nimessäsi Hän on antanut puolestasi ja myös sinulle Jumalan Hänelle antamat lahjat. Jumalan Poika rakastaa yhä yhtä paljon kuin hänen Isänsä rakastaa. Koska hän muodostaa Isänsä kanssa jatkumon, hänellä ei ole menneisyyttä Hänestä erillään. Joten hän ei ole koskaan lakannut todistamasta Isästään ja itsestään... Ja tästä syystä hän voi kutsua luokseen todistajat, jotka opettavat hänelle, että hän ei koskaan nukkunut." T-13.VI.12-13

Kirsten: Kerro minulle tästä!

Pyhä Henki: Jumalan Poika ei koskaan eronnut Isästään. Jumalan Poika näytti nukkuvan ja unohtaneen Isänsä Rakkauden, uskoen olevansa erillinen keho ajassa ja paikassa etsimässä tarkoitustaan, etsimässä kotiaan. Tämä havainto korjattiin välittömästi minun toimestani. Kun pysyt uskollisena totuudelle, sen todistajat heijastavat sen sinulle takaisin. Kun annat kaikki kaikille ja rakastat niin kuin Isäsi rakastaa, tulevat rakkauden todistajat heijastamaan sen sinulle takaisin. Poissa ovat unen hattarat, sillä ei ole mitään muuta kuin rakkaus ja valo, ne on kaikki mitä on.

Jumalan Rakkauteen katosi jälkeä jättämättä kaikki mikä ei ole Hänen Rakkautensa kaltaista. Hänen Rakkautensa valossa kaikki pimeys on ikuisesti kadonnut. Onko Jumalan Poika koskaan voinut todella olla missään muualla kuin tässä, rajoittamattomana Isänsä Luomuksena, Isänsä kuvaksi tehtynä?

Kirsten: [Vaivun mystiseen, laajentuneeseen tietoisuuteen totuudesta ja yhdistymisestä. Siellä on ääneen lausumaton tieto siitä, että "Kirsten" ja kaikki hänen eropelkonsa ja erehtymisensä olivat osa unta. Ne ovat epätodellisia, koska tässä hetkessä tämä Läsnäolo on se, kuka minä olen ja kuka minä olen aina ollut.]

Kaikki erossa olon tuntemukset ovat poissa. Nyt niitä ei voi kuvitellakaan. Sitä ei milloinkaan tapahtunut.

"Jumalan Poika rakastaa yhä yhtä paljon kuin hänen Isänsä rakastaa. Koska hän muodostaa Isänsä kanssa jatkumon, hänellä ei ole menneisyyttä Hänestä erillään." T-13.VI

Mielleyhtymien tekemättömäksi tekeminen

Uskomus, että voisin menettää sen, jota rakastan, näyttää olleen perusongelmani aina aikojen alusta saakka. Ennen Kurssin löytämistä Jackie ja minä tutkimme yhdessä kaikenlaisia paranemismetodeja. Eräänä päivänä vierailimme näkijän luona, joka käytti hypnoterapiaa keinona päästä muistoihin "menneistä elämistä", jotta tietoisuuteen voitaisiin tuoda sellaisia toimintamalleja, joita saattaisi esiintyä myös tässä elämässä. Minulla oli visio useista elämistä, joissa näyteltiin romanttisia tragedioita ja joissa menetin elämäni rakkauden. Joko minut tai kumppanini tapettiin ja jouduin eroon kauhistuttavien olosuhteiden kautta.

Tämänhetkisen pelkoni ja suruni lähde on vanha uskomukseni, että voisin menettää sen, jota rakastan ja tässä minä jälleen olen ja tällä kertaa "David" tähdittää päänäyttelijän roolia. Jälleen kerran minulla on sama intensiivinen tunne ja huomaan, että tämä uskomus ei ole vielä parantunut.

Soitin Davidille ja kerroin "menneiden elämien regressiokokemuksistani", sekä tämänhetkisistä surun ja menetyksen tunteistani ja hän sanoi, ettei siinä oikeastaan ole mitään ongelmaa. Yritin selittää hänelle ongelmani todenmukaisuutta ja jälleen hän sanoi, ettei nähnyt mitään ongelmaa olevan olemassakaan. Hän kysyi, haluaisinko jatkaa sen esittämistä. Minä nauroin! Surun ja murheen keskellä minä nauroin! Siinä oli päänäyttelijäni, joka ei ostanut kärsimystäni eikä yrittänyt lainkaan ymmärtää sitä, mikä oli käsittämätöntä. Sen sijaan hän muistutti minua totuudesta!

Myöhemmin Kurssi-ryhmässä eräs jäsenistä kertoi tarinan, jonka hän oli kertonut joka kerta ryhmässä ollessaan. Hän kertoi uudelleen kokemuksestaan, jossa hän toimi hoitajana lohduttaen perheitä silloin, kun joku rakas oli kuollut. Yrittäessään tuoda heille lohtua hän pitää mielessään totuuden ja näkee jokaisessa Kristuksen. Tunsin ärsyyntyväni. *Miksi hän toisti tätä samaa tarinaa ja melkein sanasta sanaan?* Luulin ymmärtäneeni tarinan ytimen; nähdä Kristus jokaisessa ja halusin epätoivoisesti viedä sen syvemmälle.

Kun myöhemmin käännyin Pyhän Hengen puoleen saadakseni apua, näin yhteyden välittömästi. Nainen puhui rakkaudesta ja menettämisestä, rakkaudesta ja kuolemasta, rakkaudesta ja surusta. Toisin sanoen, kaikista niistä asioista, joihin olin uskonut ja joista olin pitänyt kiinni! Siunattu olet rakastettu sisareni toistaessasi tätä tarinaa minulle, kunnes viimeinkin tajusin sen! Vaivuin syvään anteeksiannon prosessiin Pyhän Hengen kanssa ja vapautin kaikki valheelliset kytkökseni rakkauden ja menettämisen välillä, liittyen jokaiseen ihmiseen, jonka pystyin muistamaan. Minulle sanottiin, "Voit uskoa menettämiseen ja kokea sen vain silloin, kun samaistut johonkin unen hahmoon".

Mieleeni lipui laulu, "Vain rakkaus on, rakkaus sisäpuolella ja ulkopuolella, ylhäällä ja alhaalla, kaikkialla ympärillämme." Kaunista! Tunsin itseni vapaaksi! Olin vapaa rakastamaan, vapaa olemaan, vapaa katsomaan kaikkea tapahtuvaa ilossa ja luottamuksessa.

Ilo

Päiväkirja

Kirsten: Hyvää huomenta, Pyhä Henki. Luin juuri Opettajan käsikirjasta luvun, jossa sanotaan, "Ilo on väistämätön seuraus lempeydestä... Ilo ja lempeys kuuluvat yhtä varmasti yhteen kuin tuska ja taistelu." OK-4.V Kerro minulle tästä.

Pyhä Henki: Suru tulee siitä, että uskoo hyökkäykseen. Uskomus menetykseen, että jonkun rakkaan voisi menettää tai häntä voisi uhata, aiheuttaa uskomuksen hyökkäyksestä. Missä luottamus on silloin, kun mielessä on hyökkäys? Se on kadonnut tietoisuudesta; se on imaistu täysin pois. Kun oivaltaa sen, että menettäminen on mahdotonta, pelko loppuu. Ilman pelkoa ja minkäänlaista mahdollisuutta menettämiseen kokemuksena on rauha, lempeys ja ilo.

Kirsten: Kerro minulle siitä, miten ilo on laulu kiitollisuudesta.

Pyhä Henki: Ilo ilmaisee luonnollista tilaasi ja perintöosaasi. Jumala antaa sen sinulle. Rauha ja ilo käyvät käsi kädessä kiitollisuuden kanssa. Oivallus, että olet turvassa, ehjä ja rakastettu – että mikään ei ole väärin, ettei mitään korjattavaa ole, että kaikki asiat toimivat yhdessä hyvän puolesta – nostaa ilon. Vain harhahavainnot peittävät ja estävät Pojan ikuisen laulun kiitollisuudesta Isälleen. Intensiiviset kiitollisuuden hetket ovat välähdyksiä totuudesta, joka on aina olemassa.

Kirsten: Kerro minulle tästä, "Ja Kristuskin katsoo alas heidän puoleensa kiittäen". OK-4.V

Pyhä Henki: Tämä vertaus kuvaa Kristus-ajatusta. Tämä maailma näyttää lineaariselta ja horisontaaliselta siinä, mikä on sen lähestymistapa oppimiseen ja edistymiseen. Kun vapautat nämä käsitteet mielestäsi ja avaudut totuuden laajentumiselle, alat ymmärtää, että todelliset ajatukset ovat pystysuoria. Tässä on jälleen yksi vertauskuva tai "astinlauta", joka auttaa sinua vapautumaan harhoista. Selvästikään Taivaassa, absoluutissa, ei ole tasoja. Jumala on. Kristus on mielessä oleva idea Jumalasta. Kristus on. Kaikki on yhtä täydellisessä yhdenvertaisuudessa. Tällä alueella Jumala on korkein ajatus. Voit ajatella enkelit ja ylösnousseet mestarit hyvin korkeina ajatuksina, joilla on pääsy viisauteen, mikä ei ole tästä maailmasta. He eivät ole sidoksissa tämän maailman lakeihin.

Ilmaus "Ja Kristuskin katsoo alas heidän puoleensa kiittäen" kuvaa mielesi korkeinta osaa, Itsesi todellista luontoa katsomassa alas kiitollisena, kun jatkat heräämistä totuuteen itsestäsi. On vain Yksi Mieli; siten kaikki näkökulmat, ajatukset ja symbolit ovat Yhden Mielen heijasteita. Saattaa näyttää siltä kuin ne katsoisivat toisiaan, avustaisivat toisiaan, ilmaisisivat kiitollisuutta toisilleen. Jälleen kerran, nämä kaikki ovat "astinlauta" -ajatuksia, joista on apua.

Kirsten: Miten tämä sopii siihen, että kaikki on unta?

Pyhä Henki: Olet tietoinen siitä, että näet unta. Olet heräämässä totuuteen siitä, kuka sinä olet ja kuka veljesi on. Tämän kokemuksen kutsuminen uneksi on yksinkertaisesti sen oivaltamista, että tämä ei ole todellisuus. Ei se ole sen monimutkaisempaa. Nauti unestasi tietäen, että olet täydellisen rakastettu ja täysin turvassa.

Luku 21

Uusia alkuja

Kesä 2006

"Tänään juhlimme pitkän kauhu-unesi onnellista loppua. Synkkiä unia ei enää ole. Valkeus on tullut. Valkeuden aika alkaa tänään sinulle ja jokaiselle. Se on uusi aikakausi, josta syntyy uusi maailma. Vanha maailma ei häivyttyään jättänyt siihen jälkeäkään. Tänään näemme erilaisen maailman, koska valkeus on tullut." OT-75.2

Iloinen jälleennäkeminen

Rukoilin yhä, jäädäkö Uuteen Seelantiin vai liittyäkö uudelleen Davidiin Yhdysvalloissa. Aivan yllättäen Davidin ystävä Lisa kutsui Davidin, minut ja joitakin muita ystäviä viikon pituiseen retriittiin kotiinsa Pennsylvaniaan. Hän oli todella innostunut ja tunsi että kyseessä oli hyvin tärkeä uudelleentapaaminen ja hän tarjosi meille lennot, olimmepa missä tahansa päin maailmaa. Tämä oli selkeä merkki.

Se tuntui oikealta. Tunsin polustani suurempaa varmuutta ja liiton Davidiin kanssa syvemmin kuin koskaan aiemmin. Minulle oli annettu kaikki tila, jota tarvitsin selvitäkseni läpi egon keskeisimmistä puolustuskeinoista ja jotta näkisin itse, mitä todella halusin. Halusin mennä sinne, minne Hän haluaisi minun menevän. Halusin päästä aina vaan syvemmälle mystismiin, Jumalan sydämeen, eikä siitä ollut epäilystäkään, etteikö polkuuni olisi kuulunut olla Davidin kanssa.

Minusta tuntui kuin olisin sanomassa ensimmäistä kertaa Jumalalle "kyllä". Olin sanonut "kyllä" aikaisemminkin, mutta nyt minusta tuntui, että mikään ei pidättelisi minua. Ennen lähtöäni Uudesta Seelannista tunsin, että sydämeni oli jälleen täynnä rakkautta ja valoa, aivan kuin olisin tullut ulos auringonvaloon, eikä jäljellä olisi mitään muuta tehtävää kuin loistaa.

Pitkän matkan jälkeen saavuin Pennsylvaniaan, missä David oli minua lentokentällä vastassa. Se oli kaunis ja onnellinen jälleennäkeminen. Saavuttumme Lisan kotiin huomasimme, että hän oli valmistanut meille huoneen kuin olisimme viettämässä kuherruskuukautta. Koko universumi tuntui juonittelevan saattaakseen meidät yhteen ja tällä kertaa olin siihen riemukkaasti valmis.

Kokoontumiseen tuli ihmisiä ympäri maailmaa. Se oli käänteentekevä kohtauspaikka, jonka Henki oli järjestänyt meitä kaikkia varten. Me kaikki tunsimme yhteisöllisyyttä ja iloa yhdessä olemisesta. Se oli selkeästi uusi alku tavalla, jota emme pystyneet määrittelemään, mutta josta luotimme, että siihen tulisi selkeys.

Menneisyys on ohi

Kokemus mahtavien kumppanien kanssa juhliessamme yhteyttämme Jumalaan, oli puhdasta iloa. Olimme kaikki hyvin kiitollisia. Nauru oli viimeinen ääni iltaisin ennen nukahtamista ja ensimmäinen, mihin heräsin joka aamu.

Eräänä aamuna retriitissä istuessani ulkona tulen äärellä vastapäätä uutta ystävääni Peteriä, minulla oli uusi mystinen kokemus. Olimme juuri avanneet silmämme meditaation jälkeen, kun maailma katosi sumuiseen valkoiseen valoon. Ystäväni muoto katosi, kun hänestä hehkuva valo näytti minulle selkeästi, kuinka "kehonaamio" oli vain väliaikainen lavaste. Kokemus tuntui vain jatkuvan ja jatkuvan ja sallin itseni antautua täysin päästämään irti maailman harhasta. Kaikki ympärillämme katosi ja jäljelle jäi vain puhdas rakkaus ja valo.

Jonkin ajan kuluttua alkoi sataa pehmeästi ja muodon maailma palasi asteittain tietoisuuteeni. Kaikki muut olivat menneet sisälle ja kokoontuneet olohuoneeseen Davidin ympärille. Mennessäni sisään David katsoi ylös tuolistaan ja näki suuret, laajentuneet silmäni. "Oi, sinulla on meneillään yksi noista kokemuksista", hän sanoi säteillen tunnistamisessaan. Tunsin itseni aivan lapseksi, täysin tietämättömäksi kaikesta ja jalkani horjuivat vähän. David ohjasi minut lempeästi istumaan syliinsä ja jatkoi syvää keskusteluaan ryhmän kanssa zoomaten aiheeseen Sovituksen hyväksyminen.

Lisan omistautuminen anteeksiannolle oli niin selkeää ja varmaa, ettei ole yllättävää, mitä retriitin aikana tapahtui. Eräs hänen biologisista sisaruksistaan oli murhattu 12 vuotta aiemmin. Tuomion saanut murhaaja oli viettänyt viimeiset 10 vuotta eristyksessä kuolemaantuomittuna. Eräänä aamuna Lisalle tuli puhelu uutistoimittajalta, joka soitti kysyäkseen suhtautumista uutiseen siitä, että tämä tuomittu murhaaja saattaisi välttää kuolemantuomion. Lisan ensimmäinen vastaus oli, "Hyvä! Minä en usko kuolemaan. Me uskomme anteeksiantoon ja elämässämme kaikessa on kyse Jumalasta ja menneisyyden irti päästämisestä. Se on ohi. Sitä ei enää ole." Toimittaja kysyi, olisiko paikalla ketään toista perheenjäsentä, jolle hän voisi puhua ja Lisan sisar tuli puhelimeen. Hän sanoi, "Perheemme on antanut menneisyyden anteeksi. Me emme ylläpidä kaunoja ja toivon että hän on vapautunut mielensä vankilasta. Toivon, että hän saa tämän viestin, koska hän ansaitsee olla vapaa syyllisyydestä".

Pian sen jälkeen Lisa muisti tuomitun miehen nimen. Se oli Freeman May. (suom. Vapaamies Toukokuu.) Kuukausi oli toukokuu ja mitä meihin tuli, hänestä tehtiin vapaa mies. Meidän ja Jumalan silmissä hänelle oli annettu anteeksi ja hänet oli vapautettu syyllisyydestä. Se oli voimallista.

Isäni Jumala, vain Sinä

Pennsylvanian retriitin jälkeen paistattelin tämän uskomattoman ilon ja ihmeiden viikon jälkihehkussa. Tunsin olevani niin rakastunut – Davidiin, Jumalaan, elämään, jokaiseen siunattuun hetkeen. Suhteeni Davidiin heijasti jälleen kerran puhdasta ja avointa rehellisyyttä, joka oli suhteeni Jumalaan. Davidilla oli suunniteltuna useita kokoontumisia retriitin jälkeen ja Lisa kutsui minut muutamaksi päiväksi kotiinsa olemaan ja lepäämään. Istuin hiljaisuudessa ja tämä rukous virtasi sydämestäni.

Tänään kylvemme hiljaisuudessa...
Hiljaisuus on laskeutunut maailman ylle.

Olen Jumalan palvelijoiden joukossa
Tämä ajatus säteilee mielestäni,
Kietoen sisäänsä koko Poikakunnan.

Jumala, Isäni
vain Sinä.

Kiitollisuuden aallot virtaavat
Yhden Mielen valtameren poikki

Jumala Isäni,
vain Sinä.

Viattomat lapset heräämässä unesta,
Huomaten että mikään siitä ei ollut totta...

Minun käteni Sinun kädessäsi,
Silmäni Sinuun kääntyneinä
Sydämeni, annettu ikuisessa totuudessa,
Jumalalle Isälleni,
Vain Sinulle.

Annan elämäni sinun käsiisi,
Asetan luottamukseni sinun Sanoihisi,
Annan Elämäni Sinulle,
Ja nyt olen Kotona.
Sinun kanssasi.

Mitään matkaa ei ole,
Sinä olet määränpääni
Mitään muuta ei ole,
Sinä olet Kaikki.

Minä olen rakkaus, minä olen eheä Sinun kanssasi.

Ja nyt on aika nauraa ja leikkiä,
Nyt on aika riemuita,
Nyt on aika jakaa hyvät uutiset:
Hän on tässä, minä olen kotona, olen vapaa.

Enkelit ilmestyvät

Davidin ja minun palattua Peace Houseen myöhäisenä sunnuntai-iltana kohtasi meitä ylitsevuotavan iloinen Tripod ja hänen uusi veljensä Sam, eikä niistä kumpikaan voinut lopettaa kehräämistä. Aamukolmen aikoihin heräsin siihen, kun Tripod hyppäsi rinnan päälle ja oli täysin kykenemätön hillitsemään rakkauttaan. Hän oli paluustani yhtä iloinen kuin minäkin.

Olin rukoillut, että Peace Houseen saataisiin apua. David ja minä olimme niin paljon poissa ja tuntui kuin siellä ei olisi vuosiin siivottu kunnolla ja perusteellisesti. Katsellessani Lisan siivoamista kotonaan retriitin jälkeen suhtautumiseni kodinhoitoon muuttui. Hän sytytti kynttilät, laittoi musiikin soimaan ja vuodatti siivoukseen sydämensä. Paikka kirjaimellisesti säkenöi hänen lopetettuaan. Lisa siivosi Jumalaa varten ja teki sen suurella ilolla.

Davidin purkaessa meilisumaansa käytin kaksi päivää siivoamiseen, ja tein valmisteluja vieraitamme Tamaraa ja Jodya varten, jotka olivat tulossa Tennesseestä viikonlopuksi. Heti saavuttuaan he veivät meidät ihanalle aterialle. Puhuimme sinä iltana syvällisesti Jumalasta ja ihmissuhteista. Yöpuulle vetäytyessään he kertoivat meille ehdottomalla vilpittömyydellä, että olivat tulleet ollakseen avuksi. Heidän sydämen toiveensa oli auttaa kaikilla mahdollisilla tavoilla – siivouksessa, juoksevissa asioissa, pihatöissä, missä vaan. En melkein voinut uskoa sitä todeksi. Olin ajatellut, että minä pitäisin heistä huolta viikonlopun aikana, mutta he olivatkin selvästi enkeleitä, jotka Taivas oli lähettänyt suorana vastauksena rukoukseeni saada apua!

Seuraavana aamuna Tamara, Jody ja minä puimme kumihanskat ja siivosimme, lajittelimme, järjestelimme ja raivasimme koko päivän. Se oli todella hauskaa. Kaikki tuntui tuoreelta ja upouudelta. Menimme illalla kävelylle ja meditoimme penkillä lähellä St. Bernardin kirkkoa. Marian patsas oli siinä lähellä kädet rukousasennossa ja kaikkialla hänen ympärillään oli kukkapenkkejä.

Tunsin itseni täydellisen siunatuksi, koska meninpä minne tahansa, minulla oli perhe mukana. Myöhemmin istuessani työpöytäni äärellä vastaamassa sähköposteihin kuulin tyytyväistä kehräämistä tuolini alta ja ajattelin itsekseni, *Näen pelkkää antaumusta ja tunnen vain rakkautta. Se on tässä, juuri nyt ja olen niin kiitollinen.*

Manifestoinnin tuolla puolen

Viimeisenä iltana David ja minä katselimme Tamaran ja Jodyn kanssa *The Secret* -elokuvaa. Elokuva on fantastinen johdanto mielen voimaan ja vetovoiman lakiin – mihin me keskitymme ja mitä haluamme, on se mitä saamme. Suuri osa elokuvasta käsittelee manifestaatiota, sen *saamista mitä me haluamme* maailmalta.

Tänä aamuna minut ohjattiin lukemaan Kurssista "Vastuu näkemisestä": "Minä olen vastuussa siitä mitä näen. Valitsen tunteet, jotka koen ja päätän itse päämärästä, jonka haluan saavuttaa. Ja minä itse pyydän kaikkea sitä, mikä minulle näyttää tapahtuvan ja saan sen mukaisesti kuin olen pyytänyt." T-21.II.2

Päiväkirja

Kirsten: Hyvää huomenta, Pyhä Henki. Voitko kertoa minulle, miten tämä toimii siinä, että "käsikirjoitus on kirjoitettu" ja antautumisessa sille "mikä on"?

Pyhä Henki: Tarkkailija on mielentila, jossa tiedät olevasi taistelukentän yläpuolella, yhtä Jumalan kanssa, etkä sen vuoksi ole maailman armoilla. Siirtyminen mielen mahdollisuuksien oivaltamisesta siihen, että ottaa täyden vastuun näkemisestä, on tietoisuuden tuomista takaisin Lähteeseen.

Itsensä tunteminen on täysin tämän maailman ja sen houkutusten tuolla puolen. Kun kysyt Jumalalta kaikissa olosuhteissa, "Mikä on sinun tahtosi minulle?" linjaudut Hengen kanssa ja tulos on aina korkeimmaksi parhaaksesi.

Kirsten: Joten se on kuin abcd...
A) Mieleni on voimakas. Minä vaikutan maailmaani.
B) Näytän voivan manifestoida sen mitä haluan. Olen vastuussa siitä, mitä näen, ajattelen ja tunnen.
C) En halua mitään tästä maailmasta, ainoastaan Jumalan.
D) Näytä minulle tie Jumalan luo. Annan elämäni Hengen ohjaukseen kaikissa olosuhteissa.

Nyt minä olen vapaa. Olen yhtä Jumalan kanssa, koska toiveeni ei ole jakautunut.

Pyhä Henki: Muista aina, että Jumala on Syy ja sinä, Hänen Poikansa, olet Seuraus. Ilman anteeksiannon tarkoitusta halu olla "Universumin valtias", on egoistinen tavoite. "Oman kohtalonsa mestarina" oleminen voi olla avuksi matkalla mielen voiman oivaltamiseen, mutta lopulta on tultava kohtaan, jossa antautuu, nöyrtyy ja hyväksyy. Jumala on Isä ja Kristus on hänen rakastettu luomuksensa, jonka kautta Hänen rajaton Rakkautensa ja voimansa virtaa.

Luku 22
Opeta vain rakkautta

Kesä 2006

"Pyhä Henki laajentaa ja ego projisoi. Koska niiden tavoitteet ovat vastakkaiset, tuloskin on vastakkainen. Pyhä Henki aloittaa näkemällä sinut täydellisenä. Koska Hän tietää, että tämä täydellisyys on yhteistä kaikille, Hän tunnistaa sen muissa ja vahvistaa sitä siten kummassakin. Vihan sijasta se herättää rakkautta molempia kohtaan, koska se koskee kaikkia." T-6.II.4-5

"Ainoa turva on siinä, että laajennat Pyhää Henkeä, sillä kun näet Hänen lempeytensä muissa, oma mielesi näkee itsensä täysin vaarattomana. Kunhan mielesi pystyy hyväksymään tämän täysin, se ei näe mitään syytä suojella itseään. Jumalan suojelus valkenee sille silloin ja saa sen vakuuttuneeksi siitä, että se on ikuisesti täysin turvassa." T-6.III.3

Viattomuus

David ja minä lähdimme Kaliforniaan viettääksemme siellä kymmenen päivää ystävien kanssa ja pitääksemme kokoontumisia heidän paikallisessa keskuksessaan San Bernardinon vuorilla.

Päiväkirja

Kirsten: Hyvää huomenta, Pyhä Henki. Mitä voit kertoa minulle siitä, kun pelkään, että eräs sisko havaitsee minun hyökänneen häntä vastaan? Hän saattaa olla oikeassa. Reagoin, koska se mitä hän postasi, ei minun näkökulmastani ollut linjassa Kurssin kanssa. Minusta tuntui, että hänen tarkoituksensa oli ylläpitää asemaa Kurssin opettajana eikä hänen käyttämänsä kieli ja ideat olleet Kurssista. Tunsin itseni omahyväiseksi ja tuomitsevaksi, eikä minun olisi luultavasti pitänyt kirjoittaa hänelle sillä hetkellä. Minusta ei tunnu hyvältä. Esitänkö tässä vain sitä mahdollisuutta, että olen kuitenkin syyllinen?

Pyhä Henki: Rakastettu lapsi, sinä olet viattomuus. Viattomuus on se, kuka sinä olet. Aseta viattomuutesi Jumalan käsiin ja tulet muistamaan rauhan. Aseta viattomuutesi maailman armoille ja tulet havaitsemaan tuomitsemista ja paheksuntaa.

Älä projisoi siskoosi ja veljeesi, koska silloin he eivät enää ole siskojasi ja veljiäsi vaan vihollisiasi. Laajenna vain rakkautta ja tulet vakuuttumaan pyhyydestäsi, koska olet uskollinen Jumalalle. Synnittömyyden kyseenalaistaminen on Jumalan Pojan kyseenalaistamista, mikä on kaiken opettamani ja kaiken mitä Jumala On kyseenalaistamista.

Kirsten: Kiitos.

Missä on johdonmukaisuus?

Saatuani Hengen rakastavan vastauksen viattomuudestani tunsin helpotusta, mutta jotakin oli nousemassa esiin mielessäni; saatoin tuntea, että ego oli heräämässä piilopaikastaan.

Eräänä päivänä Davidin puhuessa Kalifornian kokoontumisessa aloin havaita hänessä epäjohdonmukaisuutta. Hän saattoi aloittaa keskustelun jostakin ja seuraavassa lauseessa hän näytti väittävän itseään vastaan. Halusin hypätä mukaan ja huomauttaa siitä, mutta jokin pysäytti minut. Katselin ja kuuntelin, sillä myös ystävämme kuuntelivat ja olivat ilmeisen haltioituneita siitä mitä David sanoi. Joko he eivät huomanneet kuinka räikeän ristiriitaisia kaikki hänen puheensa olivat tai sitten he teeskentelivät, etteivät huomaa. Minusta alkoi tuntua, että olin sekoamassa. Mitä oli tapahtumassa?

Istuin tuolini reunalla ja tunsin sisäistä painetta. "David!" Puskin mukaan eräässä vaiheessa, mutta hänen katsoessaan minua en kyennyt löytämään sanoja ilmaisemaan sitä, mitä näin. Pudistin päätäni ja hän jatkoi. Minun piti päästä ulos sieltä. Lähdin huoneesta hiljaa, laitoin kengät jalkaani ja suunnistin ulos ovesta. Lähdin kävelemään lujaa vauhtia ylös vuorelle ja intensiivinen tunne sen ympärillä, mitä olin havainnut, lisääntyi. Tunsin, että viha kuohutti mieltäni. Miten David saattoi olla niin epäjohdonmukainen? Miten ystäväni eilinen epäjohdonmukainen kirjoitus oli voitu lähettää julkisesti? Meidän tuli olla esimerkkejä johdonmukaisuudesta. Olinko ainoa, joka välitti?

Mitä kauemmaksi kävelin, sitä kiihkeämmältä minusta tuntui. Viimein saavuttuani vuoren huipulle minusta tuntui kuin olisin räjähtämässä. Huomasin olevani puiden ja isojen kivien keskellä, se oli täydellinen paikka huutaa apua. "Pyhä Henki!" vaadin, "Missä sinä olet? Mitä tässä tapahtuu? Missä johdonmukaisuus on? Haluan johdonmukaisuutta!"

Viha laantui ja surun aallot nousivat. Kyynelten valuessa oivalsin kaipaavani Jumalaa. Tuntui niin hyvältä huomata se ja tuntea kaipauksen syvyys sydämessäni. Olin odottanut johdonmukaista käyttäytymistä itseltäni ja maailmalta. Jokin käsitys itsestä opettajana oli päässyt luikertelemaan sisään, sitä olin yrittänyt ylläpitää ja projisoinut sen sitten toisiin – selkeästikään se ei ollut Hengeltä.

Kun viimeinkin oivalsin, mistä todellinen johdonmukaisuus löytyisi, valo loisti menneisyyden kamppailuihini ja syvä rauhan tunne palasi sieluuni.

Katsoin ympärilleni ja huomasin olevani mitä kauneimmassa paikassa! Kun katselin paikastani vuorenhuipulla, näin taivaalla useita riippuliitäjiä. He olivat vapaita ja nousivat korkealle ilmavirtojen kantaessa heitä hiljaa ja vaivattomasti. Kiitollisuuden kyyneleet virtasivat pehmeinä pyörteinä alas poskiani. Tunsin sisälläni syvää rauhaa ja istuin katselemassa liitäjiä tunnin verran. Sitten tunsin kehotuksen palata ja jakaa hyvät uutiseni Davidin kanssa.

Sitoutumiset johtavat johdonmukaisuuteen

Päiväkirja

Kirsten: Hyvää huomenta, Pyhä Henki. Johdonmukaisuus aiheena innostaa minua todella paljon. Mitä muuta voit kertoa minulle?

Pyhä Henki: Jumala on johdonmukainen, koska Hän ei muuta mieltään. Minä olen johdonmukainen, koska minä olen Jumalan puolesta puhuva Ääni. Minulta saamasi ohjaus on aina johdonmukaista, koska se on Jumalasta; se on sopusoinnussa Jumalan kanssa.

Ego on epäjohdonmukainen. Tämä maailma on projektio, jossa muodot muuttuvat ja vaihtuvat. Tästä maailmasta tai tämän maailman asioista ei voi löytää johdonmukaisuutta. Kuten *Ihmeiden oppikurssissa* kerrotaan, ne, jotka etsivät kirjasta epäjohdonmukaisuutta, löytävät sitä ja ne, jotka etsivät selkeyttä, löytävät selkeyttä. Älä käänny muodon puoleen pelastuaksesi; käänny sen sijaan minun puoleeni, sinun oppaasi, sen yhden puoleen, joka tietää korkeimman parhaasi kaikissa olosuhteissa.

Se kun tuntee tulleensa petetyksi huomattuaan epäjohdonmukaisuutta sanoissa, opetuksissa tai toisten käyttäytymisessä on seurausta tuomitsemisesta, ja ainoa korjaus siihen on antaa anteeksi oma harhainen havainnointi. Odotukset ja vertaileminen johtavat aina pettymykseen. Ainoastaan Jumala voi tarjota sen, mitä olet etsimässä.

Sinun vastuullasi on hyväksyä Sovitus itsellesi. Sovituksen hyväksyminen on paranemista ja onnelliseksi tulemista, paluuta Jumalan kaltaiseen olotilaan. Jumala on johdonmukainen ja hyväksymällä Sovituksen vapautat egon uskomukset ja ajattelustasi tulee johdonmukaista. Tämä tarkoittaa sitä, että ajatuksesi, sanasi ja toimintasi linjautuvat ja tulevat yhteneväisiksi kaikissa olosuhteissa. Muista että johdonmukaisuus on Jumalasta. Olet sitoutunut Jumalaan sekä minun ohjaukseni kuulemiseen ja seuraamiseen.

Koska minä olen se, jolle suunnitelma annettiin, et sinä voi mitenkään tietää, mikä on toiselle parhaaksi. Toisen tekojen, sanojen ja opetusten tuomitseminen johtaa harhahavainnointiin. Muistutan sinua jälleen, että tämä yksinkertaisesti vaan on jälleen uusi tilaisuus antaa anteeksi.

Johdonmukaisuus on tässä maailmassa mahdotonta, koska tämän maailman juuret ovat ajassa. Aika on harhainen yritys pirstoa ikuisuutta. Menneisyyden opetusten vertaaminen tämän ajan opetuksiin tai verrata sitä mitä on sanottu yhdessä osassa kirjaa, esim. *Ihmeiden oppikurssissa* siihen, mitä sanotaan toisessa osassa kirjaa, on yritys yhdistää erillisiä tiedon osia, tuomita ne ja tehdä johtopäätöksiä tuomitsemisen tuloksista. Muodon tuomitseminen on mielenvikaista; se ei todista mitään eikä se voi johtaa rauhaan.

Anteeksianto on tie rauhaan; se on "minä-tiedän-mielen" tekemättömäksi tekemistä, mielen joka luulee tietävänsä miten maailman pitäisi toimia, mitä pitäisi puhua ja kuinka viestit tulisi toimittaa. Tämän kaltainen ajattelu johtaa melkein aina haluun vetäytyä, viestintuojan tuomitsemiseen ja siihen että näkee *erillisyyden* ratkaisuna.

Sitoutuminen ja tehtävät muodon tasolla ovat käytännön keinoja mielesi harjoittamiseen. Minä ohjaan sinua näissä sitoutumuksissa. Muista, että vaikka muoto muuttuu, opetusteni sisältö ja ohjaukseni on aina johdonmukaista, ne ovat Jumalasta.

[Kirjoitin IOK-ystävälleni ja kerroin hänelle kaikesta oppimastani. Mielentilani oli nöyrä ja kerroin hänelle toivovani, etten olisi vastannut hänelle ennen kuin olin käynyt läpi oman parantumiseni. Hän kertoi minulle, että oli myös ottanut tilanteen rukoukseensa Hengen kanssa ja oli hyvin kiitollinen kommunikoinnistani. Ei mikään ihme, että me molemmat tulimme samaan ymmärrykseen siitä, mistä todellisen johdonmukaisuuden löytää. Se on anteeksiannon tarkoituksessamme, viattomuudessamme ja Jumalassa.]

Luku 23

Läheisyys on Jumalan kanssa

Kesä/syksy 2006

"Olkaamme iloisia siitä, että voimme kulkea tässä maailmassa ja löytää niin monia mahdollisuuksia nähdä jälleen uuden tilanteen, jossa voimme vielä kerran tunnistaa Jumalan lahjan omaksemme!" T-31.VIII.9

Suloisia ihmeitä

David ja minä palasimme Peace Houseen viettääksemme siellä kaksi rauhallista viikkoa ennen kuin lähtisin venezuelalaisen Carolinan kanssa kuukauden mittaiselle kiertueelle. Olin ensimmäistä kertaa kiertueella jonkun muun kuin Davidin kanssa ja hän tuki sitä täysin.

Eräänä sunnuntaiaamuna David ja minä lähdimme kävelylle lähialueelle. Ollessamme ohittamassa suurta St.Bernardin kirkkoa kuulimme innostuneen kuiskauksen, "Katso! Tuolla on ihmisiä!" Joku nainen ja ryhmä nuoria lapsia olivat juuri istuutumassa varjoon lähelle jalkakäytävää. He loistivat onnesta ja olivat selvästikin Isänsä asioilla. Hiljensimme vauhtia, kun lähestyimme heitä ja yksi nuorista tytöistä käveli hyvin hitaasti meitä vastaan kantaen leipäpinoa aivan kuin sormusta, jota esitellään seremoniassa tyynyn päällä.

He jakoivat leipiä ja jokainen limppu oli kääritty palaseen paperia. Viestissä luki "Ihana Jumala" ja sitä seurasi kertomus Jeesuksesta, joka jakoi leipää ja kalaa ruokkiakseen jokaisen, joka tuli olemaan hänen kanssaan.

Kuinka kaunista. He olivat todella onnellisia antaessaan meille lahjan ja juhliessaan yhteistä rakkauttamme Jumalaan. Pienin pojista hyppi vilkuttaen ja virnistäen pensaan takana ylös ja alas, kun liityimme leveästi hymyillen "jippii Jumala" -kuoroon! Turha sanoakaan, että aamiaisella sinä aamuna oli paahtoleipää ja hilloa – herkullista!

Maailmani luoja versus tarkkailijana oleminen

Luin muutaman sivun eräästä henkisestä kirjasta ja huomasin olevani hämmentynyt.

Päiväkirja

Kirsten: Hyvää huomenta, Pyhä Henki. Kurssi opettaa, että ego projisoi maailman. Tässä kirjassa sanotaan, että olemme oman universumimme luojia ja oman kokemuksemme Jumala.

Pyhä Henki: Olet vastuussa ajatuksistasi. Ajatuksistasi tulee kokemuksesi ja kaiken mitä koet, olet pyytänyt. Syyn ja seurauksen ymmärtäminen on sen oivaltamista, että ajattelija ja ajatukset ovat sama. Tuolla ulkopuolella ei ole mitään objektiivista maailmaa.

Kirsten: Miten se, että on täysin vastuussa kaikesta mitä näkee, sopii ajatukseen unen näkijästä, joka on kiinnittymätön ja kykenee erottamaan totuuden harhoista? Ajatus siitä, että olen oman universumini luoja, tuntuu siltä kuin ennakoisin, kun taas tarkkailijana oleminen näyttäisi tarkoittavan askeleen ottamista taaksepäin ja valkokankaan katsomista ilman että maailma vaikuttaisi mitenkään.

Pyhä Henki: Kysymyksesi on "Kuka tämä minä on?" *Ihmeiden oppikurssin* mielen harjoittamisprosessi vie sinut purkamaan sen, kuka luulit olevasi ja minkä uskoit olevan totta. Itsekäsitys, pieni minä uskoo olevansa maailmassa, jossa on kuusi miljardia muuta ihmistä ja elävänsä omaa elämää. Se on alkamassa ymmärtää, että oli väärässä – se ei ole maailman armoilla.

Tarkkailija on tila, jossa palataan mieleen, ykseyden kokemukseen ja haavoittumattomuuteen. Siinä samaistutaan Jumalaan, ei käsitykseen itsestä ja sen kehoon. Kun palataan tarkkailijana olemiseen, tulee sinun huomata mielen voima ihmeiden ollessa siihen väline. Sinun tulee oivaltaa yhteys ajatusten ja kokemusten välillä.

Kirsten: Minusta tuntuu kuin olisin suurimman osan aikaa tarkkailija, virraten iloisesti mukana ja katsellen Kirsteniä Isänsä asioilla. Mutta joskus tuntuu siltä kuin pitäisi ennakoida; ajattelen että voisin tehdä unesta paremman itseäni varten ja koska mieleni on voimakas, varmasti pystyisinkin! [Minua hymyilyttää, kun huomaan ajatukseni.]

Pyhä Henki: Kysymys kuuluu "Mitä minä haluan?" Sillä hetkellä, kun pidät unta todellisena ja yrität parannella sitä, menetät tietoisuuden tarkkailijana olemisesta.

Kirsten: Kyllä. Luulen jälleen tietäväni, mikä olisi parempi itselleni ja elämälleni. Olen siirtänyt täyden luottamukseni ja uskoni pois Jumalan käsistä ja ottanut sen omiini.

Pyhä Henki: Kuten aina, käänny minun puoleeni saadaksesi ohjausta kaikkiin asioihin.

Yhtä Jumalan kanssa

Kävelin tänään paikassa nimeltä Spring Grove Cemetery ja vaikka käyn siellä aina silloin tällöin, tuntui tänään siltä kuin näkisin sen ensimmäistä kertaa. Sen kauneus teki valtavan vaikutuksen. Jumalan rakkaus heijastui kaikesta ja liikutuin kyyneliin. Kävellessäni järven ympäri valtavan iso, kirkasvärinen kala tuli tervehtimään minua juuri kun olin kävelemässä sen ohi. En ollut koskaan aiemmin nähnyt sellaista kalaa – yksi oli syvän leinikinkeltainen, toinen kirkkain koskaan näkemäni oranssi. Orava loikki edelläni ja näytti tietä ylittäessäni kivisiltaa ja aina muutaman hypyn jälkeen se katsoi taakseen minua.

Pysähtyessäni kauniin puun alle varjoon silmäni osuivat kylttiin, jossa oli puun nimi, "Carolina Allspice". Purskahdin nauruun – se muistutti minua hauskasti ystävästäni ja sai minut tuntemaan, etten voisi enää enempää olla yhteydessä.

Otettuani viltin autosta suuntasin varjoisaan kohtaan lähelle järveä. Pian istuuduttuani valtava kala ui hyvin lähelle minua. Kolme kanadanhanhea laskeutui järvelle ja ui täydellisessä sopusoinnussa minua kohti. Ne pitivät päänsä korkealla ja liikkuivat sulavasti. Laajensin rakkautta niille kaikille ja tiesin laajentavani rakkautta itselleni. Suljin silmäni ja paistattelin rauhassa. Kun avasin jälleen silmäni, hanhet olivat hävinneet ja kilpikonna saapunut. Pää vedestä kohollaan ja suu apposen auki se katsoi suoraan minuun.

Palatessani Peace Houseen tunsin olevani täysin yhteydessä ja tiesin, että kaikki oli omassa mielessäni. Sydämeni oli ylitsevuotavainen. Tiesin, että oli todella mahdotonta, että olisin yksin. Olla yhtä Jumalan kanssa, yhtä kaiken kanssa mitä on, on ainoa asia, joka on totta.

Carolina saapui Venezuelasta viikkoa myöhemmin ja matkustimme yhdessä läpi koko Floridan ja Kalifornian. Oli niin riemukasta olla hänen kanssaan, upota musiikkiin ja liikkeeseen sekä täyttyä IOK:n opetusten selkeydestä. Koin yhdessäolon aikamme tervetulleena taukona erityisyyden tekemättömäksi tekemisen intensiivisyydestä. Koko matka tuntui hyvin kevyeltä, kuin olisin retriitissä. Se oli kaunis lahja.

Henkilöiden välisten suhteiden tuolle puolen

Carolinan kanssa tehdyn kiertueen jälkeen Davidille ja minulle tarjottiin erästä metsämökkiä ja odotin innolla rauhallisen viikon viettämistä yhdessä. Oli hyvin harvinaista, että meillä oli suunnittelematonta aikaa itsellemme ja kuvittelin, että se olisi syvästi levollista – vähänpä tiesin, missä olin mukana. Se osoittautui olemaan minulle kaikkea muuta kuin lepoaikaa. Kuitenkin se oli täydellinen aika syvän paranemisen läpikäymiseen.

Suhteestani Davidiin oli tullut mielessäni epäjumala ja olin yrittänyt piilottaa tätä tosiasiaa itseltäni, koska pelkäsin menettäväni hänet. Milloin vaan hänen puhuessaan ystävien luona vierailusta tai heidän tukemisestaan, tunsin välittömästi uhkaa ja halusin tietää, tarkoittiko hän miestä vai naista. Jos kyseessä oli mies, rentouduin ja tunsin itseni rakkaudelliseksi. Jos kyseessä oli sinkkunainen, tunsin selkeästi, ettei mielessäni ollut tervetulontoivotusta. Silloin kun emme olleet opettamassa, tunsin jännitteen tietäessäni, etten ollut täysin liittynyt Davidiin totuudessa. Minusta ei tuntunut, että olisin ollut täysin rakastava häntä, itseäni tai ketään muutakaan kohtaan, kun ei-rakkaudelliset ajatukset olivat piilossa mielessäni.

En tiedä milloin se alkoi, mutta aloin pitämään Peace Housea *minun* talonani ja Davidia *minun* kumppaninani ja tunsin tarvetta suojella niitä molempia. Tuntui siltä kuin seinät olisivat kaatumassa päälleni. Suhde Davidiin oli muuttunut mielessäni suhteesta, joka oli puhdasta rakkautta, riippuvuus- ja erityisyyssuhteeksi. Se mitä pidin *minun* suhteenani, ei ollut enää pyhä ihmissuhde. David ja Henki ohjasivat molemmat minua päästämään irti David-epäjumalasta ja kääntymään kohti sisälläni olevaa Henkeä todellisena rakkauden lähteenäni.

David ei voinut liittyä minuun ollessani mielentilassa, jossa ei ollut lainkaan todellisen rakkauden läsnäoloa. Tiesin ettei David sanoisi, että suhteemme on ohi, koska sen erityisyyden yläpuolella, johon minä olin juuttunut, hän tiesi suhteemme olevan ikuinen. Syvä pelkoni Davidin menettämisestä esti minua näkemästä selkeästi. Käännyin rukouksessa Pyhän Hengen puoleen.

Päiväkirja

Kirsten: Hyvää huomenta, Pyhä Henki. Autatko minua läheisyys- ja kumppanuuskäsitteiden kanssa.

Pyhä Henki: Läheisyys on Jumalan kanssa.

Kirsten: Sinä tiedät kaiken, mitä mielessäni liikkuu ja tunnet sydämeni rukouksen. Auta minua saamaan tähän selkeys.

Pyhä Henki: Kumppanuus on askel. Ykseydessä ei ole kumppanuutta. Kumppanuudessa on kaksi. Tässä maailmassa on avuksi käyttää kumppanuuden symbolia, kunnes sitä ei enää tarvita.

Kirsten: Joten siis David on kumppanuuden yläpuolella ja minä en. Haluan olla kumppanuudessa, joten mikä tämän pointti on? Jos kaikki mitä harhan verhojen tuolla puolen on, on Jumala – ja minä olen kaikki – miksi minun täytyy jatkaa tässä unessa? Kun kerran tunnen totuuden, miksi jäädä muotoon? En halua olla täällä.

Pyhä Henki: [Hiljaisuus]

Kirsten: Haluan suhteeni Jumalan kanssa. Haluan suhteeni Davidin kanssa. En halua mustasukkaisuutta, puolustamista, hyökkäystä tai erityisyyttä. Olen halukas valitsemaan ihmeen.

[Minut ohjattiin lukemaan Kurssista Työkirjan harjoitus 264, "Jumalan rakkaus ympäröi minut"]

Kirsten: Pyhä Henki, puhu minulle.

Pyhä Henki: Lapseni, mitä haluaisit minun sanovan?

Kirsten: Puhu minulle rakkaudesta, varmuudesta, turvasta, turvallisuudesta ja kuulumisesta.

Pyhä Henki: Sinä kutsut Jumalaa.

Kirsten: Voiko Hän kuulla minua?

Pyhä Henki: Minä kuulen sinut.

Kirsten: Jos se on Jumala, jota minä kutsun, miksi Hän ei voi kuulla minua? Miksi Hän ei voi nostaa minua käsivarsilleen juuri nyt ja pidellä minua ikuisesti? Olet käyttänyt symbolia Davidista pidelläksesi minua ja auttaaksesi minua tuntemaan, että olen turvassa, mutta minä en voi laskea muodon varaan. Tuleeko minun mennä sen tuolle puolen? Jos, niin miten?

Pyhä Henki: Minä olen se, miten.

Kirsten: Olen yrittänyt epätoivoisesti pitää kiinni Davidista ja se on helvettiä. En halua tätä. Se ei ole rakkautta; se on pelkoa. Miten minusta tulee Jumala-riippuvainen, kun David on minun kanssani? Miten käsittelen tätä ja olen yrittämättä pitää sitä itselläni? Mitä jos minulle ei jää ketään, jonka puoleen kääntyä?

Pyhä Henki: Luotatko sinä minuun?

Kirsten: Kyllä.

Pyhä Henki: Luota minuun Davidin kautta.

Kirsten: Mutta hän ei ole Jumala.

Pyhä Henki: Kysyn uudelleen – luotatko sinä minuun?

Kirsten: Kyllä.

Pyhä Henki: Silloin luota minuun Davidin kautta. Älä tuomitse hänen motiivejaan tai ajatteluaan. Hän on sinun veljesi ja mahtava kumppanisi, symboli mielessäsi. Hän ottaa askeleita sinun kanssasi ja ohjaa sinut kotiin täydessä antaumuksessa Jumalaan. Nosta rimaa. Tästä sinä olet puhunut toisille; nyt on sinun aikasi tehdä se. Kohota mielesi; nosta se korkeammalle yli tämän maanpäällisen henkilöidenvälisten suhteiden ja käyttäytymiseen perustuvan ajattelun valtakunnan. Sinä olet niin kaukana siitä. Olet niin paljon enemmän kuin se. Älä salli pyhän mielesi hukkua harhoihin. Tässä on valintasi, jonka Jumalan sinulle antoi.

Kirsten: Mitä Kirstenin elämästä tulee? Mihin tämä johtaa muodon tasolla? Tuleeko minusta matkusteleva mystikko vai asetunko johonkin? Pysynkö Davidin kanssa? Minua pelottaa.

Pyhä Henki: Jumala on Elämä. Muodossa ei ole elämää. Tällaisten kysymysten esittäminen on yritys tappaa Kristus. Sinä olet tie, totuus ja elämä. Et voi mitata elämää symboleilla; ne ovat itsessään ja itsestään merkityksettömiä. Anna pelkosi ja epäilysi minulle, äläkä suvaitse lainkaan mielen vaeltelua, se ei ole sinun arvoistasi. Sinä olet Jumalan pyhä ja ikuinen lapsi. Hyväksy perintöosasi nyt. Nouse *nyt.* Pienen ja haavoittuvan esittäminen riittää jo – vapauta epäilyksen todistajat. Vapauta pelon ja muodon symbolit. Vapauta kaikki tulevaisuuden käsitteet ja menneisyyden käsitteet. Ne eivät ole se, joka sinä olet.

Takertuminen ihmissuhteisiin

Minut ohjataan lukemaan tekstistä "Kaikkien epäjumalien tuolla puolen" T-30.III Nopeasti tekemäni muistiinpanot kuulostavat runollisilta:

> Ajatuksia näyttää tulevan ja menevän, mutta
> Jumalan Ajatukset ovat muutoksen tuolla puolen.
> Jumalan Ajatus minusta on kuin tähti,
> Hän on taivas, joka syleilee ja pitelee minua.
> Jumalan Ajatus minusta on kaikkien epäjumalien tuolla puolen,
> Hiljaisuuden ympäröimänä,
> Leväten varmuudessa ja rauhassa.

Päiväkirja

Kirsten: Hyvää huomenta, Pyhä Henki. Viimeinkin minulla on rauha. Puhuisitko minulle kaiken antamisesta täydellisessä luottamuksessa verrattuna pidättämiseen.

Pyhä Henki: Valitset aina rakkauden ja pelon välillä. Järkeilysi perustuu joko pelkoon tai on annettua. Uhraus on aina egosta. Anna vapaasti ja voit saada vain enemmän. Pidättäessäsi sekä koet pidättelyä, että todistat siitä. Sinua on aina tuettu. Sinulla on aina tarpeeksi – enemmän kuin tarpeeksi. Minä olen aina sinun kanssasi.

Syleile täysillä elämääsi. Suunnitelmat on sinulle annettu. Hyväksy ne, mene eteenpäin niiden kanssa, nauti niistä. Käytä sinulle annettuja resursseja; sitä varten ne ovat. Vain uskomus egoon ja epäilevien ajatusten kuunteleminen voi estää sinua olemasta täydellisen onnellinen nyt. Kirstenillä ei ole kaikkia vastauksia; hänelle annetaan hetki hetkeltä se, mitä hänen tarvitsee tietää.

Kirsten: Kun David viime yönä puhui egoon perustuvien suhteiden merkityksettömyydestä, otin sen henkilökohtaisesti. Minusta tuntuu kaikki nyt väliaikaiselta, enkä todella tiedä, mihin sitoutua.

Pyhä Henki: David on omistautunut heräämiselle, eikä hän anna minkään viivyttää. Hän ei odota sinulta yhtään vähempää. Hän on omistautunut Jumalalle. Hänen rakkautensa on Jumalasta ja Jumalaa varten. Kirstenin ei ole mitenkään mahdollista täyttää hänen toivettaan. Milloin tahansa toiveesi kohdistuu mihinkään muuhun rakkauteen kuin Jumalan, olet valinnut valheellisen epäjumalan ja se tulee vapauttaa.

Davidin kanssa oleminen on sitä, että on täydellisen omistautunut Jumalalle, heräämiselle. Se tarkoittaa täydellistä antaumusta antaa mielessään kaikki; siinä ei ole lainkaan tilaa pidättämiselle, eikä pidättäminen ole osa Jumalan suunnitelmaa. Samaistuessasi pidättäjään tunnet egon väliaikaisuuden, mikä on eheyden ja sitoutumisen puutetta. Tietenkin sinusta tuntuu siltä kuin maa tärisisi allasi – olet valinnut erottaa itsesi Jumalasta aivan kuin se voisi tarjota sinulle turvaa ja varmuutta, kun kaikki mitä haluat, on vain olla Yhtä Jumalan kanssa.

Suojeleminen on yksinkertaisesti vain jälleen yksi naamio. Voit päästää siitä nyt irti. Oli harhahavainto uskoa, että se toisi sinut lähemmäksi Jumalaa. Maailmallisessa mielessä on ymmärrettävää *varautua pahan päivän varalle*. Jumalan suhteen, heräämisen suhteen sinun tulee antaa kaikki uskosi, luottamuksesi ja antaumuksesi minun käsiini. Muodon suhteen se tarkoittaa vapaasti antamista ohjauksen mukaan ja sen käyttämistä, mitä olen antanut sinulle suunnitelmani palvelemiseksi.

Tässä on kyse sinusta ja minusta

Päiväkirja

Kirsten: Hyvää huomenta, Pyhä Henki, aivan yllättäen kiintymys Uuteen Seelantiin on jälleen esillä tänä aamuna. Mistä on kysymys?

Pyhä Henki: Luottamuksesta. Suunnitelma annetaan sinulle hetki hetkeltä. Aivan kuten erityisyyden vapauttamisessa henkilösuhteissa, sinun tulee ensin päästää irti. Miten voisin antaa sinulle todellisen maailman, kun pidät kiinni vanhasta? Luota. Sinun tulee olla mieleltäsi eheä. Sinun tulee osoittaa rehellisyyttä ja luottamusta. Sinun tulee osoittaa, että annat kaiken; tekemällä niin tulet oppimaan Jumalalta. Kiinnipitäminen mistään tässä maailmassa on uskomusta kuolemaan. Motivaatiosi tulee olla Jumalasta, ei pelosta ja suojelemisesta. Miten voisin antaa sinulle sitä, mitä haluat, kun pidät molemmin käsin kiinni siitä, mitä et halua? Sinun tulee irrottaa itsesi. Vapauta mielesi.

Tässä ei ole kyse Davidista tai olinpaikasta. Tässä on kyse sinusta ja minusta. Tässä on kyse Jumalasta. Tässä on kyse pelon ja kuoleman syklin päättymisestä. Mieli on ainoa suojelua tarvitseva asia. Kun yrität suojella itseäsi kehona, valitset pysymisen kuoleman kierrossa. Maailman käsikirjoitus on kuolema. Vapautuminen egon käsikirjoituksesta on elämä, Jumala, herääminen. Tie on se, että luotat minuun. Herääminen on täydellistä, ei osittaista. Olet tullut pitkän tien eikä paluuta takaisin ole. Et voi palata kuolemaan. Sitä vaihtoehtoa ei yksinkertaisesti vaan ole olemassa.

[[Mielessäni kieppui ajatuksia, joissa halusin epätoivoisesti elää normaalielämää maailmassa. Ego raivosi ja sitten – se poksahti kuin kupla. Suru nousi, kun jätin hyvästit kaikelle toivolle henkilökohtaisesta suhteesta. Olin viimeinkin päättänyt vapauttaa toiveeni ihmissuhteista sellaisina kuin ne tunsin ja luottaa. Valo palasi mieleeni.]]

Tuntui niin hiljaiselta. Ei sanoja, ei tarinoita kerrottavaksi, ei liittymistä menneisyyteen tai mihinkään maailmassa. Irti päästäneenä, tyhjyydessä.

Hyvällä tavalla irti

Oli käynyt selväksi, että David ja minä emme olisi enää aviokumppaneita, vaikkakin vielä matkustaisimme ja opettaisimme yhdessä. Lentäessämme Davidin kanssa kokoontumiseen Philadelphiassa minulla ei ollut aavistustakaan, miten se tulisi menemään, sillä tunsin olevani niin totaalisen irti kaikesta. Minulla ei ollut mitään sanottavaa. Isäntäväkemme hakiessa meidät lentokentältä alkoi mieleni kautta virrata lempeää rakkautta ja rauhaa. Vaikka tunsin syvää hiljaisuutta, virtasi Henki sinä iltana kauttani käyttäen monia vertauskuvia ja opetuksia aiemmista kokemuksistani. Tunsin, että olin yhteydessä syvään ja avaraan kokemukseen Jumalassa ja että olin täysin kiinnittymätön maailmaan. Oli aivan kuin Kirsten olisi poistunut paikalta.

> Erityisyyden ja henkilöiden välisten suhteiden tuolla puolen,
> Kuoleman ja menetyksen pelon yläpuolella,
> Halun pidättää ja suojella tuolla puolen,
> On Jumala.
> Vain Jumalassa voidaan varmuus,
> Turva, rakkaus ja rauha tuntea.
>
> Syvällä mielen hiljaisessa rauhassa
> On Isän Rakkaus Poikaansa.
> Ikuisesti laajentuen,
> Olen Isäni rakastettu lapsi.
> Olen Isäni Rakkaus.

Toisella puolella

Rakkaus, rauha ja kiitollisuus säteilevät läpi koko olemukseni. On käsittämätön ajatus, että menneisyydessä olisi tehty mitään virheitä. Tiedän että kaiken suunnitteli se Yksi, joka rakastaa minua, tuodakseen minut tähän tietoisuuteen. Avautuminen rakkaudelle, mukaan luettuna symboleihin kiinnittyminen - näyteltiin täydellisesti. Henki käytti symboleja viedäkseen minut niiden tuolle puolen.

Joten olenko nyt rakastunut? Kyllä olen. Rakkaus, joka olen, on laajaa ja kaikenkattavaa. Ei ole mitään, missä rakkautta ei olisi. Rakkauteni ei ole kiinni muodossa, joten sitä ei voi menettää. Kaikki ahdistuksen ja kivun kuiskinnat ovat ohi, liuenneet pois totuuden valossa. Ajatus menettämisestä on nyt mahdoton, naurettava.

Olen syvästi kiitollinen Jumalalle, Hengelle ja jokaiselle Jumalan rakkauden siunatulle heijasteelle, joka auttoi tuomaan minut tähän abstraktioon. Olen vapaa.

Valossa tanssien, Hänen ylistystään laulaen, Jumalassa paistatellen... Aamen.

Luku 24
Kutsun sinut ulos maailmasta

Syksy/talvi 2006

Kuuntele tarkasti läpi koko päivän.
Ylistä Jumalaa rakastamalla Hänen Poikaansa.
Ylistä Jumalaa kohottamalla mielesi
Taivaan korkeuksiin
ja osoittamalla rakkautta jokaiselle veljellesi.
Ylistä Jumalaa tarjoamalla jokaiselle veljellesi
mahdollisuus yhteen liittymiseen.
Ei ole suurempaa palvelusta,
jonka voisit Herralle tarjota.

Enkeleitä, lava-autoja ja mystikoita lapioineen

Davidista ja minusta tuntui, että lisätuki hallinnollisten tehtävien ja talouden pyörittämiseen olisi suureksi avuksi. Vastaus rukoukseemme tuli Charlesin muodossa, joka oli eräässä kokoontumisessa tapaamamme Kurssin opiskelija. Hän kirjoitti ja sanoi, että hän asuisi mielellään Peace Housessa ja auttaisi kokkaamisessa, siivouksessa ja hallinnossa. Juuri niihin apua tarvitsimmekin. Charles tarjosi myös koko kuukausieläkkeensä, mikä kattoi tarkalleen Peace Housen kulut!

Oltuaan kanssamme pari kuukautta hän teki lahjoituksen, joka oli juuri se summa, mikä tarvittiin auton ja porealtaan hankintaan. David puhui usein kreikkalaisista ja heidän lämpimissä kylvyissä käymistään syvällisistä keskusteluista. Rakastin ajatusta likoamisesta ulkona puiden alla lintuja ja oravia katsellen.

Hieman asiaa selvitettyämme huomasimme, että altaan perustuksen rakentaminen tulisi hyvin kalliiksi. Halukkaina ottamaan vastaan ohjausta annoimme hankkeen Hengelle saadaksemme ohjeita. Seuraavana viikonloppuna näimme muuttoalennusmyynnin, jossa oli kaikkea ajoneuvoista rakennusmateriaaleihin. Saavuimme autohuutokauppaan ajoissa ja useiden tarjousten jälkeen käteni nousi ilmaan. Katsoin Davidia ja sanoin, "Mitä tapahtuu?" "Mene vaan mukana", David vastasi. "900 $ leidiltä" meklari sanoi katsoen minua. Toinen huutaja tarjosi 950 $ ja meklari katsoi jälleen minua. Sanoin "ei", mutta hän tulkitsi sen tarkoittamaan kyllä. En selkeästikään hallinnut sitä, mitä tapahtui! Yrittäessäni kertoa meklarille, että olin sanonut "ei", sanat tulivat niin hiljaa, että vain David kuuli ne. Meklari jatkoi ja piti minut tarjouksessa mukana. "1200 $! Myyty naiselle, jolla on sininen fleece!" Ilmeisestikin olin juuri ostanut valkoisen lava-auton!

Ajoneuvon omistaja, Mike tuli onnittelemaan meitä tämän niin upean lava-auton ostamisesta. Kerroimme hänelle, että oikeastaan olimme siellä tiilien vuoksi, koska aikomuksemme oli yrittää rakentaa perustus porealtaalle. Aloimme puhumaan Miken kanssa henkisestä yhteisöstämme ja elämästämme luottamuksessa. Kerroimme, että annoimme Hengen ohjata, mihin mennä ja mitä tehdä, koska meillä ei ollut hajuakaan siitä, miten perustus rakennetaan. Miken silmät alkoivat loistaa. Seuraavien parin tunnin aikana, kun joimme teetä ja keskustelimme hänen halustaan uskoon ja anteeksiantoon, täytti hän uuden automme lavan kaikella, mitä tarvitsimme tukevan perustan rakentamiseen. Hän antoi meille yksityiskohtaiset ohjeet siitä, miten perustus rakennetaan ja lainasi meille tarvitsemiamme varusteita ja työkaluja. Hän lahjoitti ilolla tiiliä, sementtiä, laattakiviä ja hiekkaa. Miken usko Jumalaan tuli palautetuksi ja meistä jokainen oli iloinen!

Ajoimme kotiin uudella lava-autollamme, joka oli lastattu rakkaudella, kiitollisuudella, tiileillä ja laastilla. Kuinka mahtava Hengen suunnitelma olikaan! Seuraavina viikkoina teimme töitä ulkona ja rakensimme perustukset ja patioalueen. Charles katseli usein keittiön ikkunasta, kun David ja minä olimme onnellisessa rakentamistouhussa. Hän yllättyi nähdessään mystikot lapioimassa hiekkaa ja laittamassa laattakiviä paikoilleen. Hän ajatteli, että hänen saapumisensa vapauttaisi meidät käytännön töistä niin että voisimme keskittyä kommunikointitehtäviimme! Tämä oli todellakin odottamaton hanke ja nautimme täysillä tahdin muutoksesta. Huomasimme nauravamme sille, kuinka Hengen ilossa ei kulisseilla ollut merkitystä – olivatpa ne matkustamista, ohjaamista tai tiilien nostelua.

Kilpailu Jumalan kanssa

Teimme toisen pitkän matkan Floridaan, missä Davidilla oli sovittuna useita kokoontumisia. Siellä ajatus *Haluan puhua* alkoi jälleen nousta sisälläni ja tällä kertaa mukana oli kostonhalua. Se oli samaa kuin *Minä olen vain mystikon koriste* -kokemuksessa Argentiinassa, mutta se oli intensiivisempää.

Pian jokaisen kokoontumisen alettua tunsin itseni kärsimättömäksi ja että olin alikäytetty. Koska en tehnyt egolle mitään, alkoi se tuomita Davidia siitä, ettei hän antanut minun puhua. Minun havainnossani Henki virtasi Davidin kautta lähes tauotta ja minä puhuin ehkä kerran tai kaksi ja silloinkin hyvin lyhyesti. Välittömästi jokaisen kokoontumisen jälkeen David kääntyi minuun päin, hymyili leveästi ja sanoi, "Se oli ihmeellistä!" Ärrrr! En halunnut puhkaista hänen kuplaansa ja kertoa mitä omassa mielessäni tapahtui.

Kokoontumisten jälkeen tulivat useat ihmiset kertomaan minulle, että se mitä sanoin, oli ollut heille olennainen asia kuulla. Kylvin kiitollisuudessa muistaen, että olin ollut Hengen palveluksessa. Mutta se mitä sisälläni nousi itse kokoontumisten aikana, oli kaikkea muuta kuin iloa ja kiitollisuutta.

Salaisuuksien pitäminen ei ollut mahdollista, joten kerroin ajatuksistani Davidille. Hän kuunteli ja jakoi kauniin opetuksen siitä, miten mikään ei ollut henkilökohtaista. Olin todella kiitollinen hänen rakastavasta vastauksestaan. David kertoi minulle, että Henki vastasi kaikesta, myös puhumisesta. Tunsin, että David puhui jostain sellaisesta, mikä oli sen hetkisen ymmärrykseni tuolla puolen ja olin hyvin avoin sille, mitä hän sanoi.

Rukoilin myöhään yöhön. Katsoin kaikkia tuttuja hyökkäysajatuksiani siitä, että David puhui liian paljon ja ettei minulla ollut mahdollisuutta puhumiseen. Ylimielisiä ajatuksia, että olisin osannut sanoa jotakin paremmin ja arvottomuuden ajatuksia, koska en tiennyt mitä sanoa. Se tuntui vielä hyvin henkilökohtaiselta. Lopulta pääsin pinnallisten ajatusten alle. Pystyin välittömästi tunnistamaan ydinuskomuksen; se oli kilpailu. Kilpailin Davidin kanssa. Ego kilpaili Jumalan kanssa! Ei ihme, että David ei antanut minulle kokoontumisissa kovin paljoa aikaa puhua. Tämän kaiken ollessa meneillään en ollut selkeä kanava, jonka kautta Henki voisi virrata.

Rukoukseni kääntyi muotoon, "Henki, näytä minulle, että tämä ei ole henkilökohtaista. Näytä minulle, että minussa on sama Henki kuin Davidissa". Tunsin suurta onnea tietäessäni, että kokemuksessani oli kyse kilpailusta. Nyt minulla oli jotakin, minkä kanssa tehdä töitä heti kun tunteet ja ajatukset taas nousisivat. Voisin nyt keskittyä anteeksiannon tarkoitukseen ilman että tuomitsisin kokemustani. Tässä oli todellakin kaikki, mitä halusin. Enemmän kuin haluta olla *puhuja*, halusin lujuutta ja varmuutta tiedosta, että olin siellä, missä minun kuuluikin olla. Halusin olla pyhässä tarkoituksessani, yhteydessä Hengen kanssa.

Rukouksessa aamun aikaisina tunteina otin vastaan Hengeltä kauniin opetuksen, joka virtasi mieleni kautta. Seuraavan illan kokoontumisessa Davidin esiteltyä meidät virtasi hänen huuliltaan koko se opetus, jonka olin saanut edellisiltana. Istuin siinä tuntien absoluuttista iloa! Oi, tulla näytetyksi, että on vain yksi mieli! Yksi Henki!

Koska David oli puhdas kanava, jonka kautta Henki saattoi virrata, niin tietysti juuri hän palveli kanavana. Olin palannut rakkauteen ja täydelliseen kiitollisuuteen.

Oikeuttaminen ja menettämisen pelko

Aina siitä asti, kun olin edellisellä viikolla päästänyt irti henkilöiden välisistä suhteista, olin huomannut mieleni seilaavan eteen ja taakse koskien sitä, missä tilassa suhteeni Davidin kanssa oli.

Kun esiin nousi kiihkeyttä tai ylpeyttä ja tunsin kauneutta Davidia tai yhteisöä kohtaan, katsoin ajatuksiani, joissa halusin työntää hänet pois iloisena siitä, etten enää ollut hänen kanssaan "suhteessa". Kääntöpuolella oli viekas halu esittää maailmalle, että olimme edelleen yhdessä.

Jakaessani tulevia tapahtumia sähköpostilistalla tunsin hienovaraista egoistista tyydytystä joka kerta, kun kirjoitin nimemme yhdessä. Minun täytyi myöntää itselleni, että tämän kuvan halusin esitellä maailmalle. En halunnut kenenkään muun tietävän, että emme enää olleet "yhdessä".

Eräs vierailija tuli Peace Houseen viettääkseen siellä muutaman viikon. Hän tunsi vetoa pelkästään meditaatioon ja ensin toivotin hänet ja hänen halunsa hiljaisuuteen tervetulleeksi. Aloin kuitenkin jonkin ajan kuluttua paheksua häntä, koska hän ei auttanut talossa. Tunsin myös, että esiin nousi henkilökohtainen oikeuttamisen tunne. Olin sijoittanut siihen, että ylläpidän kuvaa itsestä, joka on tärkeä. Saatoin oikeuttaa "tärkeän" asemani Peace Housessa, kun taas uusi vieraamme otti vastaan tukemme vain istumalla meditaatiossa.

Eräänä iltapäivänä David alkoi puhua jumalaisesta sallimuksesta ja siitä, miten Henki tarjosi niin kauniisti kaiken. Hän kertoi iloisesti vieraallemme, että emme omistaneet mitään ja että Peace House, poreallas, kaikki mitä meillä oli, oli sitä varten, että se palvelisi samanarvoisesti meitä kaikkia. Nämä kommentoinnit muistuttivat minua kokemuksestamme Kolumbiassa, jolloin David sanoi olevansa naimisissa jokaisen kanssa, Lili ja hänen äitinsä mukaan lukien!

Mieleni täyttyi hankalista ajatuksista: *Olen tehnyt paljon työtä tämän kaiken eteen. Olen hoitanut raha-asioita tarkasti. Olen matkustanut ympäri maailmaa ja käynyt läpi niin paljon. Asensin jopa pation laatat! Olen omistanut tälle koko elämäni ja nyt näen, että kaikki työni annettiin juuri pois.*

Palasin huoneeni turvaan ja aloin rukoilla. Muistin Kurssin opetuksen: "Omistaminen on vaarallinen käsite, jos se jätetään sinun varaasi." T-13.VII.10 Voi hyvä Jumala, eikö se olekin totta? Oikeuttamisen ja itsetärkeyden tunteeni olivat saaneet minut uskomaan, että Peace House kuului enemmän minulle kuin niille, jotka oman tuomitsemiseni mukaan eivät olleet panostaneet siihen yhtä paljon kuin minä. Minä todella uskoin, että muut voisivat uhata suhdettani Jumalaan, että voisin menettää siinä, kun jaan kaiken siskojeni ja veljieni kanssa. Nousi syvää surua ajatuksesta, että olin epäonnistunut, enkä ollut kyllin rakastava ja parantunut. Tunsin itseni tässä identiteetissä niin pieneksi. Itkin hiljaa ja putosin pehmeään antautumiseen hyväksyen täysin, ettei minulla ollut minkäänlaista hallintaa tapahtumien suhteen. Halusin vain päästää irti tuskasta.

Tripod vastaa kutsuun

Myöhään eräänä iltana tunsin syvää surua ajatuksesta, että menettäisin Davidin. Olin yksin vuoteellani ja kutsuin rakkautta hiljaa mielessäni. Tripod kuuli kutsuni telepaattisesti ja loikki ylös portaita vain huomatakseen, että makuuhuoneeni ovi oli kiinni. Häntä ei mikään voinut pysäyttää, ovi lensi auki ja hän teki kuperkeikan huoneeseeni jalat täysin levällään! Kun hän nousi jaloilleen, kuului "Miau" aivan kuin ilmoituksena, että kaikki oli hyvin ja nyt hän oli täällä. Hän hyppeli lattian yli ja loikkasi sänkyyni kehräten kuin traktori ja puskien kättäni niin lujaa sellaisella rakkaudella, etten voinut muuta kuin kikattaa. Hän jäi luokseni koko yöksi ja kehräsi aina kun liikahdin. Tunsin Jumalan rakkauden palaavan mieleeni, ja päätin pitää sydämeni auki, tapahtuipa mitä tahansa.

Päästää irti ja olla rakkaudessa

Kerroin Davidille seuraavana aamuna kuinka paljon surua tunsin siitä, että emme olleet enää pari. David muistutti minua rukouksesta, jonka kanssa olin aloittanut matkani. Halusin kokea rakkauden, joka ei voisi päättyä ja sitä tämä oli. Tämä oli vastaus rukoukseeni. Tämä oli vastaus siihen, etten enää näyttelisi roolia, jossa elämästä toiseen menetän elämäni rakkauden. Oli aika lopettaa ihmisenä olemisen romanttinen draama ja sen sijaan hyväksyä totuus; todellinen rakkaus ei voi päättyä ja että todellisen rakkauden löytää, kun tarkoituksena on herääminen.

Tunsin, että se mitä David sanoi, oli totta, mutta koska minua pelotti, en oikein kyennyt tajuamaan sen merkityksen syvyyttä. David oli ollut minun kanssani joka hetki kahden vuoden ajan, hän oli tukenut minua, pidellyt minua, ymmärtänyt ja ohjannut minua. Hän liittyi niin tiiviisti Jumala-suhteeseeni, etten yksinkertaisesti vaan tiennyt, kykenisinkö olemaan ilman häntä. Ihmettelin, kuinka minun oletettiin päästävän irti hänestä ja olemaan samassa talossa hänen kanssaan.

Selvästikin erityisyys oli jälleen kerran nousemassa esiin mielessäni tullakseen parannetuksi. Minua pelotti tulla korvatuksi ja niinpä rukoilin ohjausta. Kysyin Jeesukselta, mihin hän haluaisi minun menevän ja odotin hänen vastaustaan, mutta hän ei sanonut mitään. Kysyin, odotettiinko minun menevän Uuteen Seelantiin tai Kansasiin kyläilemään ystäviemme luona, mutta jälleen hänen vastauksensa oli hiljaisuus. Minun ei ollut tarkoitus lähteä.

Katsoin mieltäni, joka halusi oikeuttaa itseni suojelemisen kivulta sillä, että vetäytyisin pois Davidin luota. Otin ajatuksesta kiinni aina kun se nousi ja käännyin sen sijaan suoraan Davidin suuntaan. Hän toivotti minut avosylin tervetulleeksi ja minä sain käpertyä itkemään. Tuntui aina niin hyvältä tulla pidellyksi rakkauden käsivarsilla sen sijaan, että olisin vetäytynyt pimeyteen hullussa yrityksessä käyttää erkaantumista ratkaisuna.

Ilman avioliittomme symbolia pystyin näkemään, mitä oli sen alla ja kuinka paljon olin siihen sijoittanut. Symbolista oli tullut identiteettini ja uskoin että olisin hukassa ilman sitä.

Kutsun sinut ulos maailmasta

Aloittaessani Kurssin opiskelun minulla oli läheinen suhde Jeesukseen. Oli kuin Jeesus olisi kirjoittanut jokaisen Työkirjan harjoituksen erityisesti minua varten, aivan kuin muste paperilla olisi ollut vielä märkää. Mutta nyt pelko Davidin menettämisestä oli vallannut ajatukseni niin, että unohdin välillä suhteeni Jeesukseen kokonaan. Kaipasin tätä syvää yhteyttä palaavaksi. Olin seuraavina viikkoina syvässä rukouksessa ja sinä aikana suhteeni Jeesukseen syveni enemmän kuin koskaan. Olin valveilla yön tunnit ja rukoilin kynttilän rauhallisessa valossa. Minulla oli Jeesuksen kanssa pitkiä keskusteluja, vuodatin ulos ajatuksiani ja pelkojani samalla kun katsoin häntä silmiin hänen kuvassaan. Eräänä iltana hän kertoi minulle jotakin, mikä sai minut nyyhkyttämään kiitollisuudesta ja tunnistuksesta, "Kutsun sinut ulos maailmasta – sinä vaan et aiemmin tiennyt, mitä se tarkoittaa."

Ihme ympäröi sinut jokaisella sydämen lyönnillä

Päiväkirja

Kirsten: Hyvää huomenta, Pyhä Henki. Kerro minulle rakkaudesta.

Pyhä Henki: Rakas lapseni, olen aina sinun kanssasi. En voi koskaan jättää sinua. Vain epäilevät ajatuksesi tuntuvat sulkevan ääneni tietoisuudestasi, mutta sinä palaat aina takaisin minun luokseni. Se on sinun tahtosi ja tahtosi on voimakas. Et ole koskaan yksin. Olen aina kanssasi ja ohjaan sinua askel askeleelta.

Ole joka hetki valpas ja tulet huomaamaan, että ihmeet ja rakkaus ympäröivät sinua jokaisella sydämen lyönnillä.

Älä pidä elämää itsestään selvyytenä. Hyväksy se. Arvosta sitä. Kiitä siitä. Se on vastaus rukouksiisi. Sinua ohjataan kotiin ja itsestäsi riippuu, miltä sinusta jokaisena hetkenä tuntuu. Siunaat sitä ja se on siunattu; vastustat sitä ja se tuntuu vaikealta ja pelottavalta. Älä takerru muotoon tai menneisyyteen, puutteen uskomukseen siksi, että jokin tuntuu muuttuneen.

Vapauta toistuvat epäilyn ajatukset heti kun ne nousevat. Myös ne, jotka liittyvät tekemiseen – tekemiseen seuraavaksi, tekemiseen tänään, tekemiseen neljän kuukauden aikana – muutoin tietoisuutesi rakkaudesta ja tarkoituksesta estyy.

Tule minun kanssani, ole minun kanssani. Rakasta ja loista minun kanssani. Luota ja usko minuun. Salli menneisyyden huuhtoutua pois valossa, rakkaudessa ja kiitollisuudessa. Nyt on sinun hetkesi vapautua. Nyt on se pyhä hetki, jossa sinä olet Jumalan pyhänä lapsena liittynyt ikuiseen rakkauteen, eikä uskoa erillisyyteen enää koskaan ole. Se oli erehdys. Pyhä veljesi ei ole sitä varten. Hän on sinun kanssasi todistamassa rakkaudesta, totuudesta ja ikuisuudesta. Hän ei jätä sinua. Se ei ole hänen tahtonsa.

Salli katumuksen huuhtoutua pois. Tämä ei olisi voinut mennä millään muulla tavalla. Et tehnyt mitään väärin. Mieli on parantumassa. Vain rakkaudella on merkitystä. Laita kaikki uskosi Jumalaan, Jumalan rakkauteen veljesi kautta. Ei ole väliä, missä sinä olet tai minne menet, olen aina sinun kanssasi. Et ole koskaan yksin. Kaikki asiat toimivat yhdessä hyvän puolesta, eikä siihen ole poikkeuksia. Älä yritä ymmärtää mitään. Anna sen paljastua sinulle.

Paluu rakkauteen

Koettuani niin paljon paranemista erityisyydestä, kirjoitin tämän joulutervehdyksen sydämestäni:

Me olemme se rakkaus, jota tunnemme, todistamme ja heijastamme. Kristuksen silmillä näkeminen on itsesi todellista tuntemista rakkautena. Ajatus *jonkun erityisyydestä* on egon käsite; se on yritys projisoida erityisyys ja rakkaus muotoon. Suru sen vuoksi, että menettää jotakin muodossa olevaa, on surua harhan vuoksi. Rakkaudella ei ole kohdetta. Rakkaus ei voi sisältyä kehoon. Ole iloinen, että se on niin.

Rakkaus on. Rakkaus tulvii runsautta ja on kylläinen. Rakkaus on se, keitä me olemme. On yleinen ego-uskomus, että ihmiset voisivat rakastaa toisiaan. Jos tämä olisi totta, silloin Jumalasta eroaminen olisi totta. Paluu Jumalan Rakkauteen on harhojen anteeksiantamista, anteeksi antamista egon harhaiselle versiolle rakkaudesta ja anteeksiantamista uskomukselle toisistaan erillään olevista ihmisistä.

Rakkaus on yksinkertainen, rakkaus on ystävällinen. Rakkaus on luonnollinen, rakkaus on läsnäolo. Rakkaus on ilon kokemus. Rakkaus on pelon poissaoloa ja harhoista vapautumisen tulos. Kiinnittymisellä kuvaan, ihmissuhteeseen, menneisyyden muistoon, mikä tahansa nimi sille annetaankin, ei ole mitään tekemistä todellisen rakkauden kanssa.

Iloiset, rakkaudelliset muistot ovat heijasteita rakkaudesta, joka on aina tässä. Vain antautuminen Jumalalle tässä hetkessä avaa mielen rakkauden kokemukseen nyt. Kiitän Jumalaa sydämeni pohjasta siitä, että tunteakseen rakkauden mitään ei tarvitse muuttaa. Kiitän Jeesusta koko olemuksellani siitä, että hän näytti minulle tien todellisen rakkauden kokemukseen, joka ei voi koskaan päättyä.

Rakkauden, rauhan ja ilon siunaukset sinulle koko joulun ajaksi. Olkoot puhdas ja loistava, viaton Kristus-tietoisuus – pyhä Itsesi – tietoisuudessasi jokaisena siunattuna hetkenä.

Luku 25
Käsikirjoitus on jo kirjoitettu

Talvi/kevät 2007

"...ihmisen tiellä ei ole yhtään askelta, joka olisi sattumasta kiinni. Hän on sen jo ottanut, vaikka hän ei vielä ole matkalle lähtenytkään. Sillä aika vain näyttää kulkevan yhteen suuntaan. Me vain lähdemme matkalle, joka on jo ohi. Kuitenkin sillä näyttää olevan meille vielä tuntematon tulevaisuus." OT-158.3

Muuttumaton rakkaus

Jackie kutsui Davidin ja minut pitämään retriittiä Uudessa Seelannissa. Tuntui siltä, että menisin muutamaa viikkoa aiemmin edeltä tapaamaan perhettäni ja viettääkseni aikaa hiljaisilla rannoilla. Meditoidessani eräänä iltana Jeesus vahvasti mielessäni tunsin, että alkoi nousta hienovaraista pelkoa. Pyysin Häneltä apua ja huomasin olevani keskellä näkyä. Minut ympäröi galaksin valtava laajuus ja roikuin avaruudessa pitäen kiinni maailmasta; käsivarteni olivat kiertyneet planeetan ympäri. Jeesus ilmestyi eteeni levittäen käsivartensa ja sanoi minulle lempeästi, "Anna se minulle". Saatoin tuntea pelon irti päästämisestä, "Mutta minähän putoan," sanoin, "Mitä minulle tapahtuu?"

Oivalsin pitäväni kiinni maailmasta, koska uskoin, että se tarvitsi minua ja että minä tarvitsin sitä. Jälleen Jeesus sanoi, "Anna se minulle nyt, Kirsten. Anna minun huolehtia siitä". Minua pelotti yhä, mitä minulle tapahtuisi, mutta otteeni oli heltiämässä ja tuntui hyvältä päästää viimeinkin irti. Maailman livetessä käsivarsiltani kaaduin hitaasti taaksepäin. En unohdukseen, johon ego olisi halunnut minun uskovan vaan syvään, hiljaiseen rauhan mereen mielessäni, Jumalan käsivarsille.

Rauha ja rakkaus ovat seuraus päätöksestä

Päiväkirja

Kirsten: Hyvää huomenta, Pyhä Henki. Lähden pian Uuteen Seelantiin ja minulla on jotain käsittelemätöntä eroahdistusta ja surua. Minusta tuntuu, kuin olisin tehnyt jotain väärää, jotain sellaista, niin kuin en jotenkin kuuluisi mihinkään. Tunnen surua siitä, että tulen olemaan kuusi viikkoa poissa Davidin luota.

Pyhä Henki: Tunnetko todella?

Kirsten: [Tunteet olivat hetkessä täysin kadonneet.] Juuri nyt?... En... se meni ohi.

Pyhä Henki: Halukkuudessasi kääntyä minun puoleeni vapautit väärä-mielisen ajattelusi, jonka koit surullisuutena ja nyt se on ohi. David ei ole lähteesi. Minä olen sinun lähteesi. Käänny minun puoleeni. Minä ohjaan sinua. Olen ohjannut sinua kääntymään Davidin puoleen useita kertoja, koska paraneminen minkä oli tarpeen tapahtua, oli liittyminen yhteen hänen kanssaan.

Kokemasi rauha, rakkaus ja parantuminen ovat kaikki johtuneet siitä, että seuraat ohjaustani. Älä koskaan unohda tätä. David ei ole syy parantumiseesi; päätöksesi on. Nyt on aika olla Hengessä vahva. Nyt on aika kohottaa sydämesi, rakkautesi ja ajatuksesi siihen, että olet aina Jumalan opettaja. Osoitat, että erossa olemista ei ole. Veljesi katsovat sinuun lohtua saadakseen. Ole se tiennäyttäjä, joka sinä olet. Rakkaus vetää puoleensa rakkautta. Ei ole mitään niin puoleensa vetävää kuin täydellinen rakkaus. Ei ole mitään varmempaa, rauhallisempaa, onnellisempaa ja selkeämpää kuin tuntea itsesi rakkautena.

Käänny välittömästi minun puoleeni. Sinulla on mielen harjoittamisen rikkautta ja lukuisia ihmeitä, jotka ovat tasoittaneet tietäsi. Et voi epäonnistua kuin vain hetkeksi; epäonnistuminen on vain hetkellistä unohtamista. Minä olen ajatusten vakaaja ja kun käännyt minun puoleeni, teen säädöt välittömästi. Mene tästä läpi ja anna sydämesi loistaa. Tämä on vapautuksen hetkesi. "Kaikki voima on Jumalasta. Mikä ei ole Hänestä, sillä ei ole voimaa tehdä mitään."
T-11.V.3

Vähän lisää rakkaudesta

Kuluneiden viikkojen aikana olin tutkinut mieleni syvempiä alueita ja sallinut vihan tunteiden nousta. Löysin Kurssista 12 sivua viha-aiheesta. 12! Jeesus julistaa, että viha ei ole milloinkaan oikeutettua ja hän käsittelee aihetta hyvin yksityiskohtaisesti. Hän antaa sille selkeän metafyysisen sisällön ja tekee samalla hyvin selväksi, että kyseessä on valheellinen havainnoiminen ja valinta. Olin tietoinen siitä, että käsittelin vääryyksiä. Vaikka en pystynytkään ilmaisemaan mitä kaunaisuus oikeastaan oli, saatoin tuntea Davidin suuntaan projisoimani mielipahan. Ajattelin että se liittyi erityisyyteen, mutta en voinut olla varma. En kyennyt näkemään selkeästi – ainoa mitä saatoin tehdä oli tarkkailla haluani olla oikeassa ja kääntyä rukoukseen saadakseni apua. Olin käynyt läpi tarpeeksi pimeyttä tunnistaakseni, että tämä aika oli uskoa ja luottamista varten, sillä syvempää parantumista oli tapahtumassa.

Viimeinkin rukouksiini on vastattu. Tällä viikolla tunsin sellaisen sisäisen muutoksen, jota ei oikeastaan voi kuvata sanoilla muuten kuin sanomalla, että se oli antautumista halukkuudelle. Luin aamulla Davidin kauniin artikkelin "Rakkaus" ja seuraava kirjoitus virtasi sisimmästäni:

> Rakkaus on kaikenkattava viattomuus,
> joka tulee tietoisuuteen, kun sitä kutsutaan.
> Antaminen niin kuin Jumala antaa,
> on itsesi ja Jumalan tuntemista.
> Kun jotakin muuta halutaan, rakkaus ei voi olla se mitä se on,
> koska rakkautta ei voi esineellistää.

"Rakkauden haluaminen toiselta"
on rakkauden Itsensä kieltämistä,
eikä siinä tunneta Itseä ja Jumalaa.
Rakkauteen palaaminen on yksinkertaisesti
esteiden poistamista rakkauden läsnäololta.
Kaiken sisällyttäminen Kristuksen Rakkauteen on absoluutio.

Kristuksen silmillä näkeminen on maailman siunaamista,
rakastamista niin kuin Jumala rakastaa,
olemista Yhtä Hänen kanssaan.
Rauha, rakkaus, ilo ja todellinen myötätunto ovat
Valtakunnan Lahjoja, ikuisesti läsnä, aina saatavilla.
Rakkaus tekee kodin, se asuu siinä ja sisältää kaiken.
Rakkaus saa koko maailman kipinöimään
ilossa ja onnellisuudessa.
Poissa ovat huolet ja huolehtimiset, luottamus vallitsee
ja ilo laajenee ilahduttaen kaikkialla,
siunatussa suhteessa.

Rakkaus on tässä ja rakkaus on nyt.
Rakkaudesta ei voi pitää kiinni
eikä sitä voi ennakoida.
Rakkaus on ikuisesti läsnä, vain läsnä,
ja säteilee läsnäoloa.

"Käsikirjoitus on jo kirjoitettu"

"Aika on trikki, silmänkääntötemppu, suuri illuusio, jossa hahmot tulevat ja menevät kuin esille taiottuina. Näennäisyyksien takana on kuitenkin muuttumaton suunnitelma. Käsikirjoitus on jo kirjoitettu. Sekin on määrätty, milloin kokemukset lopettavat epäilyksesi." OT-158.4

Olin rukouksessa aiheena Kurssin opetus "käsikirjoitus on jo kirjoitettu", kun sain Hengeltä näyn ja viestin. Viesti oli tällainen:

Kuvittele, että *käsikirjoitus* on kirja, joka sisältää koko kosmoksen ja maailman historian, jokaisen elämäntarinan ja että sen kirjoittaja oli ego. Sivuja selatessasi löydät oman nimesi. Käsikirjoituksen sivut paljastavat lapsuudentarinasi, elämässäsi olevat ihmiset samoin kuin työsi, tapahtumat, henkisen matkasi jne.

Selvännäkijät näyttävät kykenevän katsomaan tulevaisuuteen ja kuvaamaan tapahtumia tarkasti, koska he voivat lukea joitakin sivuja tai kappaleita etukäteen. Voiko Kirsten-hahmo hallita kohtaloaan tajuttuaan, että käsikirjoitus on jo kirjoitettu? Pääseekö hän valitsemaan, mitä hänen elämässään tapahtuu? Ei, ei tietenkään. Käsikirjoituksen muste on kuivunut. Henkinen matka tai herääminen on sen oivaltamista, että en ole kirjan hahmo. Anteeksiantaminen on prosessi, jossa nähdään, että ego kirjoitti käsikirjoituksen ja loi sen hahmot. Jokainen hahmo elämässäni yksinkertaisesti vain esittää rooliaan, hänelle valittua osaa käsikirjoituksessa. Kun käsikirjoitus näyttää toteutuvan jollain odottamattomalla tavalla, kun siinä ei tunnu olevan järkeä tai se on suorastaan stressaava, minun tulee muistaa, että teen havaintoja egon kanssa; yritän saada käsikirjoitukseen järkeä sen sivujen sisältä käsin. Ainoa tie ulos on kääntyä Hengen puoleen ja pyytää nähdä toisella tavalla, muistaa, etten tiedä, mitä varten mikään on.

Veljeni ovat viattomia niin kuin olen minäkin. Anteeksiannon kautta vapautan heidät uskomuksesta, että he olisivat vastuussa siitä, mitä he tekivät. Otan täyden vastuun mielentilastani – siitä miten havaitsen eri tapahtumat ja miltä ne minusta tuntuvat. Juuri se, että palautan itseni tarkkailijaksi, auttaa minua katsomaan aivan kuin lukisin kirjaa sen sijaan että sotkeutuisin tarinaan.

Henki, Jumalainen Mieli, on se mikä minä olen. Kun katson Jumalan rakkaus sydämessäni, näen anteeksiannetun maailman. Näen Jumalan rakkauden heijastuvan sanoissa ja hahmoissa. Jokainen siunattu sivu on mahdollisuus laajentaa rakkautta, joka minä olen.

Ajattele Henkeä pyyhekumina tai korjausteippinä. Kun katson Hänen kanssaan, Hänen näkökyvyllään, on kuin Hän olisi pyyhkinyt pois itse kirjoittamani tulkinnat ja käsikirjoitus on kirjoitettu uudelleen rakkauden tilasta käsin.

Vaikka käsikirjoitus on jo kirjoitettu, voinko silti yhä hallita asioita?

Päiväkirja

Kirsten: Hyvää huomenta, Pyhä Henki. En ymmärrä täysin, mitä "käsikirjoitus on jo kirjoitettu" tarkoittaa. Jos vapautan mieleni käsikirjoituksesta, tarkoittaako se, ettei käsikirjoitus sido minua enää? En pidä ajatuksesta, etten voisi hallita asioita – ehkä minä yhä haluan luoda unessani edes jotakin sen mukaan, miten itse haluan sen olevan.

Pyhä Henki: Kuka on se "minä", joka uskoo olevansa sidottu aikaan ja paikkaan? "Minä Olen" -läsnäolo, Kristus, joka sinä todellisesti olet, ei milloinkaan mennyt sisään aika-paikka-tilaan. Mieli ei mene aineeseen.

Käsikirjoitus on menneisyyttä; se oli ohi jo kauan sitten. Minun ääneni on vastaus kaikkiin kysymyksiin, jotka siihen liittyen mahdollisesti nousevat. Yritys paeta käsikirjoitusta on vain uusi yritys tehdä totta siitä, mikä on epätodellista. Samaistuminen Kristukseen on vastaus. Siinä ajatus käsikirjoituksesta putoaa pois; se on liuennut totuuteen.

Kirsten: Elokuvassa *Mr. Destiny – kohtalo puuttuu peliin*, näytelmän hahmo tekee päätöksen, jonka seurauksena olosuhteet hänen elämässään muuttuvat. Miten käsikirjoitusta sovelletaan tähän? Jos se on jo kirjoitettu, miten hän voi näyttää tekevän päätöksen, joka vaikuttaa hänen elämäänsä toisella tavalla?

Pyhä Henki: Näyttää siltä kuin valintoja olisi tehtävä, että sinä voisit tehdä oikean tai väärän päätöksen. Siinä on aina mukana pelkoa siitä, että tekee väärän päätöksen ja se pelko tulee Jumalasta eroamisesta. Kun harhautunut mieli tekee päätöksen *yksin* – ilottomasta tilasta käsin – tulos heijastaa tätä päätöstä. Saattaa näyttää siltä kuin muodon muuttaminen tarjoaisi väliaikaisen helpotuksen, mutta mieli on yhä unessa ja uneksii muutoksesta parantamalla olosuhteita. Tarkoitus on ainoa tie ulos. Käänny minun puoleeni ja sano, "Päätä minun puolestani, että valitsen Jumalan", ja minä nostan mielesi taistelukentän yläpuolelle pois käsikirjoituksesta. Muistutan sinua siitä, kuka sinä olet.

Kirsten: Joten jos en samaistu henkilöhahmoon ja sallin sinun ohjata ajatuksiani ja tekojani, näyttääkö elämä silloin esittävän tapahtumat eri tavalla kuin ego olisi ne ohjannut?

Pyhä Henki: Sinä kuuntelet jokaisena hetkenä joko minun ääntäni tai egon ääntä. Havaitset minun tai egon kanssa. Tässä on fokus kaikkeen mielen harjoittamiseen ja mielen tarkkailuun. Anteeksiannetun maailman näkökulma tulee katsomisesta minun kanssani.

Kirsten: Entäpä muoto? Minusta ei tunnu, että olisit vastannut kysymykseeni.

Pyhä Henki: Olet huolissasi Kirstenin hahmosta. Teet kehosta epäjumalan, unen keskeisen hahmon. Kun kuuntelet minun ohjaustani ja samaistut Kristukseen, käsikirjoitusta ei ole.

Kirsten: Ah... tunnen miten se kaikki vapautuu... kiitos.

Luku 26

Järkkymätön omistautuminen

Talvi/kevät 2007

"Todellinen näkökyky tulee sinulle ensin välähdyksinä, mutta ne riittävät osoittamaan sinulle, mitä annetaan sille, joka näkee veljensä synnittömänä. Totuus palautuu sinulle halusi välityksellä niin kuin sen kadotitkin halutessasi jotain muuta."
T-20.VIII.1

Aloilleen asettumisen aika

"Se on rauhallista aikaa, jolloin Jumalan opettaja lepää rauhassa. Sen aikana hän vakiinnuttaa oppimansa… Jumalan opettaja tarvitsee tämän hengähdystauon. Hän ei ole vielä päässyt niin pitkälle kuin luulee. Mutta kun hän on valmis jatkamaan matkaa, hänellä on mahtavia kumppaneita vierellään." OK-4.I.A.6

Aika Uudessa Seelannissa ennen Davidin saapumista tuntui hyvin paljon samalta kuin Opettajan käsikirjassa kuvattu hiljainen aika. Se oli aikaa lepäämiseen. Päiväni tuntuivat avarilta ja alkoivat kirjoittamalla, lukemalla ja joogaamalla - soljuen sitten meditaatioon, kävelyihin rannalla, spontaaneihin kokoontumisiin, kokemuksellisiin sessioihin ja syviin keskusteluihin teekuppien äärellä.

Se oli *onnellisen oppilaan* vaihe, jossa en tuntenut enää syyllisyyttä tai halua piilottaa yksityisiä ajatuksiani. Olin mieluummin onnellinen etsivä, joka tiesi, että jokaisen järkytyksen alta löytyy johtolanka vapauteen.

Tunsin varmuutta elämäni tarkoituksesta, tiesin että polkuuni kuului olla Davidin kanssa. Se oli tekemisiemme tai sen missä olimme tuolla puolen; se oli tunne täydellisestä läsnäolosta – ei enää kipua tai pelkoa menettämisestä tai toivetta jossakin muualla olemisesta.

Davidin saavuttua meillä oli monia ihmeellisiä kokoontumisia ja retriittejä Uudessa Seelannissa ja Australiassa. Retriitit pidettiin uskomattomissa paikoissa alkuperäismetsissä, joissa oli luonnollisia uimapaikkoja ja mahdollisuuksia metsäkävelyihin. Meditaatiohuoneet olivat sydämen pyhättöjä, täydellisiä paikkoja vaipua syvään hiljaisuuteen ja niitä ympäröi lempeä linnunlaulu ja kaskaiden sirkutus. Retriitit tapahtuivat intuitiivisessa virtauksessa. Davidin puheet menivät syvälle ja tunsin että yksityisissä keskusteluissa olin ihmeidentekijänä täysin Hengen käytössä. Toisinaan puhuin kokoontumissa yhdessä Davidin kanssa. Ohjasin myös joogaa ja kokemuksellisia sessioita, joissa oli musiikkia, tanssia ja hierontaa.

Paljon oli huuhtoutunut pois kilpailemisesta ja itse-epäilystä ja istuin tyytyväisenä Davidin rinnalla ottaen täysillä vastaan jokaisen mahdollisuuden laajentaa. Tunsin olevani yhteydessä häneen ja jokaiseen, tunsin Hengen armon jatkuvan virtauksen. Kun David puheen loputtua kääntyi minuun päin ja hymyili leveää kiitollisuuden hymyä, loistin minä yhtä kirkkaasti.

Tapaamisten jälkeen ihmiset ottivat minuun välittömästi katseyhteyden ollen läsnä. Muun huoneen täyttyessä innostuneista keskusteluista ja kiireisestä pakkaamisesta huomasin aina uudelleen ja uudelleen olevani itse syvässä, hiljaisessa kommunikoinnissa. Se oli kaikista luonnollisin asia maailmassa ja päättyi tuikkiviin silmiin, hymyihin ja joko kiitollisuuden kyyneleihin tai kuplivaan nauruun.

Muistan kahden vuoden takaisen rukoukseni Hengelle, jossa kysyin, mikä tehtäväni oli. Hänen vastauksensa oli ollut, "Sinun tulee yksinkertaisesti vaan olla rakkauden läsnäolo". Kuinka yksinkertaista, kuinka nöyrää ja kuitenkin kuinka loistavaa on tietää, että tämä on tehtäväni!

Inspiroitunut järkähtämättömästä omistautumisesta

David ja minä olimme palanneet USA:han ja meidät oli kutsuttu Bostoniin pitämään muutamia viikonloppukokoontumisia. Siellä ollessamme kävimme Cambridgessa Christian Science -liikkeen perustajan Mary Baker Eddyn muistomerkillä. Hänen muistomerkkinsä oli iso kaiverrettu kivi, jossa oli lainaus siitä, että tiede on mielessä ja Jumala ja Henki ovat ikuisia. David puhui minulle toisinaan Mary Baker Eddystä ja hänen kompromisseja tekemättömästä luonteestaan. Olin kiitollinen, että minua muistutettiin tiennäyttäjistä, jotka olivat antaumuksessaan yhtä horjumattomia kuin David. Hän kertoi iloisesti vertauskuvasta, jossa jotkut Mary Bakerin oppilaista olivat lähteneet sen jälkeen, kun Henki oli eräänä päivänä jyrissyt hänen kauttaan ja sanonut, "Minä olen erehtymätön!"

Mary Baker Eddy oli radikaali; hän ei pidätellyt sanomaansa tai halukkuuttaan olla täysin Hengen käytettävissä. Määrätietoisella antaumuksellaan hän tuki tuhansia opiskelijoita tulemaan ammattilaisiksi ihmeidentekijöinä. Siitä huolimatta, että hänen oppilaansa kokivat monia elämää pelastavia ihmeitä, tulivat useimmat heistä kohtaan, jossa he pitivät hänen opetuksiaan liian radikaaleina ja kääntyivät häntä vastaan. David oli hyvin innostunut siitä, että huolimatta kaikesta tapahtuvasta Mary Baker Eddy pysyi järkähtämättömänä omistautumisessaan totuudelle. Olin syvästi innoittunut hänen esimerkistään. Se muistutti minua siitä, että mystisyyden tavoite ei ole tästä maailmasta, eikä se siksi ole hyväksymisestä riippuvainen.

Meillä oli sinä viikonloppuna ihmeellisiä kokoontumisia, joiden aiheena oli enimmäkseen pyhä ihmissuhde. Koska olin päästänyt irti niin paljosta erityisyydestä, kykenin jakamaan sellaisesta näkökulmasta käsin, jossa sanoa "kyllä" suhteelle Jumalan kanssa ei sisällä uhrautumista tai menettämistä. Vedin ulkona kokemuksellista sessiota, joka perustui Kurssin lukuun "Onnellinen oppilas". Osana sessiota ryhmä muodosti pienen piirin ja meidät *purettiin* vuorotellen, olimme kaikesta opitusta poisoppineita ja palanneet totuuteen. Seisoimme pienessä piirissä, nojasimme toisiimme ja lepäsimme Jumalassa. Yhdistyimme sitten jälleen suureksi piiriksi, jossa liikuimme ympäriinsä musiikin soidessa ja katsoimme syvälle toistemme silmiin. Viimeisen laulun aikana useat meistä huomasivat olevansa mystisessä kokemuksessa, jossa kaikki liukeni valkoiseen valoon. En enää nähnyt itseäni ohjaajana ja sessio tuli luonnolliseen päätökseensä; jotkut ihmiset makoilivat nurmikolla ja toiset seisoivat pitkässä, hiljaisessa syleilyssä.

Pyhyys: Vapauden lahja

> Syvällä mielen hiljaisuudessa,
> Tunnen Itseni pyhyytenä.
> Pyhyyteni on Jumalan rauha.
> Pyhyyteni siunaa maailmaa.
> Pyhyyteni on vapauden lahja veljelleni.
> Pyhyydessäni on hänen vapautumisensa.
> Pyhyys on syyllisyyden ja pelon päättymistä;
> Sen läsnäolossa menneisyys on liuennut
> Jopa anteeksianto on liuennut pois.
> Mitä anteeksiannettavaa enää voisi olla?
> Tämä Jumalan lahja on loppuun saatettu pelastus...
> Hyväksyminen oli avain.

Lopullinen luopuminen varasuunnitelmasta

David ja minä palasimme Peace Houseen, ja rukouksessa Jeesuksen kanssa pyysin vapautumista kaikesta, mikä minua vielä pidätteli. Kuulin ohjauksen myydä talo, jonka omistin Uudessa Seelannissa ja lahjoittaa välittömästi varat yhteisölle. Puolitoista vuotta aiemmin olin katsellut tarkoitusta jatkaa kiinteistön omistusta, mutta en ollut kuitenkaan tehnyt mitään sen myymiseksi. Ajoittain näin, että talo antoi minulle valheellisen turvallisuuden tunteen, mutta minua pelotti kertoa perheelleni päätöksestä myydä, koska se tarkoitti lähtemistä heidän luotaan ja Uudesta Seelannista kokonaan.

Kuluneen vuoden aikana olin silloin tällöin huomannut, että silloin kun vastustus mielessäni oli voimakkainta, talosta tuli vaihtoehto Hengen suunnitelmalle. Se oli jotakin, mihin voisin *palata*. Hengen läsnäolossa saatoin tuntea keveyden päästää irti jostakin *muualla* olevasta, jotta mieleni jokainen osa olisi siellä missä itse olin. Kerroin saamastani ohjauksesta Davidille ja jatkoin elämääni Peace Housessa.

Joitakin viikkoja myöhemmin tunsin erillisyyttä Davidiin, enkä tiennyt miksi. Aivan yllättäen hän kysyi minulta, oliko talo myytävänä, koska varat myynnistä tulisi siirtää yhteisölle. Olin shokissa. David ei ollut milloinkaan aiemmin sanonut minulle, mitä minun tulisi tehdä. Siinä ei ollut mukana ehdottavaa sävyä; se oli selkeä ohje. *Yrittikö hän hallita elämääni?*

Jeesus kehotti minua rukouksessa selaamaan päiväkirjojani taaksepäin ja siellä omassa käsin kirjoittamassani tekstissä oli ohjaus myydä talo ja lahjoittaa varat. Näin, että olin yrittänyt pitää kiinni viimeisestä hallinnan jäänteestä, jota ajattelin minulla olevan elämäni suhteen ja että David halusi minulle pelkästään vapautta.

Vastustin yhä ajatusta, että menettäisin sekä perheeni että Uuden Seelannin. Siitä huolimatta tiesin, että minun tuli seurata ohjausta. Oli olennaista olla rehellinen ja jakautuneena oleminen tuntui yksinkertaisesti vaan tuskalliselta. Viikkoa myöhemmin soitin Jackielle ja kysyin, auttaisiko hän minua talon myynnissä. Avasin hänelle kokemukseni ja hän oli hyvin kannustava. Kun Roger tuli puhelimeen, alkoi hän heijastaa mieleni epäilyjä kysyessään, olinko ehdottoman varma päätöksessäni myydä talo. Hän esitti eri vaihtoehtoja. Ensimmäinen oli myydä puolet talosta hänelle, jotta minun olisi mahdollista palata sinne. Toinen vaihtoehto oli myydä talo ja sijoittaa rahat hänen yhtiöönsä, jolloin minulle jäisi taloudellista varmuutta. Mitä enemmän Roger esitti c, d ja e-suunnitelmiaan, sitä helpompi minun oli nähdä, että suunnitelma a – Hengen suunnitelma – oli ainoa, mitä todella halusin.

Pian sen jälkeen, kun olin tehnyt päätöksen myydä talo, ystävät Australiassa kirjoittivat toiveestaan aloittaa henkinen yhteisö. Ensimmäistä kertaa tunsin olevani vapaa perhesiteistä, jotka vetäisivät minua johonkin tiettyyn paikkaan. Kykenin rukoilemaan Henkeä näyttämään minulle selkeästi, minne David ja minä menisimme ja mitä seuraavaksi tapahtuisi. Ehkä matkustaisimme ikuisesti. Tunsin olevani avoin kaikelle.

Loppuun saattaminen

"Jumalan opettaja on antelias Itsen vuoksi. Sillä ei kuitenkaan viitata siihen itseen, josta maailma puhuu. Jumalan opettaja ei halua mitään sellaista, mitä hän ei voisi antaa edelleen, koska se vain takaisi, että hän sen menettäisi... Mutta hän haluaa pitää itsellään kaiken, mikä on Jumalasta ja on sen vuoksi tarkoitettu myös

Hänen Pojalleen. Ne kaikki kuuluvat hänelle. Ne hän voi antaa edelleen oikeasti anteliaana, jolloin hän varmistaa saavansa ne itsekin ikuisiksi ajoiksi." OK-4.VII.2

Pian laitettuani talon myyntiin lähetti Jackie minulle sähköpostin: minulla oli ostaja, joka tarjosi pyydetyn hinnan. Tunsin ahdistusta ja siinä olin epäilyjeni kanssa, jotka olivat nousseet välittömästi. Tuttu puristus neulan silmää lähestyessä: mitä jos tämä ei olekaan kutsuni? Mitä jos David lähtee toisen kumppanin kanssa ja minä jään omilleni ilman rahaa ja paikkaa, minne mennä? Miten voin todella tietää, että tämä on Hengen suunnitelma? Vietin seuraavat päivät rukouksessa, luotin Hengen lopputulemaan ja talo myytiin viikossa.

David oli nyt useita viikkoja kestävällä Euroopan matkalla, joten oli minun tehtäväni siirtää varat yhteisölle. Minusta tuntui kuin olisin matkalla tuntemattomaan ja se oli hyvin inspiroivaa, koska tiesin että mystismi oli ainoa tarkoitukseni.

Hitaasti ja seuraten rukouksessa jokaista käytännön askeleen toimeenpanoa sallin epäilyn aaltojen nousta ja tulla vapautetuiksi jokaisella askeleella. Muistin koko ajan, että seurasin Hengen ohjausta. Kaikki virtasi vaivattomasti ja kun siirto oli tehty, tunsin että mikään ei ollut todella muuttunut. Ei mikään muu kuin se, etten ollut enää ahdistunut ja syyllinen. Joten itse asiassa, kaikki oli muuttunut!

Se oli jälleen uusi kokemus nähdä, miten uhrautumisen ja menettämisen pelko rakentaa jännitettä, joka voimistuu ennen kuin se vapautetaan mielestä. Minä todella uskoin, että voisin menettää jotakin – vapauteni, valintani, itsenäisyyteni. Mutta kun seurasin ohjausta luovuttaa pois se, mistä pidin kiinni, sain vapauteni ja purin uskomuksen, että voisin tehdä väärän valinnan. Huomasin myös jälleen kerran, että Jumalasta en halunnut olla riippumaton. Tunsin, että luottamus palasi ja sen mukana muistaminen, kuka heräämisen suunnitelmasta oli vastuussa. Muistin kuinka ahdistunut olin ollut, kun minulla oli henkilökohtaista rahaa; olin huolissani, että käyttäisin sitä väärin. Nyt tunsin itseni täysin vapaaksi – raha ja taloudenhoito olivat lopultakin Hengen käsissä, niin kuin olin minäkin!

Luku 27

Olen Kotona

Kesä 2007

"Ole nyt siunattu kaikissa toimissasi.
Jumala kääntyy puoleesi, jotta auttaisit Häntä
pelastamaan maailman.
Jumalan opettaja, Hän antaa sinulle kiitoksensa,
ja koko maailma lepää hiljaa armossa,
jonka tuot mukanasi Häneltä.
Olet Hänen rakas Poikansa, ja sinun on suotu olla
väline, jonka kautta Hänen Äänensä kuullaan koko
maailmassa, jotta kaikki ajalliset asiat päättyisivät,
kaikki näkyväiset loppuisivat ja kaikki muuttuvat
asiat tehtäisiin tekemättömiksi.
Näkymätön, kuulumaton ja silti totisesti olemassa
oleva maailma saa alkunsa sinun kauttasi.
Sinä olet pyhä ja maailma heijastaa valossasi
pyhyyttäsi, sillä et ole yksin etkä ilman ystäviä.
Kiitän sinusta ja otan osaa ponnisteluihisi Jumalan
puolesta, tietäen niiden tapahtuvan myös minun
puolestani, kuin myös kaikkien niiden puolesta,
jotka kulkevat kanssani Jumalan luo."

AAMEN OK-29.8

Sulautuminen

Olin huomannut kokoontumisten aikana, kuinka David puhui välillä suoraan Henkenä ja välillä "Davidina". Läsnä oleminen oli joka tapauksessa johdonmukaista; sama Hengen valo ja selkeys loisti hänen olemuksensa ja sanojensa kautta. Kasvot yleisön joukossa syttyivät loistamaan totuuden tunnistamisessa; he tunsivat vahvaa yhteyttä, aivan siitä riippumatta kenenä he Davidin näkivät – ystävänä, johon liittyä vai Jumalan Äänenä.

Minulla oli ollut suuren osaa matkaani kaksi näkökulmaa itsestäni – kyseenalaistaja ja Henki. Nyt kuitenkin tunsin, että mielessäni tapahtui sulautuminen. Pyhä Henki ei tuntunut enää erilliseltä lähteeltä, jota rukoilin. Se oli enemmänkin hiljaista totuuden tiedostamista, aina läsnä oleva vastaus siihen, mitä ikinä esiin olikaan nousemassa.

Tänä aamuna tunsin inspiroivan energia-aallon ja kehotuksen kirjoittaa. Kirjoittaminen tuntui siltä kuin siinä huipentuisi kaikki se, mitä olin kahden viime vuoden aikana oppinut ja se tuli suoraan Hengen Äänestä, joka minä olen:

Totuus on totta ja vain totuus on totta. Tämä syvällinen ja yksinkertainen lausuma jokaiseen näennäiseen ongelmaan sovellettuna sisältää voiman palauttaa mieli pelosta ja sekaannuksesta tämän hetken yksinkertaisuuteen ja varmuuteen - yhdessä hetkessä. Mutta mitä on totuus?

Jeesus sanoi, "Minä olen tie, totuus ja elämä". Totuus on kokemus siitä, että Jumala On; se on mielentila, joka on kaukana muodon tuolla puolen. Sanat voivat heijastaa sitä ja osoittaa sitä kohti, mutta totuus voidaan tuntea vain kokemuksena tässä hetkessä.

Kun Jeesus sanoi, "olkaa lasten kaltaisia", hän puhui avoimesta mielentilasta, halukkaasta ja nöyrästä asenteesta, jossa uskomus siitä, että tietäisi mitä varten maailma on ja millainen sen tulisi olla, on iloisesti vapautettu.

Muista, että tämä maailma on Taivaan korvike. Se ei ole kotisi. Kaikki muistot, ajatukset, suhteet, paikat, tilanteet ja ihmiset ovat sitä varten, että niitä käytetään heräämisen loistavaan tarkoitukseen. Kulje keveästi kuvien parissa. Kiitollisena salli niiden tulla vapautetuksi mielestäsi. Vain todellisen anteeksiannon kautta mieli voi vapautua harhoista ja olla vapaa hyväksymään todellisuus sellaisena, miksi Isä Jumala sen loi.

Jumalan nimi korvaa kaikki erilliset tavoitteet ja merkitykset ja kutsuu eteenpäin muistamaan, että luomisella on yksi nimi, yksi merkitys ja yksi ainoa lähde, joka yhdistää kaikki asiat Itsessään. Sitä on todellinen anteeksianto ja se johtaa yhtenäiseen havainnointiin, joka ei näe erillisyyttä ja pirstoutumista. Tätä on Jumalan Rakkaus, joka ei ole tästä maailmasta. Älä hukkaa enää yhtään arvokasta hetkeä etsimällä merkitystä kuvista. Maailma on menneisyyttä; se on ohi.

Tule, elä minun kanssani, luota minuun, vapauta menneisyys ja anna itsesi minulle tässä pyhässä hetkessä. Ei ole muuta vaihtoehtoa kuin hyväksyä Jumalan pelastussuunnitelma. Jollain muulla tavalla yrittäminen ei ole mitään muuta kuin häiriötekijä; ikuisuudessa merkityksetöntä, mutta ajassa traagista, koska on tarpeettomasti valittu ristiriitainen mielen tila. Sinulla on syy vapauteen nyt. Sinulla on syy onnellisuuteen nyt. Vaaditaan vain hyväksyminen. Tule ja riemuitse minun kanssani yksinkertaisessa totuudessa!

Henkinen yhteisö kukoistaa

Davidin ja minun rukoillessa, mitä seuraavaksi olisi tulossa, huomasin että matkani mystismiin olisi jatkuvaa kulkua tuntemattomaan; kaiken sen tuolle puolen, minkä uskoin olevan mahdollista. Tiesin nyt, että tämä elämä oli polkuni, vastaus parantumisen rukoukseeni, eikä se ollut jotakin, mikä olisi tapahtumassa *minulle*. Koin viimeinkin, että minun tahtoni ja Jumalan Tahto olivat todellakin yksi.

Seuraava askel Hengen suunnitelmassa alkoi paljastua, kun eräät netissä matkaamme seuranneet ystävät tunsivat kehotuksen liittyä yhteisöömme. Ihmiset Kanadasta, Euroopasta, Uudesta Seelannista, Australiasta ja USA:sta ilmaisivat toiveensa tulla Peace Houseen. Jotkut halusivat osallistua retriitteihin ja toisista taas tuntui hyvältä vuokrata tai ostaa taloja lähialueilta. He tunsivat olevansa "kutsuttuja", aivan kuten minäkin vuosia aiemmin - palvelemaan ja syventämään suhdetta Jumalaan.

Pyhän ihmissuhteen yhteistyöluonne oli valmis laajennettavaksi kauaksi "kahden" tuolle puolen. Jokainen Davidilta saamani ja hänen kanssaan harjoittamani lahja – anteeksianto, täydellinen kommunikointi, luottamus, kärsivällisyys, avaramielisyys ja joustavuus – olivat nyt ilossa jaettavia lahjoja.

David oli hyväntuulisen avoin ja vastaanottavainen kaikille mahdollisuuksille, aivan kuin hän olisi ollut Jeesus käsivarret avoinna Taivaan porteilla sanoen, "Tule! Olet niin tervetullut!" Hän tiesi, että Jeesus oli vastuussa suunnitelmasta ja että kaikki tarpeellinen annettaisiin – asumisesta ruokaan ja projekteihin jokaista varten. Vaikka emme tienneet minkä muodon asiat tulisivat saamaan Hengen ohjatessa matkaa, tiesimme että siitä tulisi seikkailu!

Vähänpä tiesimme avautumassa olevan suunnitelman suuruusluokasta, jossa monet meistä tulisivat tulevina vuosina asumaan henkisessä yhteisössä loistamassa valoa ja jakamassa totuuden viestiä ympäri maailmaa!

Laulun muistaminen

Matkani Davidin kanssa on tuonut minut kokemukseen, jota rukoilin vuosia sitten. Pyysin, että tulisin tuntemaan rakkauden, joka ei olisi tästä maailmasta; kokemuksen pyhästä ihmissuhteesta. Vaikka David ja minä emme ole enää aviokumppaneita, rakkautemme ei ole päättynyt ja se on muodon maailman tuolla puolen. Se on Jumalasta – sen ainoa tarkoitus on mielen selkeys, onnellisuus ja vapaus.

David jatkaa inspiraation lähteenä ja tukee minua tällä ikuisesti syvenevällä matkalla mystismiin. Kun pysähdyn ja mietin suhteemme luonnetta, täyttyy sydämeni kiitollisuudesta ja liikutun kyyneliin. Olipa kokemus mikä tahansa, David on kanssani aina juuri tässä, henkilönä tai mielessä, tuikkivin silmin antamassa täyden tukensa ja tietäen tarkkaan, mitä olen kokemassa.

Tekemättömäksi tekemisen ja parantumisen henkinen matka on vapautumista pelkopohjaisista rajoitteista ja Hengen sydämelle tarjoamien mahdollisuuksien hyväksymistä. Kun on sanottu "kyllä" sille mitä annetaan ja "kyllä" monille, monille irti päästämisille – unohdettu laulu muistetaan. Se on muinainen laulu rakkaudesta ja kodista, joita ei voi löytää tästä maailmasta. Se on rukous, joka ei koskaan lakkaa – kiitollisuuden samanaikainen antaminen ja saaminen. Jos tässä hiljaisessa rukouksessa olisi sanat, ne olisivat, "Miten voin jakaa Rakkauttasi?" Vastaus on aina siunaus.

Totuuden tiedostamisen laajentaminen on elämän tarkoitus. Se on kaikki mitä minulla on ja mitä minä olen. Jokainen asia on ollut johtamassa tähän mielentilaan – tähän totaaliseen liittoon Jumalan kanssa.

Loppu – Alku

Sanasto

David Hoffmeister, amerikkalainen mystikko: Davidin matka sisälsi monien polkujen opiskelua ja kulminoitui *Ihmeiden oppikurssin* syvälliseen käytännön soveltamiseen. Aiemmassa elämässään hän oli ollut ujo ja introvertti. Avautuessaan palvelulle hän kävi läpi täydellisen tietoisuuden muutoksen. Ujo persoonallisuus katosi täysin ja sen korvasi iloinen, avoin ja rakastava ilmaisutapa. Davidin elämä on elävä osoitus heränneestä mielestä. Hän on koskettanut tuhansia johdonmukaisen rauhallisella mielentilallaan, säteilevällä ilollaan ja totuudelle omistautumisellaan. Hän on nykyajan mystikko ja nondualismin opettaja, joka on kutsuttu yli 40 maahan jakamaan rakkauden, ykseyden ja vapauden sanomaa.

Ihmeiden oppikurssi **(IOK):** IOK on täydellinen, henkinen mielen harjoittamisen väline, joka opettaa anteeksiannon kautta tien rakkauteen ja sisäiseen rauhaan. IOK:n ikuinen viisaus on kaikkien nondualististen henkisten opetusten perustana. Soveltamalla opetuksia jokapäiväisessä elämässä käännetään egon pelkopohjainen ajattelu ajattelumalliin, joka perustuu rakkauteen. Kurssi opettaa erottamaan harhat totuudesta, pelon rakkaudesta ja egon Pyhästä Hengestä. Se on myös transformatiivinen meditaatio-ohjelma ja se käyttää ihmissuhteita anteeksiannon harjoittamisen välineinä ja sen oppimiseen, miten olla todella avuksi kärsimyshavainnon tuolla puolen. Se on polku, jossa syvennetään omistautumista Kristukselle, joka on todellinen Identiteettimme. Kurssi sisältää Työkirjan, jossa on 365 harjoitusta, tekstiosan ja Opettajan käsikirjan. Siihen on täydennysosa nimellä Psykoterapia, Rukous, Anteeksianto ja Parantuminen. IOK tuli alun perin kanavoituna ja se editoitiin vuosien 1965-1972 aikana vastauksena rukoukseen kahden psykologian professorin toimesta Columbian Yliopistossa.

Metafysiikka: Fysiikan tuolla puolen tai fyysisen tuolla puolen. Nondualististen henkisten opetusten ohjaavina periaatteina ja tarkoituksena on saada mieli irtautumaan samaistumisestaan yksilöksi, persoonalliseksi itseksi ja tulemaan tietoiseksi henkisestä luonteestamme ja todellisuudestamme. IOK:n opettama metafysiikka sanoo, että vain rakkaus on todellista ja siten kaikki muu on havainnointia, joka perustuu Jumalasta eroamisen harhaan. Anteeksiantamisen avulla vapautetaan pelko sekä kaikki uskomukset ja havainnot erillisyydestä ja ne korvataan rakkaudella.

Syy ja seuraus: Mieli on syy-seuraussuhteinen ja se mitä muodon maailmassa nähdään, on seuraus. Esimerkiksi havainto sairaudesta tulee uskomuksesta sairauteen. Todellinen parantuminen on mielen tasolla ja se voi toteutua vain anteeksiannon kautta.

Mielen harjoittaminen: Mieli harjoitetaan linjautumaan Hengen kanssa sekä vapautumaan egon ajattelumallista ja uskomuksista. Mielen harjoittaminen on olennaisen tärkeää, jotta kykenee olemaan läsnä ja keskittynyt ja siten kykenee kuulemaan Hengen ohjausta, joka vapauttaa mielen pelkopohjaisesta ajattelusta. *Ihmeiden oppikurssi* ja meditaatio ovat erittäin tehokkaita mielen harjoittamisen välineitä.

Harjoituksen soveltaminen käytäntöön: Pyhän Hengen ajattelumallissa mieli harjoitetaan uudelleen havaitsemaan kaikki toisella tavalla. IOK:n Työkirja sisältää harjoittelua, joka auttaa yleistämään Työkirjan harjoitukset ja oppimaan miten olla tekemättä poikkeuksia. Käytännössä tämä tarkoittaa Työkirjan harjoitusten soveltamista kaikilla elämän alueilla ja kaikissa ajatusmalleissa ilman poikkeuksia. Tämä harjoittelu on olennaisen tärkeää, koska poikkeuksen tekeminen on tietoisuuden sulkemista todellisen havainnoinnin kaikenkattavalta luonteelta; rakkaudessa ei ole poikkeuksia. Tämä oppiminen johtaa yhdistymiseen, "...havainnot sulautuvat tiedoksi, koska havaitsemisesta on tullut niin pyhää, että sen siirtyminen pyhyyden tilaan on vain sen luonnollista laajenemista." T-12.VI.6

Mielen tarkkailu: On mielen tarkkailun harjoittamista, jossa opimme tunnistamaan egon ajattelumallit ja pyydämme Hengen apua niistä irti päästämiseksi. Mielen katsominen johtaa kokemukseen "tarkkailijasta" ja sallii Jumalan Äänen – rakkauteen perustuvan intuition – tulla kuulluksi.

Hyökkäävät ajatukset/epäilyn ajatukset: Mikä tahansa ajatus, joka ei ole rakkaudesta. Ne ovat tuomitsevia ajatuksia, jotka kieltävät viattomuuden ja Henkeen samaistumisen. Nämä ajatukset nousevat uskomuksesta arvottomuuteen ja Jumalasta eroamiseen sekä luottamuksen puutteesta.

Pyhä Henki: Pieni, hiljainen ääni sisimmässä – Jumalan Ääni. Pyhä Henki on valo, joka ohjaa muistamaan viattomuuden, varmuuden ja anteeksiannon. Harjoittamalla antautuneesti kääntymistä tämän läsnäolon puoleen ja sitä seuraamalla tapahtuu sulautuminen, jossa oivallamme, että Pyhä Henki on oma sydämemme, joka ohjaa meidät kotiin.

Ohjaus: Pyhän Hengen ohjeet, jotka ovat aina linjassa heräämisen kanssa. Ohjauksen tarkoitus on parantaa mieli sen samaistumisesta egoon – persoonalliseen itseen. Ohjaus saattaa tulla sanojen muodossa, intuitiivisina tunteina, merkkeinä ja viesteinä tai ulkoisten symbolien, kuten luotettavien kumppanien kautta. Ohjaus johtaa mielen johdonmukaiseen kokemukseen ykseydestä Jumalan kanssa.

Projektio/projisointi: Yritys päästä eroon siitä, mitä et halua. Jokainen mielen järkkyminen liittyen toiseen henkilöön, itseen tai maailmaan on projektio, joka voidaan vapauttaa mielestä anteeksiannon kautta. Henki laajentaa rakkautta ja totuutta, ego projisoi, syyttää ja tekee harhoja/tarinoita. Uskomus, että voit projisoida johonkin henkilöön tai tilanteeseen, on samaistumista egoon.

Erillisyys: On uskomus, että voimme olla erossa Lähteestämme – Jumalasta – että voimme olla ja myös olemme erossa hänestä. Uskomus erkaantumiseen synnyttää valtavaa syyllisyyttä ja pelkoa sekä uskomuksen puutteeseen. Jumalasta erossa olon tunteen tunnistaminen on lähtökohta kaikkeen parantumiseen; olipa se fyysistä, emotionaalista tai henkistä. Kaikki yritykset täyttää puutteen tunne maailman keinoilla epäonnistuvat lopulta, olivatpa ne rakkautta, toisilta tulevaa hyväksyntää, rahaa, omistamista tai itsensä paremmaksi tekemistä. Meidän ainoa todellinen tarpeemme on olla suorassa yhteydessä Lähteemme kanssa, sen rakkauden kanssa, joka me olemme. Kaikki maailmalliset suhteet ja "ongelmat" heijastavat ydinuskomusta erilliseen itseen ja ovat siten tilaisuuksia anteeksiantoon, mikä johtaa kokemukseen, ettemme ole erillisiä Jumalasta, rakkaudesta.

Tarkoitus:
1. Egon tarkoitus on parantaa ja ylläpitää persoonallista itseä ja se sisältää autonomisen elämän maailmassa. Siten se käyttää kehoa ylpeyteen, mielihyvään ja hyökkäykseen. Koska sen tarkoitus on kieltää identiteetti Henkenä, sillä ei ole todellista tarkoitusta.
2. Pyhän Hengen tarkoitus on anteeksianto – herääminen todelliseen vapauteen ja iloon. Pyhän Hengen tarkoituksen haluaminen linjaa mielen sisäiseen kunteluun. Kun motivaatio perustuu puhtaasti Hengen ohjauksen seuraamiseen, samaistuminen erilliseen itseen vaihtuu Hengen kanssa olemiseen.

Yksityiset ajatukset: Ego on uskomusta yksityisiin ajatuksiin yksityisessä mielessä. Se on keino, jolla ego yrittää piilottaa ja suojella omaa ajattelumalliaan ja pitää yllä tunnetta erillisyydestä ja syyllisyydestä. Aito todellisuutemme on ykseys – kommunikointi Jumalan kanssa – tila, jossa ei ole lainkaan yksityistä mieltä ja yksityisiä ajatuksia. Harjoittaessamme paljastamaan sen, minkä uskomme olevan meille *henkilökohtaista*, antaessamme yksityiset ajatukset parantumiselle, tapahtuu uudistava muutos. Se tuo kokemuksen totuudesta – joka on, että yksityiset ajatukset ovat egosta. Koemme, että ne eivät ole "minun todellisia ajatuksiani", eivätkä myöskään "yksin minun" – on olemassa vain yksi egon ajattelumalli. Totuuden valoon tuotuna ne kirjaimellisesti sulavat pois.

Mahtavat kumppanit: Kumppaneita, jotka jakavat tarkoituksemme herätä ja tukevat sitä.

Mystismi: Mystismin tarkoitus ja tavoite on ylittää rajoittunut identiteetti ja tulla suoran kokemuksen kautta täysin tietoiseksi ykseydestä Jumalan kanssa, joka on perimmäinen todellisuus. Tietoisuuden muutos ja täysi samaistuminen Henkeen sisältää omistautumisen ja sitoutumisen henkisiin harjoituksiin kuten meditaatio ja rukous. Se edellyttää myös mielen harjoittamista opiskelun ja nondualististen tekstien, kuten *Ihmeiden oppikurssin* käytäntöön soveltamisen kautta.

Mystikko: Mystikko on omistanut elämänsä tunteakseen todellisen identiteettinsä Henkenä sekä ollakseen elävässä kokemuksessa Jumalasta. Mystikko tietää, että muutosmatkalla ei ole oikopolkuja ja puhuu omistautumisesta, mielen voimasta ja keskitetystä halusta, jotka vaaditaan egon voittamiseksi kokonaan. Mystikko on löytänyt sisäisen tyytyväisyyden, rauhallisen ilon, joka on syvästi puoleensavetävää, täyttymyksellistä ja totaalista ja jossa ei siksi ole maailmallisia päämääriä.

Todellinen ja valheellinen empatia: Valheellinen empatia yrittää parantaa, korjata tai muuttaa henkilöä tai ongelmaa maailmassa uskoen, että ongelma on todellinen. Todellinen empatia on samaistumista Henkeen, se on mielen tila, joka ei ymmärrä kärsimystä eikä usko siihen ja voi siten olla todella avuksi ja vaikuttava.

Erityinen ihmissuhde: Suhde, jossa oletetaan jonkun tai jonkin erityisen henkilön täyttävän tarpeesi olla *onnellinen, turvassa ja varma.* Todellisuudessa vain Jumala voi olla onnellisuuden, turvallisuuden ja varmuuden lähde. Tällä tavoin kaikki erityiset suhteet sisältävät odotuksia, jotka eivät voi täyttyä ja siten nämä suhteet pitävät yllä syyllisyyttä ja sisältävät kompromisseja, mielipahaa ja pelkoa.

Pyhä ihmissuhde: Kun erityinen ihmissuhde annetaan Pyhälle Hengelle, käytetään sitä egon tekemättömäksi tekemiseen, mikä johtaa todelliseen iloon ja yhteistyöhön. Näin pyhä ihmissuhde on *tarkoitus.* Pyhän ihmissuhteen tarkoitus ei ole ylläpitää ja parannella käsitystä itsestä vaan vapauttaa samaistuminen ego-pohjaisiin rooleihin ja yhdistää mieli syvempään sitoutumiseen ja varmuuteen. Pyhän ihmissuhteen perustana on ymmärrys siitä, että yhdistyneessä tietoisuudessa mitkään eroavaisuudet eivät ole mahdollisia – taivaassa tai todellisuudessa. Rakkaus on kaikenkattavaa, koska rakkaus *on* yksi. Seuraus syvästä sitoutumisesta pyhään ihmissuhteeseen on vapaus ja rakkaus, koska tässä sitoutumisessa parannetaan oma suhde Jumalaan.

Lisää Kirstenistä

www.kirsten.i-am-one.net -sivustolta löydät hänen tapahtumansa sekä sosiaalisen median yhteydet, voit katsoa hänen ilmaisia online -puheitaan ja videoitaan, kirjautua blogiin ja nauttia hänen musiikistaan.

Myös Kirsten Buxtonilta

Trust: Guided Meditation CD with David Hoffmeister
Music CDs: Quantum Love, Holiness, Strawberry Fields 2012 & 2013 Compilations.

Kirjoja David Hoffmeisterilta

Going Deeper
The Mystical Teachings of Jesus
Awakening through *A Course in Miracles*
Movie Watcher's Guide to Enlightenment
Quantum Forgiveness: Physics, Meet Jesus
Unwind Your Mind Back to God: Experiencing *A Course in Miracles*

Saatavana painettuna, e-kirjana ja äänikirjana. Materiaaleja on saatavana 13 eri kielellä.

Living Miracles

LivingMiracles.org -sivustolla voit lukea lisää Living Miracles Community -yhteisöstä, hiljaisista retriiteistä ja käydä online -kaupassamme.

Lisää materiaaleja heräämisen tueksi

NonDualityOnline.com Kirsten Buxton ja David Hoffmeister ovat opettajia Tabula Rasa Mystery Schoolissa, *Ihmeiden oppikurssin* 30 päivän pituisella mielen harjoittamiskurssilla, jossa asutaan paikan päällä. Tätä ohjelmaa kannattelee sekä muinaiset että nykyajan nondualistiset opetukset ja se on suunniteltu viemään sinut kokemukseen: se on kutsu Tuntemaan Itsesi!

MiraclesHome.org Mielen harjoittamisen vertauskuvia David Hoffmeisterilta hänen ensimmäisten opiskelijoidensa kanssa Peace Housessa.

Awakening-Mind.org Tietoa David Hoffmeisterista löydät hänen nonprofit Foundation -sivustoltaan, joka on omistettu anteeksiannon opetukselle ja oppimiselle.

ACIM.biz Tällä sivustolla on linkkejä moniin ilmaismateriaaleihin, opetuksellisia mielen harjoittamisen ohjelmia ja sivustoja, jotka perustuvat David Hoffmeisterin Awakening Mind opetukseen.